インクルーシブな
教育と社会

はじめて学ぶ人のための15章

HARADA Takuya and ITO Shun

原田琢也・伊藤 駿

編著

ミネルヴァ書房

は じ め に

　本書は，インクルーシブ教育に関する初学者向けの教科書として編纂された。2012年に中央教育審議会から「共生社会の形成に向けたインクルーシブ教育システム構築のための特別支援教育の推進（報告）」（以下，「報告」と略記）が出され，10年が経った。最近では学校現場においても，「インクルーシブ教育」という語は徐々に浸透してきているように思われる。そして，大学においても，「インクルーシブ」を冠する授業が新たに創設されるようになった。実は，編者らもこの度，それぞれが勤務する大学でそのような授業を新たに立ち上げることになった。しかし，教科書としてふさわしいものがみつからない。それならば自分たちでつくるしかない。それが本書出版の出発点である。

　「インクルーシブ教育」を冠する書籍は巷にあふれている。しかし，編者らが考えるインクルーシブ教育のイメージと合致するものがなかった。日本においては，「報告」がまさにそうであるように，インクルーシブ教育とは「障害のある者と障害のない者が共に学ぶ」ことであり，従来の障害児教育の延長線上にある教育実践であるかのように受け取られている面がある。

　しかし，編者らが抱いているイメージはそうではない。それは，障害のあるなしにかかわらず，すべての子どもを学校から排除しないことを意味するものと考えている。そうであるならば，インクルーシブ教育とは，一部の子どもを排除してしまう通常学校をより包摂的なものへとつくりかえていくためのトライアルの過程だということになる。インクルーシブ教育は，障害児だけの問題ではなく，学校システムから排除されがちなすべての子どもの問題でもあり，その裾野はさらに広く，奥行きもさらに深いと考えられたのである。

　本書は4部構成になっている。第Ⅰ部の「インクルージョンとは何か」では，総論的な議論を展開する。インクルーシブ教育の歴史的な過程を確認してから，マイノリティの視点とマジョリティの視点の双方からインクルーシブ教育を照らし出す。第Ⅱ部の「マイノリティと教育」は各論にあたる。学校から排除されがちなさまざまなマイノリティの子どもたちに焦点を当てる。第Ⅲ部の「諸

外国におけるインクルージョンと教育」では，外国のインクルーシブ教育制度と実践について紹介する。読者は，これまで「当たり前」だと考えていた日本の学校システムが，実は「当たり前」ではなかったことに気づかされることになるだろう。そして，第Ⅳ部の「インクルーシブな教育と社会をめざして」では，状況を改善するための具体的なヒントを提示する。

　各章の執筆者には，それぞれの分野を専門とする新進気鋭の研究者を選んだ。読者のみなさんは，各章の執筆者と対話しながら，自分ならばどうするだろうかと，イメージを膨らませながら読み進んでいただきたい。

編著者を代表して

原田琢也

インクルーシブな教育と社会
——はじめて学ぶ人のための15章——

目　　次

第 I 部

インクルージョンとは何か

第1章

インクルージョンの歩み

吉井　涼

1　インクルーシブ教育と障害者権利条約

障害者権利条約

　インクルージョンとは何なのか，なぜ，どのようにして生まれたのか，本章ではインクルージョンの歩みについてみていく。インクルージョンを考える上で，欠かすことができないのが，21世紀最初の人権条約と呼ばれる，国連・障害者の権利に関する条約（Convention on the Rights of Persons with Disabilities。以下，障害者権利条約）である。国際条約は，批准した国々に，その内容を遵守することを求めるものであり，各国の政策に大きな影響を与える。この障害者権利条約以外にも，たとえば子どもの権利条約や女性差別撤廃条約等，さまざまな国際条約を日本は批准してきている。障害者権利条約は，2006年に国連で採択され，日本は2014年に批准した。2023年3月現在，障害者権利条約の批准国は欧州連合，カナダ，中国，韓国等，186カ国となっている。[1]

　障害者権利条約の目的は，「全ての障害者によるあらゆる人権及び基本的自由の完全かつ平等な享有を促進し，保護し，及び確保すること並びに障害者の固有の尊厳の尊重を促進すること」である。締約国は，「この条約において認められる権利の実現のため，全ての適当な立法措置，行政措置その他の措置をとること」が求められているため，国内のこれまでの政策を改めたり，新たな政策を行ったりする必要がある。同条約の第24条が教育に関する条文であり，第24条1項では，締約国に対し，「（教育についての）権利を差別なしに，かつ，機会の均等を基礎として実現するため，障害者を包容するあらゆる段階の教育制度及び生涯学習（an inclusive education system at all levels and lifelong learning）を確保する」ことを求めている。続く第24条2項の(a)と(b)には次のように書か

---

(1)　United Nations Treaty Collection. 入手先〈https://treaties.un.org/Pages/ViewDetails.aspx?src=TREATY&mtdsg_no=IV-15&chapter=4&clang=_en〉（参照2023-03-17）

れている（下線は筆者による）。

(a)　障害者が障害に基づいて<u>一般的な教育制度</u>（the general education system）から排除されないこと及び障害のある児童が障害に基づいて無償のかつ義務的な初等教育から又は中等教育から排除されないこと。
(b)　障害者が，他の者との平等を基礎として，<u>自己の生活する地域社会</u>において，障害者を包容し，質が高く，かつ，無償の（an inclusive, quality and free）初等教育を享受することができること及び中等教育を享受することができること。

　ここでは，「一般的な教育制度」から排除されないこと，「自己の生活する地域社会」において教育を受けることを確保することを求めている。この「一般的な教育制度」について，障害者権利条約第24条一般的意見第 4 号（General Comment Number 4）では，「一般的な教育とは，すべての通常の学習環境と教育部門を意味する」と述べられている。一般的意見は，締約国の条約実施状況を監視する機関である障害者権利委員会が，条文ごとに解釈を示す公式文書であり，厳密な意味での法的拘束力を有していないが，尊重されなければならない解釈とされている。
　障害者権利条約の大きな特徴の一つは，その成立過程において多くの障害当事者が参加し，条約草案が作り上げられていった点にある。障害者権利条約について検討する特別委員会においては，障害当事者が多く参加しており，先ほど述べた障害者権利委員会の委員の大多数は障害当事者となっている。すなわち，障害者権利条約は，障害者にかかわることについて障害当事者が決定し，障害当事者がその実施を監視するものになっているといえる。その背景には，それまで障害児・者にかかわる重大な決定事の際に，障害当事者たちがその決定にかかわることができず，専門家主導により決定されていたことに対する障害当事者からの異議申し立ての歴史がある。「私たち抜きに私たちのことを決めないで」（Nothing about us without us）は，障害者権利条約の制定における一貫したスローガンであった。

医学モデルと社会モデル

　インクルーシブ教育が障害者権利条約の中で規定され，各国が目指す国際的潮流となっていることをみてきた。インクルーシブ教育は，学校や教育のあり方，障害の見方についての根本的転換を表しており，それは，「医学モデル」から「社会モデル」へのパラダイム転換とみることができる。

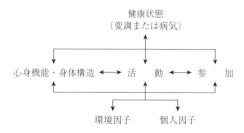

図1-1　ICF の構成要素間の相互作用
出所：世界保健機関著・障害者福祉研究会編『ICF 国際生活機能分類——国際障害分類改訂版』中央法規出版，2002年より転載。

　社会モデルの見方では，障害は社会によって作られたものとみなす。一方，医学モデルでは，障害は病気や傷害等から直接引き起こされた個人の特性であり，専門家による個別的な治療を必要とすると考える。社会モデルに基づいて，「子どもを学校に合わせる」のではなく，「学校を子どもに合わせる」と考えることが，インクルーシブ教育を理解する上で必要である。

　障害に対する認識を考える上で，1980年に WHO（世界保健機関）により導入された ICIDH（国際障害分類：International Classification of Impairments, Disabilities and Handicaps）と，その改訂版である，2001年5月の WHO の総会で採択された ICF（国際生活機能分類：International Classification of Functioning, Disability and Health）の理解は欠かすことができない。ICIDH と ICF の特徴について以下で詳しくみていく。[2]

　ICIDH は，障害を，機能・形態障害（impairment），能力障害（disability），社会的不利（handicap）という3つの次元に分類した。この考え方は，機能・形態障害が能力障害を生み，能力障害が社会的不利を生むといったように，一方向的・単線的関係にあると解釈された。不利益を解消するためには，医療やリハビリテーションによる個人の損傷の除去・緩和が必要ということになり，医学モデルによる障害観に基づいていたといえる。

　一方，ICF は，健康および健康関連の状態を説明するための統一的で標準的な言語と概念的枠組みを提供することを目的としており，上の図1-1のよう

_____

(2)　高橋正雄「現代の障害観」中村満紀男編『障害科学とは何か』明石書店，2007年。

な考え方である。

　ICF はその名称からわかるように，障害の分類ではなく，生活機能の分類であり，すべての人を対象にした普遍的な分類になっている。そこで使われている用語は，肯定的あるいは中立的な表現である。ICIDH との特に大きな相違点としては，ICF では環境的な因子が重視されている点と，単線的関係ではなく相互作用モデルを採用している点にある。

　ICIDH から ICF への改訂の背景にあったのは，ICIDH のように，障害を医学モデルで見ることへの批判があったが，ICF ＝社会モデルではない。ICF は社会モデルの考え方を一部取り込んでおり，ICF は医学モデルと社会モデルを統合した「生物・心理・社会的」アプローチであると称されている。

　医学モデルと社会モデル，どちらが障害の見方として正解なのかということではない。互いに排斥し合うものではないことは ICF から見て取れる。ただし，これまでの主流であった（そして今も主流であろう）医学モデルのみに基づく障害観によって，障害を個人の責任とし，専門家による介入・治療が当然視されてきた歴史があることは覚えておく必要がある。そうした見方に対する問題提起として生まれた社会モデル，さらに医学モデルと社会モデルを統合した ICF は，今後の教育や社会を考える上での重要なキーワードである。

日本におけるインクルーシブ教育システム

　日本は，2007年に障害者権利条約を署名し（条約の趣旨と内容に賛同すること），その後，国内法の整備をはじめとする諸改革を進め，2014年に批准する（国家として正式に条約に同意する）こととなった。この過程では，2009年に内閣総理大臣を本部長とする「障がい者制度改革推進本部」が設置され，2011年の障害者基本法の改正，2012年の障害者総合支援法の成立，2013年の障害者差別解消法の成立と障害者雇用促進法の改正など，さまざまな法制度等の整備が行われた。

　なかでも，教育に関しては，2012年の中央教育審議会（以下，中教審）による「共生社会の形成に向けたインクルーシブ教育システム構築のための特別支援教育の推進（報告）」が重要である。この報告は，日本がインクルーシブ教

---

(3)　國分功一郎・熊谷晋一郎『〈責任〉の生成――中動態と当事者研究』新曜社，2020年。

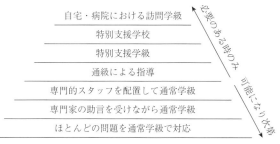

図1-2　日本の義務教育段階の多様な学びの場の連続性

出所：中央教育審議会「共生社会の形成に向けたインクルーシブ教育
　　　システム構築のための特別支援教育の推進（報告）参考資料4：
　　　日本の義務教育段階の多様な学びの場の連続性」2012年。

育へ転換していくことを示した画期となった。

　同報告では，「共生社会の形成に向けて，障害者の権利に関する条約に基づくインクルーシブ教育システムの理念が重要」であると述べ，さらに，「インクルーシブ教育システム構築のために必要不可欠なもの」として特別支援教育を位置づけている。障害者権利条約第24条を踏まえつつも，日本におけるインクルーシブ教育システムにおいては，「同じ場で共に学ぶことを追求するとともに，個別の教育的ニーズのある幼児児童生徒に対して，自立と社会参加を見据えて，その時点で教育的ニーズに最も的確に応える指導を提供できる，多様で柔軟な仕組みを整備することが重要」であり，「小・中学校における通常の学級，通級による指導，特別支援学級，特別支援学校といった，連続性のある『多様な学びの場』を用意しておくことが必要である」と指摘している（図1-2参照）。

　2013年には学校教育法施行令の一部が改正され，就学先を決定する仕組みが変更された。この改正によって，就学基準に該当する障害のある子どもは特別支援学校に原則就学するという就学先決定の仕組みから，障害の状態，本人の教育的ニーズ，本人・保護者の意見，専門的見地からの意見，学校や地域の状況等を踏まえた総合的な観点から就学先を決定する仕組みとなった。

　このように，日本国内においても，障害者権利条約の理念を踏まえつつ，インクルーシブ教育システムの構築に向けた取り組みが進められてきた。しかし，2022年9月に障害者権利委員会から日本政府へ提出された総括所見においては，

インクルーシブ教育に関する日本の取り組みの不十分さが指摘されている[4]。インクルーシブ教育は，今日の国際社会において各国が目指す共通の目的となっているが，それをどのように自国の教育制度内で具体化していくかは，今後も議論を続けていかなければならないだろう。

2　すべての子どもを対象としたインクルーシブ教育

サラマンカ声明と特別な教育的ニーズ

　ここまで，障害者権利条約や日本における特別支援教育改革などの中でのインクルーシブ教育に関する議論をみてきた。一見すると，インクルーシブ教育は，障害のある子どもの教育に限定されたもののように見えるが，実際はそうではない。インクルーシブ教育はかなり幅広い対象を想定したものである。そのことについて，インクルーシブ教育が国際的に広く認識されるようになったきっかけであるサラマンカ声明から確認する。

　サラマンカ声明とは，1994年ユネスコとスペイン政府共催による「特別なニーズ教育に関する世界会議：アクセスと質」（World Conference on Special Needs Education: Access and Quality）において採択されたものであり，正式名称は，「特別なニーズ教育における原則，政策，実践に関するサラマンカ声明」である。

　サラマンカ声明の前書きには，「インクルーシブ教育（inclusive education）のアプローチを促進するために必要な基本的政策の転換を検討することによって，『万人のための教育（Education for All）』の目的をさらに前進させるために，すなわち，学校がすべての子どもたち，とりわけ特別な教育的ニーズをもつ子どもたちに役立つことを可能にさせるため」に会議が組織されたと書かれている。さらに次のことが宣言された。

　　・すべての子どもは誰であれ，教育を受ける基本的権利をもち，また，受容できる学習レベルに到達し，かつ維持する機会が与えられなければならず，
　　・すべての子どもは，ユニークな特性，関心，能力および学習のニーズをも

---

(4)　石川准「障害者権利委員会　初の総括所見が日本に求めたもの」『世界』966，2023年。

っており，

・教育システムはきわめて多様なこうした特性やニーズを考慮にいれて計
画・立案され，教育計画が実施されなければならず，

・特別な教育的ニーズ（special educational needs［SEN］）をもつ子どもたちは，
彼らのニーズに合致できる児童中心の教育学の枠内で調整する，通常の学校
にアクセスしなければならず，

・このインクルーシブ志向をもつ通常の学校こそ，差別的態度と戦い，すべ
ての人を喜んで受け入れる地域社会をつくり上げ，インクルーシブ社会を築
き上げ，万人のための教育を達成する最も効果的な手段であり，さらにそれ
らは，大多数の子どもたちに効果的な教育を提供し，全教育システムの効率
を高め，ついには費用対効果の高いものとする。

　ここからわかるように，インクルーシブ教育は，「すべての子ども」を対象
としたものである。すべての子どもの中には，障害児や英才児，ストリート・
チルドレンや労働している子どもたち，人里離れた地域の子どもたちや遊牧民
の子どもたち，言語的・民族的・文化的マイノリティの子どもたち，他の恵ま
れていないもしくは辺境で生活している子どもたちも含まれる。すべての子ど
もはそれぞれが多様な特性やニーズを有しているため，学校は子どもの持つ多
様性を前提とした教育システムを作り上げなければならないことが示されてい
る。

　サラマンカ声明で用いられている「特別な教育的ニーズ」という概念の起源
は，「ウォーノック報告」にさかのぼる。メアリー・ウォーノック（Mary War-
nock）を委員長とする「障害児者教育調査委員会」が1978年に提出した「特別
な教育的ニーズ」と題する報告書が，通称，ウォーノック報告と呼ばれている。
同報告では，障害カテゴリーを撤廃し，特別な教育的ニーズというより幅広い
概念を用いることが提起された。この用語は他国でも採用され，障害や特別な
場に限定されない，広く特別な教育的ニーズへの教育的施策を進めるという特
別ニーズ教育の理念と原則が，サラマンカ声明で採用されることになった。[5]

(5)　荒川智『インクルーシブ教育入門——すべての子どもの学習参加を保障する学校・地域づく
　　り』クリエイツかもがわ，2008年。

ユネスコによる定義

　インクルーシブ教育が障害に限定されず，すべての子どもを対象としていることについて，次にユネスコの文書を参照する。ユネスコが2005年に公表した『インクルージョンのためのガイドライン』(Guidelines for Inclusion: Ensuring Access to Education for All) では，まず次のように書かれている。

　コミュニティでの経済的・社会的・文化的生活への有意義な参加からの排除 (exclusion) は，今日の社会で個人が直面する最大の問題の一つである。そのような社会は，効率的でもなく，望ましいものでもない。

　世界には，学校に通うことのできない子どもたちや初等教育を修了する前に退学してしまう子どもたちなど，多くの子どもたちが質の高い教育から排除されている現状がある。社会や教育からの排除という問題に対して包摂（インクルージョン）がある，ということができる。

　ユネスコはインクルージョンを，「子どもたちの多様性に積極的に対応し，個人の差異を，問題としてではなく学習を豊かにする好機として捉えるダイナミック・アプローチ」とし，次のように述べている。

　インクルージョンは，学習，文化，コミュニティへの参加を促進し，教育における，および教育からの排除をなくしていくことで，すべての学習者のニーズの多様性に着目し，対応するプロセスとみなされる。

　インクルーシブ教育とは，一部の学習者をいかにして主流の教育 (mainstream education) に統合させるかという周辺的な課題ではなく，学習者の多様性に対応するために，教育システムやその他の学習環境をいかに変革するかを追求するアプローチである。

　このように，インクルージョンの対象は，障害はその主要な対象の一つではあるが，決して障害に限定されるものではなく，すべての人々，特に周縁化や排除されるおそれがある人々に焦点を当てていることがわかる。一人ひとりの子どもがもつ多様性や差異を歓迎し，教育システムそのものを子どもの多様性

に対応できるものとしていくことが求められている。

　以上のことから見て取れることは，インクルージョンが単なる新しい障害児教育論ではないということである。インクルージョンは，教育改革論に留まるものではなく，インクルーシブな教育を進めることで，インクルーシブな社会を実現させることが目指されているのである。しかしこのことは，裏を返せば，ユネスコが述べているように，現実の社会が，差異に基づく排除を生んでいることを示しているといえるだろう。

　それでは，インクルージョンは，どのような歩みを経て登場したのだろうか。インクルージョンの源流には，社会的排除（Social Exclusion）への闘いである社会的包摂（Social Inclusion）と，従来の分離的な障害児教育を批判する形で登場した統合教育論という2つの流れがある[6]。そこで第3節で社会的包摂について，第4節で障害児教育における分離から統合への展開過程についてみていくこととする。

3　社会的排除への闘いとしての社会的包摂

　社会的包摂は，1980年代にフランスで用いられた社会政策用語で，ヨーロッパ諸国に広がっていく。この頃のヨーロッパでは，福祉国家モデルが見直され，市場主義と新自由主義を基調としたグローバリゼーション化が急速に進んでいた。ヨーロッパでは，それまでとは異なる人種や宗教的背景をもつ労働者が流入し，1980年代のフランスでは，移民二世・三世と呼ばれる若者の失業が社会問題となっており，かれらは，労働市場からの排除に加えて，労働組合などの政治的発言の場からも排除されていた。こうした社会的排除の状況に対して，社会正義と公正の立場から主張されたのが社会的包摂であった[7]。

　社会的排除は，各国が固有の文脈に基づいて用いることがあり，明確に定義することが困難である。もともと，社会政策担当者たちの政策推進の言葉として使われてきた経緯から，それが何を意味するかを明確にすることをあえて避けてきたとも言われている[8]。そうした中でも，EUが採用した定義の一つを，

(6)　清水貞夫「インクルーシブ教育の思想とその課題」『障害者問題研究』35(2)，2007年。

(7)　同上。

(8)　岩田正美『社会的排除——参加の欠如・不確かな帰属』有斐閣，2008年。

2004年に公表された「社会的包摂に関する共同報告書」(Joint Report on Social Inclusion) から見て取ることができる。

　社会的排除とは，貧困，基本的能力および生涯学習の機会の欠如，あるいは差別の結果として，特定の個人が社会の端に追いやられ，十分な参加ができなくなるプロセスである。そのため，仕事，収入，教育の機会，社会的・地域的なネットワークや活動からも遠ざかってしまう。彼らは権力や意思決定機関へのアクセスがほとんどないため，無力感を感じ，日々の生活に影響を与える決定をコントロールすることができない。

　それに対し，社会的包摂は次のように定義されている。

　社会的包摂とは，貧困や社会的排除のリスクにある人々が，経済的・社会的・文化的生活に完全に参加し，彼らが生活する社会で普通とみなされる生活水準と幸福を享受するために必要な機会と資源を得ることを保障するプロセスである。それは，かれらの生活に影響を与える意思決定への参加や，基本的権利へのアクセスをより確実にするものである。

　社会的排除に対する社会的包摂への闘いは，国による差異はありながらも，先進諸国の共通した政策目標となっていく。1997年には，イギリス・ブレア政権により，内閣府に社会的排除と闘う特別機関である「社会的排除問題対策室」(Social Exclusion Unit) が設置され，主要な政策となった。EU では，1997年のアムステルダム条約によって，「高水準の雇用の継続と社会的排除の撲滅のための人的資源の開発」が明確な目標として掲げられ，社会的排除と闘う加盟各国の活動を支援した。2000年 3 月のリスボン欧州理事会でも，社会的排除との闘いの欧州モデルの構築が謳われた。社会的包摂においては，雇用や所得といった教育以外の点から排除をなくすことが目指された。こうした状況の中で，教育については，それまでの主流に位置づけられない障害のある子どもや，さまざまな理由で学校や社会から排除されてきた子どもを，いかにして社会に包摂していくかが重要な課題として認識されるようになる。社会・政治・経済・教育という多様な次元での時代的潮流が合流した結果，インクルージョン

は生み出された。⁽⁹⁾

4　障害児教育における分離・統合問題

分離とノーマライゼーション

　次に，障害のある子どもの分離教育に対する批判をみていく。⁽¹⁰⁾障害のある子どもの教育は，18世紀半ば頃から組織的に開始されて以降，1960年代に至るまで，基本的には，障害のない子どもとは分離された場で実施されてきた。19世紀頃から，各国で障害のある子どものための特別な学校や施設が設立されたが，特に，アメリカにおける知的障害者のための施設は，19世紀末頃には，施設規模が1,000人を超える大規模施設も現れ，地域生活からは隔離された環境で，一度入所すれば生涯にわたって生活する保護施設と変わっていった。その背景には，優生学の影響があった。

　19世紀末から20世紀初頭にかけて，欧米諸国では，義務教育制度が確立し，多くの子どもたちが学校に通うようになった。その結果，通常の学級での学びについていけなかったり，規律を乱したりする子どもたちの存在が顕在化する。そこで，公立学校内において，通常の学級とは分離された，特別な学級を設けて個別的な対応が実施されるようになる。公立学校内に設置された特別な学級は，障害のない子どもと同じ学校に通うという点で，それまでの特別な学校や施設での教育とは異なっていた。アメリカでは20世紀の前半には，公立学校内の特別な学級で教育を受ける障害のある子どもの数が，特別な学校や施設で教育を受ける障害のある子どもの数を超え，障害のある子どもの主たる教育の場は特別な学級となっていった。特別な学級の設置は，障害のある子どもを通常の学級から分離し，通常の学級を効率的に運営しようとする「排除」の側面を有していたが，一方で，地域の公立学校で障害のある子どもを受け入れ，個別的な対応を行おうとする「受容」の側面も有していたといえる。特別な学級での教育は，「受容」と「排除」の両面を有していた。

　このように，障害のある人々の生活や教育の場は，主として，障害のない人々とは分離されていた。この取り組みは1960年代頃まで続くが，1960年代頃

---

(9)　岩田，2008年。
(10)　中村満紀男・荒川智編『障害児教育の歴史』明石書店，2003年。

から，障害のある子どもと障害のない子どもの分離に対する批判が起こり，現代のインクルージョンへとつながっていく。

　1960年代には障害児教育に関する重要な論文が出版された。当時，知的障害に関する著名な研究者であったロイド・ダン（Lloyd M. Dunn）による論文「軽度精神遅滞児の特殊教育——その多くは正当なのか」（Special Education for the Mildly Retarded: Is Much of It Justifiable? 1968）である。この論文は，障害のある子どもの主たる教育の場となっていた特別な学級が，真に障害のある子どものための場になっているのではなく，人種的マイノリティや貧困の子どもたちを不当に措置する場になっていることを強く批判するものであった。ダンは，障害のある子どもの教育に関する制度の構築に長年かかわってきており，当時の障害児教育界で影響力のある人物であっただけに，彼の批判は，障害児教育関係者に衝撃を与えた。その後，アメリカでは「メインストリーミング」という用語で，障害のある子どもを，障害のない子どもの教育の場へと統合していく取り組みが進められた。

　1960年代にはさらに，分離された障害者施設における劣悪な，非人間的な環境の告発が行われ，社会に衝撃を与え，分離された施設での生活ではなく，障害のない人々と同様の地域での生活を求めるノーマライゼーションが提唱された。ノーマライゼーションは，デンマークのバンク－ミケルセン（Neils Erik Bank-Mikkelsen）が提唱し，スウェーデンのベングト・ニィリエ（Bengt Nirje）によって体系化された。その主張を要約すれば，知的障害者をノーマルにするのではなく，知的障害者の生活をノーマルにすることであり，施設での生活ではなく，地域での生活へと転換させるということであった。バンク－ミケルセンがノーマライゼーションを提唱するきっかけとなったのは，戦後に国内の障害者施設を訪問したことにあった。彼は，戦時中，ナチスへの抵抗運動により強制収容所へ収監された経験があったが，訪問した国内の障害者施設は，自身が収監されていた強制収容所での生活と同じ状況であると指摘し，自由がなく，権利が保障されていない施設の状況を批判した。アメリカでも，大規模・隔離化された知的障害者施設の悲惨な実態が，写真や映像でもって伝えられた。

　障害のある人々の生活や教育について，通常の環境から分離して実施する方法は，1960年代の分離教育批判と障害者施設批判とが合流することで，統合された環境で実施されるよう転換していくことになる。

統合教育

　統合教育は各国の政策にどのように反映され，どのように実施されたのだろうか。アメリカでは，1975年に全障害児教育法（Education for All Handicapped [EHACA] P.L.94-142）が制定され，障害児の全員就学が実現した。この法律の中に，最小制約環境（Least Restrictive Environment [LRE]）の原則がある。これは，最も制約の小さい環境を通常の学級とし，最も制約の大きい環境を寄宿制の特別な学校や施設とし，可能な限り制約の小さい環境で障害児の教育を行うことを定めたものである。通常の学級での教育が困難である場合には，個別指導計画（Individualized Educational Program [IEP]）の中でその理由を説明しなければならない。

　イギリスは1970年教育法により障害児の全員就学を実現し，1976年教育法の第10条によって，障害児の統合教育の原則を打ち立てた。1976年教育法の第10条は，実際には効力を発することはなかったが，1981年教育法により，あらためて統合教育の原則が明確化された。イタリアでは，1977年に特別な学校を廃止する政策を実施したが，当初は急進的な政策であると批判された。スウェーデンでは，1970年代に視覚障害と肢体不自由，病弱の単一障害のための特別な学校は廃止された。知的障害を対象とした特別な学校についても廃止の議論があったが，特別な学校を，通常の学校の敷地内に移設するという「場の統合」に落ち着いた。[11]

　以上のように，欧米各国は，障害のある子どもを通常の学級で教育するための法制度を整えていったが，統合教育は順調には進まなかった。統合教育は，「実際には障害のある子どもの通常の学級への単なる『投げ込み』（ダンピング）になってしまう場合」があり，「通常教育の在り方が抜本的に改められなかったため，結果的に障害児の通常教育への『同化』を強いることとなり，固有なニーズやアイデンティティを軽視・無視する傾向を生んだ」と指摘されている。[12]

　すなわち，統合教育は，障害のある子どもが通常の学級に適応できるかが問題だったのであり，通常教育側にとっては大きな関心事になりにくかった。通常教育と特殊教育という二元的な枠組みで思考し，通常の学級に適応できない原因が学校環境ではなく障害のある子ども本人にあると考えられてしまったこ

---

[11]　安藤隆男・中村満紀男編『特別支援教育を創造するための教育学』明石書店，2009年。

[12]　荒川，2008年。

とが，統合教育の大きな課題だった。さらに，統合教育は障害のある子どもの
みに焦点が当てられていたが，通常の学級にも，学習上・生活上のニーズを有
する子どもたちが存在しており，障害を含め多様な子どもたちのニーズに応え
られる学校制度を作り上げていくことが必要と考えられるようになり，インク
ルージョンへとつながっていく。

5　終わりのないプロセスとしてのインクルージョン

　本章の締めくくりとして，あらためてユネスコによるインクルージョンの定
義をみてみる。

　インクルージョンは，学習，文化，コミュニティへの参加を促進し，教育に
おける，および教育からの排除をなくしていくことで，すべての学習者の
ニーズの多様性に着目し，対応するプロセスとみなされる。

　ここには「プロセス」という言葉がある。この「プロセス」という考え方は，
インクルージョンを理解する上で非常に重要である。

　インクルージョンはプロセスである。つまり，インクルージョンは，多様性
に対応するためのより良い方法を見つけるための終わりのない（never-end-
ing）探求とみなされなければならない。

　大学の授業において，「インクルーシブ教育が実現できている国はどこです
か？」と聞かれることがあるが，上記のユネスコの定義を踏まえるならば，イ
ンクルージョンは「終わりのない」ものである。社会や時代が刻一刻と変化し
ていく中で，絶えず，より良いものを探求し続けることがインクルージョンな
のであり，決して，「実現できた」「達成できた」と完結するものではないこと
がわかるだろう。
　さらに，「インクルージョンは理想論ではないか」という声も聴く。ユネス
コとは別の文書をみてみる。イギリスのインクルーシブ教育普及のための民間
組織である Centre for Studies on Inclusive Education（CSIE）が刊行した『イ

ンクルージョンの指標』（Index for Inclusion）（2002年版）では，次のように書かれている。

　インクルージョンは，学校が熱望しているが，決して到達していない理想である。

　インクルージョンは「理想論」である，というのはその通りなのかもしれない。しかし，この指標には続いて次のように書かれている。

　だがインクルージョンは，参加を増す過程が始まればすぐに起こるのである。インクルーシブな学校は，つねに進行している学校である。

　これらのことを踏まえれば，子どもたち一人ひとりの多様性やニーズに対応するために，学校や社会を少しずつでも，一歩ずつでも変えていけば，それはすでにインクルージョンが起こっているといえるだろう。
　代表的なインクルージョン研究者であるアラン・ダイソン（Alan Dyson）と，先述したウォーノックは，インクルージョンには相克があると指摘している。すなわち，インクルージョンには，一方では「すべての子どもを本質的に同じであり平等であると扱う意図」と，もう一方で，「それとは逆に異なる者として扱う意図」の間に矛盾がある。インクルーシブな教育と社会を考えていくことは，そもそも難しく，エネルギーがいることである。だからこそ，排除か受容か，個別性か平等性かといった二項対立的な図式で考え，安易な決断を下すのではなく，先人たちが考え抜いてきた英知に学びながら，私たちも考え，実践し，そしてまた考え続けていく「プロセス」が重要である。

⒀　ブース，T.，エイスンコウ，M. 著，中村満紀男・河合康・岡典子訳『インクルージョンの指標（2002年版）』筑波大学心身障害学系，2005年。

文献ガイド

中村満紀男・荒川智編『障害児教育の歴史』明石書店，2003年。

　　インクルージョンの歩みを理解するためには，障害のある子どもたちの教育がどのように始まり，どのように展開してきたのかを理解することが不可欠である。本章で紹介しきれなかった障害児教育の歴史について，基本的な知識を提供してくれる書籍になっている。外国と日本の通史が簡潔にまとめられているので，興味を持ったトピックについては，さらに文献を読み進めていくと良い。

フレッド・ペルカ著，中村満紀男・二文字理明・岡田英己子監訳『障害者権利擁護運動事典』明石書店，2015年。

　　インクルージョンを考える上で，障害当事者の視点は重要である。本書では，日本に影響を与えているアメリカ合衆国における障害者運動の基本的な考え方が整理されている。福祉・教育・医療に加えて，法律・政治・文化・社会に至る幅広い内容になっているが，事典なので，一つひとつの項目は簡潔にまとめられている。年表や索引も充実しているため，興味のある項目から読むことができる。

飯野由里子・星加良司・西倉実希『「社会」を扱う新たなモード──「障害の社会モデル」の使い方』生活書院，2022年。

　　本章でも紹介した「社会モデル」について，具体的な事例を交えながら比較的わかりやすく書かれている。狭く理解されがちな「社会モデル」の理解をアップデートできる本書は，インクルーシブな社会を実現するために欠かすことができない思考の方法や形式を提示してくれる。マジョリティとマイノリティ間の不均衡な権力関係について考えたい人におすすめ。

第2章

インクルーシブな社会と教育の原理　　　　濱元伸彦

——日本社会のマイノリティに着目して

1　マイノリティと社会的排除

マイノリティの人々とは

　すべての子どもの学びを支えるインクルーシブ教育の展開を考えた時，着目しなければならないのは，現在の社会や教育においてさまざまな不利を抱え，排除されやすいマイノリティの人々の存在である。マイノリティという言葉をそのまま日本語に訳すと「少数派」を意味する。具体的には，マイノリティは，言語や人種，身体的特性，バックグラウンドやアイデンティティ，宗教，思想など，ある社会の中で占める割合が少ない特徴をもつ人々ということになろう。

　ちなみに，マイノリティの対義語はマジョリティ（多数派・主流）であり，ある人々がマイノリティになるかどうかは，社会の主流を占めるマジョリティとの関係によって決まる。一つ例を挙げると，手話で会話するろうあ者（聴覚障害者）は，日本の成人において約1％（約30万人）であり，マイノリティと位置づけられよう。しかし，もし，手話で会話するろうあ者のコミュニティの中に，日常的に口語で話し，手話の使えない人が入れば，その人は，このコミュニティの中ではマイノリティである。要するに，マイノリティという括りは固定的なものではなく，社会・コミュニティの関係の中で決まる。

　ところで，マイノリティの人々は，同じ特徴をもつ人々どうしがコミュニティをつくり，共通の文化や歴史，集団としてのアイデンティティを共有していくことがある。たとえば，海外の日系移民であれば，日本語を共通に話すだけではなく，日本の生活習慣や文化を共有する機会をもち，多かれ少なかれ「私は日系移民だ」というアイデンティティをもつであろう。これは，人種や民族のことに限らず，上に述べた，ろうあ者のような障害によるマイノリティの場合にもあてはまる。ろうあ者は手話言語によるコミュニケーションや生活を通して，ろうあ者としてのコミュニティと文化をもつ。すべてのマイノリティに

あてはまるとは限らないが，このようにマイノリティの人々が固有のコミュニティ，文化，アイデンティティを持ちうるという視点は，多様性を理解し尊重する上で重要である。

　マイノリティのカテゴリーは無数に考えられるが，特に，インクルーシブ教育の文脈において注目せねばならないのは，教育への参加において不利な立場におかれ，その結果，教育を通じての社会参加において排除されやすいグループの人々である。本章の以下の部分では，マイノリティという場合，そうした教育上のマイノリティ，すなわち「教育や社会参加において排除されがちなマイノリティの人々」を表すと考えてもらいたい。

社会的障壁と排除

　では，日本におけるマイノリティとしては，どのような人々が思い浮かぶであろうか。障害のある人，外国にルーツをもつ移民・難民の人々や在日コリアン，性的マイノリティ，貧困状態にある人々などがその例として挙げられる。さらに，「子ども」にフォーカスをあてると，児童虐待を受けている子どもや児童養護施設で育つ子ども，ヤングケアラーの子ども，ギフテッドの子どもなども，それぞれの生活や学びの環境において，保護やケアが必要な状態にある子どもとして，マイノリティに含まれるかもしれない。そのほか，特にカテゴリーはなくとも，それぞれの固有の成長過程において「傷つきやすさ」「生きづらさ」を抱え，配慮が必要な子どもは多くいる。

　さて，多くのマイノリティの人々にとって，教育や社会参加において問題が生じる原因の一つは，社会のさまざまな制度や環境，文化がマジョリティ中心につくられているためである。そのようなマジョリティ中心の仕組みが，マイノリティの人々がそこに参加しようとする際に，さまざまなバリア（社会的障壁）を生み出す。そして，さまざまなバリアがあることで，マイノリティの人々は教育のプロセスでつまずきを抱えやすくなり，マジョリティが公教育から得られる恩恵を十分に受けられないということが生じる。これが積み重なれば，進学や就労の機会が狭められ，結果として社会的排除へとつながるリスクが高まる。

　たとえば，障害の問題について考えてみたい。障害は，社会生活のさまざまな側面に困難をもたらすが，それは，その人の心身機能の欠陥（インペアメン

ト）によるものだと考えられが
ちである。しかし，障害の「社
会モデル」に立って考えると，
障害は，社会の環境や仕組みが
いわゆる「健常者」（＝マジョリ
ティ）中心につくられているが
ために，特定の身体的特性をも
つ人に社会生活のバリアと「生
きづらさ」をもたらすことで生

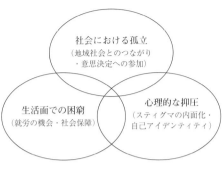

図2-1　社会的排除の3つの側面

じると考えられる。特に，障害の場合，社会生活へのアクセスを阻むバリアが，
制度や環境のさまざまな場に存在し，特定の個人に集中することで，社会的排
除へとつながりやすい。

　一方で，社会の主流に位置するマジョリティの側に目をむけると，かれらは，
既にその社会が自分たちの過ごしやすい環境であるという特権（マジョリティ
特権）を維持しており，多くの場合，その特権をもつこと自体を意識していな
い。それゆえ，さまざまなマイノリティの人々がそれぞれに社会参加に困難を
抱えている状況について無理解であるばかりか，中には，かれらを差別・排除
するような言動（＝ヘイト行為）を行う人々も存在する。

社会的排除がもたらすもの

　以上のように，社会生活においてさまざまなバリアに直面するマイノリティ
の人々は，社会参加のステップである教育においても不利を抱えやすく，教育
におけるつまずきやドロップアウトはかれらの社会的排除へとつながりやすい。

　それでは，社会的排除とは，具体的にどのような状況を意味するのであろう
か。筆者は，社会的排除には図2-1に示すような次の3つの側面があると考
えている。

　第一は，社会における孤立（ないしは疎外）である。地域社会にいる周囲の
人々との関係が途切れ，他者との交流や他者からの援助が受けられず，かつ，
社会のさまざまな意思決定に参加できないことである。

　第二は，生活面での困窮である。就労して収入を得たり，また，必要な社会
的保障を受けたりして自らの社会生活を営むことが困難になる。また，貧困は

図2-2　Equality と Equity のイメージ図
出所：マギル大学ウェブサイトにおける Eguity の説明記事より抜粋。

世代間でも連鎖しやすいことが指摘されている。

　第三は，心理的な抑圧である。しばしば，マイノリティの人々が孤立や貧困の状態にあることは当人の「自己責任」とされ，また，マジョリティからの偏見や差別，排他的な言動に遭うかもしれない。また，それらが持つ否定的なメッセージを，自分自身がスティグマとして内面化し，肯定的なアイデンティティをもちにくい状況も生まれる。

　これら3つの側面は相互に関連しあっており，マイノリティの人々にとって生きづらい状態をつくりだす。社会的排除の状態にあることは，その人の社会生活やウェルビーイング（福利）が脅かされる状態（ヴァルネラブルな状態という）をもたらすのである。

2　マイノリティの支援とその課題

「平等」の2つの考え方

　それでは，上のような社会的排除を発生させず，すべての人が教育を通して社会参加できるようにするためには，何が必要なのであろうか。まず，図2-2をみてもらいたい。これは，いわゆるすべての個人に一律に機会の均等をもたらそうとする「形式的平等」と，一人ひとりの現実の差異に対応して支援・配慮を行うことで結果の平等を図る「実質的平等」の違いを表すものである。ちなみに，英語では，全員一律の機会均等を意味する形式的平等は equality と表記される。また，後者の，社会正義の考え方にもとづき，結果における差別・格差の解消を目指す実質的平等は equity と表記される。

　前節までの議論でいえば，図におけるスポーツ観戦を社会参加と捉えると，右端のマイノリティの人は，一律の機会平等を意味する equality（形式的平等・図2-2左）の状況では，視界が壁（バリア）によって阻まれ，参加できないこ

とになる。これは，制度上，機会が平等に提供されていたとしても，それぞれの特性やバックグラウンドにより，参加を阻むバリアがあるということである。それゆえ，そのバリアがなくなるように，すべての人がアクセスでき，参加できるような支援や配慮が必要である。equity を表す図2-2右では，そのような支援・配慮がマイノリティに対してなされ，すべての人の参加が可能になっている。

　つまり，すべての人の参加を考えたときに，必要なのは人々の多様性に配慮し，参加のバリアとなるものをそれぞれの視点から理解し，取り払うような方法をつくりだすことである。これは，マイノリティの包摂（inclusion）を可能にする実践の基本原理の一つである。

　一方で，包摂を可能にする手立てを考えたときこの図だけでは，表し得ていないこともある。たとえば，図2-2は，「背の高さ」の違いによるバリアの発生をわかりやすく伝えているものの，現実世界では，人々が直面するバリアは，人によりさらに多様で複雑である。また，同じマイノリティのグループに入ると思われる人々の中でも，一人ひとり何がバリアやニーズとなってあらわれるかは異なる。たとえば，ある人が複数のマイノリティ性を同時に抱える場合（たとえば，「障害がある」ことと「女性である」こと，「貧困状態にある」ことなどを同時に有する場合），それらのマイノリティ性の重なりあい（交差性）がその人固有の厳しい抑圧となってあらわれる場合がある。

　ともかく，当事者の視点に寄り添い，何がバリアであるかを確認していくこと，制度側が触手を伸ばすようにして，そのバリアを取り除くような支援や配慮を行い，社会活動へのアクセスを開くことが実質的平等を保障する上で必要だと考えられる。

支援に関わる「差異のジレンマ」

　さて，今，日本に移民してきたばかりで，日本語がほとんど習得できていない生徒が学校に入学してきたとする。もし，学校が，すべての生徒を「同一に」扱うことが大事だと考え，その生徒に日本語に関する特別な学習機会を提供しないまま，授業を受け続けさせたとすれば，どうなるだろうか。授業の内容が理解できないだけでなく，他の生徒との会話や人間関係づくりも十分にできず，不適応を起こしてしまうかもしれない。さらに，そのまま学習内容が身

につかず，高校などへの進学もできなくなれば，就労が難しくなるなど，社会的排除のリスクが大きくなる。つまり，上のような生徒の場合，かれらの不利に焦点を当てた個別的支援は必要であり，単に皆と「平等に」扱えばよいというわけではないと言える。

　このように，人それぞれの違いやニーズに着目せず，「同一性」（同じであること）にのみ着目し扱いを平等にするだけでは，不平等な結果を生むかもしれない。しかし，他方で，人の「差異」に着目するが，結果を平等にしようと特別な対応ばかりを取ると，その人が他と違った存在であるとの認識を周囲に対して築いてしまい，偏見や差別を生む可能性もある。つまり，上の例でいうと，移民してきた生徒が，マジョリティの「日本人」の生徒とは異なるアウトサイダー（よそ者）だという意識をつくりだしてしまうということである。こうしたマイノリティの支援・配慮に関わるジレンマを，米国の法学者マーサ・ミノウ（Martha Minow）は「差異のジレンマ」と呼ぶ[1]。

　たとえば，この「ジレンマ」の別の例として，貧困家庭の子どもについて考えてみたい。日本では今日，およそ 7 人に 1 人の子どもが貧困家庭の出身（相対的貧困の基準に基づく）であると捉えられている。貧困家庭の子どもに対しては，就学援助など，家計補助につながる支援があるほか，家庭に対する福祉的支援もいくつか存在する。一方で，これまでの研究で指摘されている子どもの貧困をめぐる問題の一つに，学力格差がある。すなわち，家庭の経済的背景が厳しい層の子どもたちが学習面でつまずきを抱えたまま，適切な学習面でのケアを受けられず，他の子どもとの学力差が広がる状況があると指摘されている。また，学校において「授業がわからない」ことは，子どもの学習意欲および自己肯定感を低下させ，子どもの心理的安全性を奪うことにもつながる。

　では，学校の中で貧困家庭の子どもにターゲットを絞った学習支援として何かできるかというと，実はかなり難しい。たとえば，貧困家庭（あるいはひとり親家庭）にフォーカスを当てた学校内の教育プログラムをつくろうとしたとする。その場合，子どもの家庭の経済状況で何らかの線引きを行い，プログラムの対象となる子どもを選定して学習支援を行うわけであるが，これを学校内で他の子どもに見える形で行うことはリスクがある。すなわち，そうした「貧

(1)　Minow, M *Making All the Difference*. Cornell University Press, 1990.

困家庭の子ども」のカテゴリー化は，誰が「貧困家庭の子ども」なのか子どもたちの中で知らせることとなる。結果として，貧困に関わるさまざまなイメージや偏見を当の子どもたちに結びつかせ，いじめや差別を生む可能性もある。こうした難しさもあり，多くの場合，貧困家庭の出身でかつ学習面で課題のある子どもの支援は，教員らの自主的な判断で行われている（あるいは，教員に余裕がなく何も行われていない）のが実情である。これは，学校内における「貧困の不可視化」と呼ばれる現象である。

　歴史的に見て，日本の学校教育に関わる施策では，貧困に限らず，特定のマイノリティのカテゴリーに入る子どもの支援を施策として行うことは避けられ，あくまで，教育環境を同一の基準で平等化していくことが重視されてきた。同様のことは，たとえば，性的マイノリティの子どもの場合にもあてはまり（第7章），これまでの平等な教育の考え方の中で，子どもたちのセクシュアリティの差異に注意を払うことなく，教育の環境や考え方において十分な配慮をしてこなかった。これも，「差異のジレンマ」でいえば「同一性」を重視し差異に対応しない「不可視化」の側面だといえよう。

　他方で，日本の教育制度においても「差異」に着目し，特別な対応によりその「差異」を強めていく側面もある。学校教育における障害のある子どもの対応がそれである。

　通常，障害のある子どもに特別な支援を提供するためには，その子どもの「障害」を診断し，特別支援教育の対象になることを教育委員会が確認し，かれらを学籍上，特別支援学級に在籍させる（あるいは，通常学級に在籍のままで「通級による指導」の対象者として決定する）必要がある。要するに，「障害のある児童（生徒）」として，子どもをカテゴライズする必要があるということである。このプロセスは，障害のある子どもへの教育上の支援を教育制度として提供する上で必要なこととされている。しかし，このプロセスは，子どもを特定の「障害」にカテゴライズし，他の子どもとは違った存在だと制度的に認定することでもある。これもまた「平等」を達成しようとして，逆に「差異」をつくるというジレンマである（第4章）。

---

(2)　学校における貧困の不可視化については，盛満弥生「学校における貧困の表れとその不可視化——生活保護世帯出身生徒の学校生活を事例に」『教育社会学研究』88巻，2011年，273〜294頁を参照。

　特に障害の場合，ある子どもを「障害のある児童（生徒）」として他の子どもと違った存在として捉える見方を強めているのが，「障害」の医学モデルである。障害の医学モデルでは，障害を個人の心身機能の欠陥（インペアメント）に起因し，個人に内在するものとして捉える。また，その対応のためには，医学的な診断に基づく個別の治療や介入が必要だとされる。こうした医学モデルの捉え方は，ある子どもは心身の状態により他の子どもと違った存在だという認識を強める。そして，かれらは通常教育を受けられる条件を本人が備えていないから，分離された環境で特別な教育・支援を受けるのが当然だという考え方を固定化させてしまうのである。特に，日本においては，障害のある子どものほとんどが，基本的には医学モデルに基づく判定を経て，特別支援学校や特別支援学級に在籍する形となり，時間的にも空間的にも分けられた環境の中で学んでいる。こうした状況は「障害」とカテゴライズされた子どもの「差異」を強め，障害者に対する偏見や差別の誘発につながってきたと考えられる。

　このように，「差異のジレンマ」について考えてみると，マイノリティの包摂を目指した支援のあり方に関して，検討すべきことが多くある。また，そもそも，どうして特定の「差異」の扱いが差別や偏見の誘発につながるのか，考えてみることも重要である。マーサ・ミノウによれば，特定の「差異」に対して差別や偏見が誘発される背景には，社会がその「差異」を認知する背景としての社会構造が関係している。これは，後述する「認知の次元」の問題である。少し説明が難しくなるが，マイノリティの「差異」は，もともとそこにあるものというよりは，社会的に構築されたものである。そして，その社会的構築において，既存の社会の優劣関係（支配―従属関係）や人々の「標準」「普通」に対する見方が反映され，特定の「差異」を逸脱やスティグマと結びつけた理解が発生する。そのように考えると，あるグループに対して偏見やスティグマを生じさせることなく，必要とされる配慮や支援が提供される状況をつくるためには，既存の社会にある優劣関係や「標準」・「普通」に対する見方を問い直すことや，その見方を支える制度や文化，環境を変革していくことが求められる。

分離・隔離の問題とその是正

　前項で述べたように，マイノリティの包摂を考え，実質的平等を実現するための個別的支援・配慮は必要だが，それのみを優先し分離的な教育を強めれば，

差別や偏見を生み，マイノリティの排除につながりかねない。また，そもそも，分離的な制度の存在そのものが，上に述べたマイノリティに対する認知の構造としての社会の優劣関係やマジョリティの側の「標準」「普通」の見方を生みだす元になってきた。それゆえ，インクルーシブ教育の歴史においては，マイノリティに対してなされてきた排除・分離（隔離）を問題化し，それを是正する運動がみられる。ここでは，分離の問題について改めて考えてみたい。

　特に，教育における「分離」の問題性を鋭く指摘したのが，米国のブラウン判決（1954年）である。この判決が出た裁判は，米国南部のカンザス州において，白人と黒人（アフリカ系アメリカ人）がそれぞれ別の公立学校で学ぶ体制が続いていたことに対し，ある黒人の親（Oliver Brown）が中心となり，子どもが近くにある白人の学校で学べるようにしてほしいと訴えたものである。当時，米国の法廷では，先例に基づき，白人，黒人の子どもが，それぞれ人種上分離された学校で学んでいても，同等の教育が受けられているのであれば法律上問題なく，「分離すれども平等」という法的解釈が通っていた。しかし，1954年の最高裁判所の判決は先例を覆し，「公教育の場における〈分離すれども平等〉の原則は成立しない」と結論づけた。「人種だけを理由にかれら（黒人）を年齢も資格も同じ他の者から分離することは，社会におけるかれらの地位について劣等感を与え，かれらの心にとりかえしのつかない影響を及ぼしうる」とし，分離された教育施設が本質的に平等ではないと指摘した。また，こうした結論の背景には，人種間の分離が，人々の間の交流や相互理解，連帯の機会を奪い，人種統合に結びつかないとの考え方もあった。

　この判決は，米国における人種差別撤廃の運動を前進させるものであったが，同時に，インクルーシブ教育の進展においても大きな転換点として理解されている。むろん，人種の問題と障害など他のマイノリティの問題を一括りにできるわけではないが，特に重要な点は「分離すれども平等」という旧来の見方を問い直す論理が，障害児の教育の問題にも向けられたことである。特に，米国では，その後の市民運動や裁判を通して公教育における知的障害者の教育上の分離・隔離が見直され，その結果，障害者の公教育からの分離を極力なくし，共に学べる環境をつくることを求めた全障害児教育法（1975年）が制定された。

　また，米国の法制度の動きやノーマライゼーションにむけた国際的な関心の広がりを受け，1980年代以降，多くの国で分離的な教育環境の一翼を担う特別

学校（特別支援学校）を閉校させ，障害のある子どもを地域の学校へと戻していく動きが活発になった。この運動の背景にあるのは，重度障害者の施設収容のような分離・隔離が，社会における障害者への差別や偏見の源になっているとの問題意識である。実際，インクルーシブ教育が国際的に推進される契機をつくったサラマンカ声明（1994年）も，「インクルーシブ志向をもつ通常の学校こそ，差別的態度と戦い，すべての人を喜んで受け入れる地域社会をつくり上げ，インクルーシブな社会を築き上げ，万人のための教育を達成する最も効果的な手段」だと主張している。

　このようにインクルーシブ教育を進める運動が分離的な教育環境の是正を求めてきた動機の一つは，そうした環境が生み出している差別や偏見を取り除くためであるという考え方を，改めて押さえておく必要がある。

3　インクルーシブな社会と教育にむけて

包摂的平等の考え方

　ここまで分離的な環境の問題性を指摘したが，だからといって，障害のある子どもなど，マイノリティに対する個別的な支援・配慮が不必要だと述べているのではない。実際，日本のように通常学級と特別支援学級を二分するような教育制度をもたず，インクルーシブ教育の推進に熱心な国・地域においても，支援対象の子どもを定め個別的に支援する実践は柔軟に取り入れられている。しかし，こうした個別的な支援の提供のため「分ける」取り組みの割合が増えれば増えるほど，子どもたちが共に学び生活する「時間」「空間」が減り関わり合いが薄れることで，お互いを共生社会における「仲間」だと捉える意識が弱まることは常に意識しなければならない。個々に必要な学びの機会やそのための支援・配慮が奪われることは一つの差別であるが，子どもたち相互の人間関係を切り離すこともまた差別なのである。

　それでは，インクルーシブな社会あるいは学校を築いていくために，どのような教育を進めればよいのだろうか。言い方を換えれば，インクルーシブな社会および教育の原理とは何であろうか。これを考えるヒントとなるのが，障害者権利条約をつくった国連・障害者権利委員会が2018年に出した一般的意見第6号である。この一般的意見では，新たな平等のモデルとして「包摂的平等」

（インクルーシブな平等：inclusive equali-
ty）と呼ばれる概念を提案している。
「包摂的平等」は，障害者権利委員会
から出されたものであるため，基本的
に障害に関わる平等を念頭に置いたも
のだが，考え方そのものは，すべての
人（マイノリティ）にあてはまるもの
と捉えてよいだろう。そして，その内

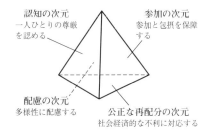

図2-3　包摂的平等の4次元（障害者
　　　権利条約・一般的意見第6号）

容は，同意見の本文でも書かれているが，既に述べた「差異のジレンマ」を乗
り越えるための考え方でもある。「包摂的平等」は，図2-3に示す次の4つの
次元から平等を考えるという複眼的なモデルになっている。

　まず，基底にある「公正な再分配の次元」では，すべての人の社会生活の基
本となる経済的な側面について言及するものである。多くのマイノリティに関
わる社会経済的な不利への対応と社会全体の経済的な不平等の是正を指摘する
ものだと考えられる。

　次に「認知の次元」は，社会において，一人ひとりの人間が不可分の人権を
もつ尊厳ある存在として対等に認められることを指摘するものである。「差異
のジレンマ」が指摘するように，すでに社会にある差別や偏見のみならず，特
定の背景を持つ人々をカテゴリー化して支援対象とする措置もスティグマや偏
見を生む可能性を常にもっている。こうしたスティグマや偏見を防ぐためには，
一人ひとりが尊厳ある存在であることを確認するとともに，かつ，一人ひとり
のアイデンティティが障害や民族的ルーツなどのカテゴリーで一面的に規定さ
れない交差性（intersectionality）をもつものであるとの認識の共有が必要であ
る。ちなみに交差性（intersectionality）とは，人間のアイデンティティが，人
種，性別，階級，セクシュアリティなど多様なアイデンティティの要素の重な
りをもつという性質を表す用語である。

　「参加の次元」は，人間が社会生活に参加する権利を対等にもっていること
を再確認するとともに，人間が本来的に社会的な存在であり，社会に包摂され
た状況においてその人間性を十全に開かせるとの認識を求めている。別の言い
方をすれば，「分離すれども平等」という考え方が改めて否定されている。

　最後に「配慮の次元」であるが，一人ひとりの尊厳を認めることを具体化す

るために，多様性に配慮できる環境をつくることを指摘するものである。また，全ての人が，参加のために必要となる支援が提供されること，さらに，支援を必要とする人とそうでない人の優劣関係をそこに発生させないとの意味合いも込められていると考えられる。

日本の学校におけるインクルーシブ教育の課題

　ここまで，マイノリティの教育問題に焦点をあてながらインクルーシブな社会と教育の原理について述べてきた。以上をふまえて，日本において，インクルーシブ教育を進める上での課題は何かを明らかにしたい。

①　分離的な教育環境の是正

　第一の課題は，障害のある子どもに対する分離教育である。既に述べたように，日本では，特別支援学校や特別支援学級が制度化され，障害のある児童・生徒の学籍そして学びの場が「分離」されている。これは，国際的な観点でみると，日本におけるインクルーシブ教育推進の最も大きな障壁だと言えよう。この制度の壁を越えて，障害の有無に関わらず子どもたちが共に学ぶ場をつくろうと「交流及び共同学習」の時間も設けられているが，その時間の設定は各学校に委ねられており，そうした時間がきわめて少ない学校もある。また，文部科学省が2022年4月27日に出した省通知では，小・中学校においては，特別支援学級籍の児童・生徒は週の授業時数の半分以上は特別支援学級の教室で学習の時間をとるべきであると指摘しており，「共に学ぶ」時間そのものに制限を設けている。

　ここで，改めて考えたいのは，医学モデルではなく社会モデルで障害を捉えれば，障害を障害たらしめているのは「社会的障壁」だということである。障害によって人々を分け隔てる制度や環境，そしてそれを支持する（主にマジョリティの）人々のマインドがその社会的障壁を築いている。だとすれば，この社会的障壁を崩していくための制度・環境およびマインドの変革が必要である。そして，そのために最も重要なのは，子どもたちが共に学び生活する中で相互理解を深められ，共に生活しているのが「あたりまえ」の環境を築くことである。これを可能にするには，学級・学校やそれを支える教育行政や関係機関が「インクルーシブ志向」になり，「共に学べる」環境をつくりあげていく努力を積み重ねていくほかない。また，学校を取り巻く社会も，一人ひとり違いのあ

る子どもたちが「共に学ぶ」中で成長し，共に生活していけるよう，制度や環境の社会的障壁をなくす運動を進めなければならない。

②　学習者の多様性に配慮した教育環境

　第二の課題は，現在の教育環境が学習者の多様性に対応できていないことである。多様な児童・生徒がともに学ぶことを可能にするには，子ども一人ひとりの学び方やペースの違いを許容し，子どものニーズに応じた支援を提供できるような環境づくりが必要になる。しかしながら，日本の学校では，通常学級の教室で1人の教員が30人〜40人の児童・生徒を教える一斉指導法が長年続き，教員の基本的な指導スタイルとして定着してきた。その結果，授業は教員1人で教えるのが「普通」で，海外のインクルーシブ教育の実践にみられるように，複数名の教員や支援者がチームで児童・生徒をみることは一般的ではない。このほか，学習内容を細かに定めた学習指導要領やそれに準拠した教科書，（高校や大学入試など）試験制度や学力テストが，教室で教える内容やそのペースの「標準」を頑強に形づくっている。

　これらの要因により，1人の教員が多数の子どもを画一的に効率よく教える，海外では「工場モデル」と呼ばれる画一的指導方法から，多様性に配慮した教育への転換が困難になっている。こうした工場モデルの指導方法は，支援を必要とせず自律的に学習を進めていけるのが「標準的な」児童・生徒（マジョリティの児童・生徒）だという認識を教員にも（また，児童・生徒にも）もたらすことになる。その結果，支援が必要とされる児童・生徒，あるいは，この画一的な学習プロセスを乱す児童・生徒は「発達上何か問題がある」「支援対象である」と捉える教員のマインドがつくられている。

　インクルーシブ教育を進めるためには，この工場モデルの教育から転換していくことが必要である。この転換を実現するためには，教員定数の改善やカリキュラムの柔軟化など，抜本的な制度改革が求められよう。ただ，そうした改革がなされるまで，学校は何も変えられないかといえば，そうでもない。現在の日本でも，教育環境をよりインクルーシブにするために学校レベルでできることは多くあり，実際，一般的な学校に比べ，よりインクルーシブな学校が数は少ないが存在する。学校をよりインクルーシブにするための，基本的な考え方は，「一人ひとり違いのあるすべての子どもたちが，安心して共に学び育てる教育」を進めることである。特に，教育に関わる人々が協働し，子ども一人

ひとりの多様性に配慮した教育環境や授業をデザインしていくことが求められる。また，子どもたちについて，障害などさまざまなギャップを越えてつないでいくような集団づくり（仲間づくり）の考え方と実践もまた必要である。

③　マジョリティ中心の学校文化の見直し

　第三の課題は，マジョリティ中心の学校文化をみなおすことである。たとえば，欧米の国々の多くは，人口構成上も言語やエスニシティにおいて多様性に富んでいる。そして，学校では，言語や人種，宗教など文化的要素，あるいはセクシュアリティに関わる多様性についても理解が進んでいることが多い。たとえば，筆者の知るある性的マイノリティの日本人男性は，高校時代にオーストラリアでの留学経験をもつが，当時の高校の状況について「クラスでは英語が少し下手な子がいても全然問題ないし，文化や習慣も違っていて当然だし，自分が性的にマイノリティだということもみんな普通に理解してくれた」と話す。つまり，多様性の尊重が教育環境の前提として置かれ，障害の有無などに限らず，子どもたちの間に多様な違いがあり，言語や習慣の違いに由来するギャップやニーズが存在するのは当たり前だという認識がそこにある。このような学校の環境の中では，そもそも，一人ひとりのアイデンティティ構成が複雑であるため，マジョリティ／マイノリティという枠でお互いを認識すること自体が難しいし，障害等の理由で支援が必要な子どもがいたとしても，多様性への配慮の中で，その支援がスティグマを生むリスクが抑えられると考えられる。

　日本の場合はどうだろうか。近年，日本の学校でも外国ルーツの子どもが増加傾向にあるとはいえ，依然，日本語を母語とし，習慣や文化も同じなど同質性の高いマジョリティが主流を占めている。また，このマジョリティの子どもは，学習面においても，個別的な援助を必要とせず自律的に学べる「標準的な」子どもという点で同質的なのかもしれない。こうした集団の同質性の高さは，先に述べた工場モデルの教育では学習効率を高めるかもしれないが，同時にそれは，学校の中の「普通の子ども像」への同調圧力を強めるものでもある。この同調圧力は，子ども一人ひとりの多様なあり方を認められにくくするほか，わずかな違いもいじめや排除の対象にする雰囲気をつくるなど，実際は当のマジョリティの子どもにとっても息苦しい状況をつくっている。近年の，学校におけるいじめや不登校の多さは，まさに学校の「息苦しさ」を象徴するものだといえよう。

　このようなマジョリティ中心の学校文化を見直すために，何ができるだろうか。まず，子ども一人ひとりの違いや個性が浮かび上がり，それを歓迎するような教育活動を積極的に行う必要がある。これにより，特に児童・生徒の集団を多様性を基盤としたものへと再構成せねばならない。それと同時に，既存の学校文化や生徒集団がもつマジョリティ性（ないしはマジョリティ特権）をみつめ，そこに隠れている差別や排除を捉え直すことも重要である。

インクルーシブ教育を受ける権利を実現するために

　障害者権利条約のインクルーシブ教育の考え方を説明した障害者権利委員会の一般的意見第4号は，インクルーシブ教育はすべての学習者（子ども）の基本的な権利であると指摘している。このことは，一人ひとり違いのある子どもたちが，まず地域にある公立学校において，皆とともに安心して学べる教育環境が築かれなければならないことを意味する。その教育環境とは，特に教育のプロセスで排除されがちなマイノリティの子どもが，必要とする配慮・支援を受けて学習に参加でき，かつスティグマや偏見などを生むことなく，多様性が尊重される空間である。同時に，それは，将来の地域社会での生活に参加し社会をよりよくしていくためのプロセスへの参画を目指して，共に生きることを学ぶ空間でなければならない。そのように考えてみると，インクルーシブ教育を受ける権利とは，子ども一人ひとりが「学び育つ権利」と「共に生きることを学ぶ権利」の双方に立脚したものであると捉えられる。

　すでに述べてきたように，インクルーシブ教育を推進する上で日本の学校の課題は，教育制度，カリキュラム，学校の教育環境など多岐にわたり，その克服は不可能にみえるかもしれない。そもそも，今ある教育の状況を少しでもインクルーシブなものに変えていこうと改善していくプロセス自体がインクルーシブ教育なのである。最も大切なことは，すべての子どものインクルージョンという価値と目標を教育関係者が共有し，インクルーシブ志向の環境を築こうと協働することである。そして，今ある教育環境の中で，特にマイノリティの子どもたちにとって一体何が社会的障壁となって映っているのか，かれらに寄り添いながら確認し，その一つひとつを協働して取り除いていくことが求められる。

文献ガイド

堀正嗣『「共に生きる教育」宣言』解放出版社，2022年。

　　サラマンカ宣言や障害者権利条約以降，国際的にインクルーシブ教育の推進が叫ばれる中，日本の障害児教育の制度の問題点を指摘し，障害学および人権教育の視点に立った「共に生きる教育」を提唱する一冊。欧米の個人主義的な教育観とは異なった視点から，なぜ「共に生きる教育」が必要なのかを明らかにする。イギリスやフィンランドのインクルーシブ教育の考え方や課題についてもふれているほか，著者が研究・実践してきた「子どもアドボカシー」についても紹介している。インクルーシブ教育について学ぶ入門書としておすすめ。

一木玲子「障害者権利条約から見た日本の特別支援教育の課題──誰も排除しないインクルーシブ教育を実現するために」『アジア太平洋研究センター年報』第17号，2020年，49〜56頁。

　　著者の一木玲子は，インクルーシブ教育をめぐる国連の動きについて国内を代表する研究者の一人であり，カナダやイタリアのインクルーシブ教育についても研究している。本論文は，国連・障害者権利委員会のインクルーシブ教育の考え方を整理し，その考え方に基づき，日本の特別支援教育をふくむ学校教育全般の問題点について，具体的な子どもの事例を示しながらわかりやすく述べている。インクルーシブ教育の国際的な動向の中で，日本の現状を考える上での良き手引きである。

小国喜弘『戦後教育史──貧困・校内暴力・いじめから，不登校・発達障害問題まで』中公新書，2023年。

　　日本の戦後の教育制度および教育問題を総括し，批判的な視点を投げかける一冊。近年，特別支援教育を受ける児童・生徒の急増の背景にある通常学校・学級の問題について詳しく説明しているほか，日本における「共生・共学」を求める思想・運動や実践についても紹介している。

第3章

マジョリティという観点からインクルージョンを考える

伊藤　駿・村上詩織・中西美裕

1　排除／包摂は誰の問題なのか

　本書の一貫したテーマはインクルーシブな教育とはどのような教育で，またどのような社会を目指すのかということである。第1章ではインクルージョンという概念がどのように成立してきたのかということが，第2章ではインクルーシブ教育において欠かせない観点としてマイノリティの人々を取り巻く問題が取り上げられてきた。

　それに対して本章では，マジョリティ（多数派）に注目し，インクルーシブな教育を考えていきたい。より具体的には2つの事例に注目する。一つはイギリスで実施されたマジョリティ向けの教育実践である。2019年イギリスでその実践の様子が放映され，日本でも2021年に放送されている。第2章で指摘されている通り，マジョリティの人々は「特権」をほぼ無意識のうちに有しているが，この無意識下にある特権や差別意識を自覚するための教育を取り上げる。もう一つは「ギフテッド」と呼ばれる子どもたちへの教育である。ギフテッドという言葉からは何かしらの才能を持ち，その才能を活かすことで卓越した能力を発揮する，いわば強者という意味でのマジョリティの人々が想像されるのではないだろうか。しかし，後述する通りギフテッドの子どもたちへの教育について見ていくと，むしろかれらは適切な支援を受けられず教育から排除されるケースも少なくない。

　こうした2つの事例をもとに，インクルーシブな教育とは特定の属性を有する人々への教育を意味するのではなく，むしろ皆の問題なのだということを本章では示したい。そして次章以降で取り上げられるさまざまな属性を有する人々への教育について考える際，読者のみなさんの問題でもあるのだということを少しでも感じてもらえたら幸いである。

2　事例1：人種差別をなくす実験授業

　先述の通り，2019年イギリスで "The School That Tried to End Racism"（「人種差別をなくす実験授業」）と題された番組が放送された。放送の冒頭では白人の男児が「肌の色はどうでもいい」「大切なのは人柄だ」と語る様子からはじまる。第2章で指摘されている特権に無意識である様子の典型例であるといえよう。そしてこうした姿勢はマイノリティの人々に対する無意識の偏見や差別へとつながっていく。このような無意識の偏見や差別のことを，アンコンシャス・バイアス（unconscious bias）という。

　おそらく本書の読者のほとんど，いや全員は偏見や差別はいけないことである，ということを疑っていないし，きっと偏見や差別のない社会づくりの必要性に共感することと思う。しかし，残念ながら私たちは意図せず，そうした眼差しをいろいろな属性の人にむけているのかもしれない。そういったことに気がつくための授業が今回取り上げる授業である。

授業の内容

　番組の舞台はロンドン南部の中学校（secondary school）である。この中学校は半数の生徒が人種的マイノリティであり，残りの半分が白人生徒である。

　前にも記した通り生徒たちは口では「人種差別をしていない」と考えている。しかし，この授業ではそうは考えず，むしろ実際の行動では無意識のうちに人種を理由にしたさまざまな行動をしていると考え，その偏見をまず可視化する。

　具体的には，タブレット端末が配布されテストがなされる。図3-1のように左側に白人の顔と明るい顔が，右側にマイノリティ人種の顔と暗い顔が描かれており，その後「good」をはじめとするポジティブな単語は左側に，「bad」をはじめとするネガティブな単語は右側にスワイプさせる。そしてその時間を測定する。単に言葉の印象に基づいてスワイプすれば良いだけなのだが，動画の中では黒人や有色人種の子どもたちは「なんでこんなことをしなければならないんだ」「失礼だ」と言いながら取り組んでいく。

　続いて，この逆のパターンを行い，時間を測定する。動画の中では黒人の男子生徒が「楽しい人種差別ゲームだ」と言いながら取り組んでいる様子が取り

上げられている。そして
このゲームが終わると，
生徒たちが感想を言い合
う。ある生徒は「白人に
ネガティブな単語を，黒
人にポジティブな単語を
結びつけるのが難しく感
じた」といい，教師がそ
の理由を尋ねるも「わか
らない」と答える。

図3-1　テストの画面

　その後，時間の測定結果が発表され，担当教員から「君たちには無意識の偏見がある。クラスの大半が無意識に白人を好む傾向にある」と言われる。具体的には，24人のうち18人が白人を無意識のうちに好んでいるというのである。その結果を受け，白人の生徒が「白人からいい暗示を受けるけど，黒人に悪い暗示があるとは思わない，ただ白人に好意的になりがちなだけ」といい，周りの子どもたちもそれに同意する。それに対して黒人の子どもが「公平がいいけど現実は違った」という。また他の黒人の生徒は「黒人の僕が白人に好意的だったなんて夢にも思わなかった」ともいう。他方，白人の生徒は「罪悪感を持たなくていいと言われても持ってしまう。だっていけないことだもの」と悲しそうにいう。こうした状況のもと3週間の特別授業が行われる。

　特別授業では人種別にグループが分けられる。グループ分けでは，白人の生徒が教室から追い出され，それ以外の生徒は教室に残るように伝える。中には「半分白人で半分アジア人の私はどうしたらいい？　自分はどっちにいけばいいのだ」と困っている生徒もいるが，「自分次第さ」と言われている。結果としてこの生徒は，非白人グループの生徒たちに「私たちは仲間さ」と言われて，教室に残った。

　翻って白人グループに視点が移る。そのグループでは「私たちのアイデンティティはなんだろうか」と教師に聞かれ，ある生徒は「赤毛のヨーロッパ人男子，それ以外言いようがない」と答える。すると教師は「その意味を考えたことがある？」と聞くが「考えたことはない。人種は関係ない」といった話になり，その後は静かになってしまう。

　他方で非白人グループでも同じ質問がなされるが，こちらのグループはお祭り騒ぎになっている。たとえばある生徒は自身について「私は黒人って言われるけど実際にはミルクチョコレート色だ」と言い，他の生徒たちはその発言に賛同し盛り上がっている。

　その後クラスは再統合されるが，その時の子どもたちの雰囲気は大きく異なる。非白人グループはいつもより思いっきり話せたと言うのに対して，白人グループは感想を言うのも少しためらう様子がある。そうした中で，いつもより思いっきり話せたという生徒に対して「自分たちが上とか思っていない」という生徒もいれば，「少し羨ましかった」と言い涙ぐんでしまう生徒もいる。その後この涙ぐんだ生徒は家に帰り今回の授業について「なんだか落ち着かなかった」「人種別ではなく友達同士のグループでいたかった」と保護者に胸の内を語っている。

　学校ではそれからもこの人種に関する授業が続く。人種ごとにグループに分かれ，白人グループでは「どうして人種問題は話しづらいのか」と尋ねられたり，非白人グループでは「別の人種や民族になりたいと思ったことがあるか」と尋ねられたりしている。このようなテーマでの話し合いを続け，最終的にお互いのグループに対して言いたいことをまとめて伝える。

　白人グループからは人種問題について，「責められるのは白人ばっかり」「時々何も言いたくなくなる」という言葉が出され，非白人グループからは「わざとらしいのはやめて」「その格好すてき，人種のこと聞かないからとかって無理に言う必要はない」と返される。すると白人からは「人種のこと話したくない，ってこと？　ただ聞くだけもダメってこと？」と尋ねられる。それに対して，非白人は，「そうじゃなくて敬意をもって聞いてほしい，その質問がバカにしてないか考えてほしい」と返す。

　こうしたやりとりを通して生徒たちは徐々に人種については話すようになり，またその問題の大きさを認識するようになっていく。その中で，たとえば徒競走の活動でも，そのスタートラインを決める際に「毎日保護者が家にいた」「警察に職務質問をされたことがない」人は1歩ずつ前へといったように，自身の特権と社会の不公正を可視化するプログラムが進められていく。

　そして授業の最終週になると生徒たちは人種について積極的に話すようになり，たとえばアジア人と黒人を一緒にくくることが正当なのかといったことや，

自分たちで選んだ関連するトピックについて議論を深めるようになる。授業の最後には生徒の意識変容が起こったのか，それとも起こらなかったのかを可視化するため，授業の冒頭に行ったタブレット端末を使ったテストを行う。この動画では最初と比較して時間の差が縮まり，偏見の低減が見られたと言われている。動画の最後には「白人や黒人と口に出すのが怖かった」「無意識の偏見は誰にでもある。今回の授業は僕の気付かなかった心理まで変えてくれた」「世界が平等になるには長くかかるだろうけどみんなが本気で取り組めば解決できる」という言葉で締め括られる。

この授業から何を学ぶのか

　この授業の特徴は，単に差別はいけないことと教えるのではなく，むしろ自分たちの中にある偏見や差別をはじめに認識させ，それをどのように乗り越えていけるのかということを皆で考えていくというプロセスにある。しかし，こうした自身の中にある偏見や差別に気がつくということは楽なものではない。むしろ苦痛を伴うものである。

　保護者たちが生徒の苦悩を聞き取る場面もあるし，この動画の中には描かれていないが，もちろんそれぞれの生徒のケアを教員たちは行っているであろう。生徒たちが安全な状況におかれ，かつ適切な研修を受けた教員による教育実践であるということにはまず注意を要するだろう。

　その上で，この授業から私たちは何を学ぶことができるのかを考えていこう。ここでは2点をあげたい。第一の意義は第2章で述べられているように，多くのマジョリティが無自覚である「特権」を自覚する契機となる点である。たとえば，それまで対等な友達として接していた同級生の発言をもとに，自身の偏見が無意識のうちに振る舞いとして現れていることが明らかにされる。「何も言いたくなくなる」という言葉に表現されるように，白人の生徒たちはどのように振る舞うべきなのかという正解が全くわからなくなる。しかし，「敬意をもってほしい」という言葉などを通じて，それまで何も気にせずに振る舞えていたことこそが特権であったことに気がつくことができる。

　第二の意義は，動画の後半でアジア系の生徒が黒人と同じグループにされたまま今回の授業が進んでいることに対して，異を唱えている点にも見出せる。しかしそれは黒人と一緒にされたくないというメッセージではなく，文化の違

いなどもある中で白人／非白人というカテゴリーで括ることの妥当性を問うものである。この発言をもとに非白人グループの生徒たちもまた授業内での自身の振る舞いを振り返ることになる。マジョリティ／マイノリティ，白人／非白人という二項対立的構造では見逃されてしまう，個人の差異に注目し，その授業の構造自体のもつ問題にまで生徒たちは目を向けることができるようになる。

　本章の第1節のタイトルである「排除／包摂は誰の問題なのか」という問いに対して，この授業は一人ひとり，皆の問題なのであるということを自覚する契機となっているとも考えられる。続いて，このインクルージョンの問題を皆の問題として捉えていくことがなぜ必要なのか，それをギフテッドの子どもたちに注目してみていきたい。

3　事例2：ギフテッドの子どもたち

　改めて，みなさんはギフテッドの子どもと聞いたとき，どのような子どもを想定されるだろうか。筆者の授業でこの質問をすると，なんらかの才能を持っている子ども，天才，優秀な子どもといった答えが返ってくることが多い。また近年ではメディアにおいて「ギフテッド」という言葉が用いられる頻度も増えたり，文部科学省は「特定分野に特異な才能を有する児童生徒」という表現を用いたりしている。こうした言葉だけを聞くと，たとえギフテッドの子どもたちの数が少数派であったとしても，マジョリティの側の子どもたちであるように思われる（第2章参照）。しかし，実際には日本の教育現場においてギフテッドの子どもたちは多くの困難に直面している。では，なぜそのようなことが起こっているのだろうか。

　ギフテッドとは，発達障害などと異なり疾患名ではなく，共通の定義は存在していない。たとえばイングランドでは，キーステージ2（7歳～11歳の4年間）修了時の上位10％といった学力上位層がギフテッドと定義され，以前には該当する子どもたちだけのための特別プログラムが提供されていた[1]。またデンマークではIQ130以上の高い能力のある子ども（全体の約2％），もしくはIQ120以上の特別なニーズのある子どもとする説や上位10～15％程度の子ども

---

(1)　伊藤駿「イギリスにおけるギフテッドの子どもたちに対する教育」『発達障害研究』44(4)，
　　2023年，368～376頁。

をギフテッドと見出す自治体もあるという⁽²⁾。すなわちギフテッドの子どもたちが何人いるのかということを明確に回答することは不可能なのである。そうした中，2021年文部科学省（以下，文科省）に「特定分野に特異な才能のある児童生徒に対する学校における指導・支援の在り方等に関する有識者会議」が設置され，日本においてもギフテッドの子どもたちに対する教育のあり方が検討されることとなった。この会議の報告書では，特異な才能を有する子どもたちを積極的に定義しようとすることはむしろ支援を必要とする子どもを見逃すことにつながることから，比較的広範な子どもたちがあてはまるよう，次のように述べられている⁽³⁾。

　同年齢のなかで，知能や創造性，芸術，運動，特定の学問の能力（教科ごとの学力等）等において一定以上の能力を示す者で特異な才能と学習困難とをあわせ有する児童生徒（いわゆる2Eの児童生徒）を含む小学校段階から高等学校段階のもの。

　なるほど，日本も含めていずれの国においても，同年齢の中で比較をし，学力をはじめさまざまな才能を有する子どもたちのことを，ギフテッドないしそれに類するカテゴリーで捉えようとしているのである。また上記にある2EとはTwice Exceptionalの略語であり，直訳すれば「二重に例外であること」という意味になる。すなわち，ある側面では一定以上の能力を有するものの，ある側面では他の子どもと比しても困難を抱えているという子どものことを指し示していると考えられる。

ギフテッドの子どもたちが直面する困難

　では実際にギフテッドの子どもたちはどのような困難に直面しているのだろうか。筆者は2021年からギフテッドの子どもとその保護者支援を行うプロジェクトに参加している。このプロジェクトでは参加者全員にアンケートをとって

(2)　是永かな子「デンマークにおけるギフテッド教育──ギフテッドの定義やニーズ，早期発見，介入方法」『発達障害研究』44(4)，2023年，354〜367頁。
(3)　石田祥代「特別な教育的ニーズのある優秀児とその教育的支援に関する動向」『発達障害研究』44(4)，2023年，323〜333頁。

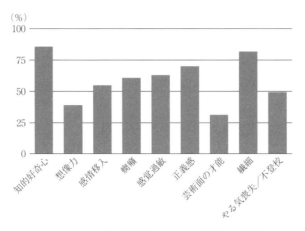

図3-2　子どもの特性（アンケートをもとに作成）

　いる。アンケートでは先行研究をもとにギフテッドの子どもたちによくみられる困難を抽出し当てはまるものを選ぶもの（図3-2）と，それ以外に具体的に困っていることについて自由に記述できるスペースを用意している。本章を執筆している2023年5月の時点で回答者数は259件であり，また本活動の特徴として精神科医と特別支援教育を専門とする研究者が主催しているという特性上，困難を抱えている子どもの家庭の回答が多いことが想定される。[(4)]

　まず図3-2を見ると，高い知的好奇心を持ちながらも繊細さや正義感が強い子どもが多いことがうかがえる。また，感覚過敏の傾向があったり，癇癪に悩んだりしている家庭も半数を超えている。そして，図3-2の右端を見ると，やる気喪失および不登校の割合がおよそ半数となっている。

　さらに自由記述での回答を見ると，「保育園までは他の子とは違って才能に満ち溢れていると先生からは褒められていたが，小学校に入った途端，注意される事が増え，本人はやる気をなくした」「不安が強くて外出できなくなってしまった」「不登校になってしまった。毎日家にいる状況が続いている」といったように，学校になかなか馴染めず，不登校状態になってしまうケースは少なくない。

　すなわち，確かにギフテッドの子どもたちは知的好奇心が高く，その知的好

　(4)　伊藤駿・佐藤駿一・村上詩織・中西美裕「ギフテッド傾向のある子どもとその家庭が抱える困難」日本特殊教育学会第61回大会発表ポスター，2023年。

コラム1　ギフテッドの子どもへの支援——生きづらさによりそう

　ギフテッド傾向のある子どもの中には，学校へ行くことを拒否するようになる子どももいる。音やにおい等への過敏さや繊細さによるストレス，クラスや同級生，教師となじめないことによる疎外感，授業や学校行事などに意味を見いだせずアンダーアチーブメント（本来持っている能力にはるかに及ばず，学業などに苦悩している状況）に陥るなど，その理由は当事者である子どもによってさまざまなものがある。明確な理由やきっかけはなく，繊細さや激しさというギフテッド特性そのものが要因となっている可能性もある。ある子どもは，「心配性で，登校中にいろいろなことを考えてしまう。学校の雰囲気がいやなんだと思う」と話していた。

　また，登校している場合でも，ストレスや不安に「耐えて」いる場合もある。週に1回登校をしている子は「行っても誰とも話せんし，授業もつまらんし早く帰りたいって時計を眺めてる。時計だけが味方」と学校にいるときの自身の心持ちを訴えていた。また，親に迷惑や心配をかけさせまいとするため，進学の出席日数のために自分自身に登校を強制している子どももいる。

　筆者が所属するNPOでは，そうした，生活の中に困難や生きづらさを抱える子どもたちに対して，オンライン環境下で「居場所」を提供している。この支援活動のなかで，子どもたちと話していると時折，自身が抱える悩みやモヤモヤを話し始めることがある。

　ある小学校中学年の子は，「なぜ学校に行けないのか」そして「行けないことに対する自分の気持ち」を教えてくれた。楽しそうに登校するクラスメイトや別教室で自習しているときに聞こえる足音のこと，「なぜ学校に来ないのか」と尋ねられた時にどう答えていいかわからないこと。さまざまな要素が複合して「学校にいけない」状況を作り上げていると筆者は感じた。同時にその子は，「学校に行きたくないと親に打ち明けることができた日は，大切な記念日になった」と語ってくれた。これに対して，同い年で同じく学校に行っていない子も，自分の経験や思いをシェアしていた。

　また，別の中学生の子どもは進路の悩みを打ち明けてくれた。「全日制高校に通うのが一般的とされている中，通信制など他の形態の高校に通うと世間からの印象が悪くなったり，経験値が減ってしまうのではないか心配」。この時，一緒に話をしていた3人の大学生はそれぞれの高校時代の経験を話し，また，別の中学生の子は，自分がどうやって進路を考え，どういう道を目指しているかを話していた。

　ギフテッド傾向のある子どもは，彼らが生まれ持った特性から，多くの人が気づかない，もしくは気にしないようなものごとに過敏に反応したり，「当たり前」と思われていることに疑問を持ち，なじめなくなることがある。そうした孤独感・疎外感が増幅し，不登校やうつ状態に陥り，さらにネガティブな感情をため込む悪循環が生まれる。そうした負の連鎖を断ち切るために，私たちができることは，彼らが安心できる「安全な場」を与え，彼らの話に耳を傾け，楽しみや喜び，時には心配や不安といった感情を受け入れることだろう。

（村上詩織）

奇心を満たせるような機会があれば周囲の子どもたちと比較して何らかの才能を発揮することができる可能性を有しているとも捉えられよう。しかし，学校に通うようになり，そうした知的好奇心を満たすよりも，やる気を喪失してしまったり，不登校状態になったりしてしまうことは決して少なくないことがわかる。では，なぜこのようなことになってしまうのだろうか。

ギフテッドの子どもたちを取り巻く課題

　ここまでの議論を踏まえれば，みなさんもギフテッドの子どもたちとは才能にあふれ，支援を必要としない存在と見ることは不十分な理解であるとおわかりいただけるだろう。そしてきっとギフテッドの子どもたちへの支援が必要だと考えていただけたと思う。

　先に見てきた子どもたちの困難へのアプローチを考える時，どのようなことが必要であろうか。たとえば授業の内容が簡単すぎるので，先取り学習を進めるといったことや，興味関心に応じた学習を進めていくということが考えられるだろう。しかし，日本の学校においてギフテッドの子どもたちへの支援を行なっていくことは容易ではない。ここではギフテッドの子どもたちへの支援が困難となっている理由を2つの側面から紹介する。第一に日本の平等主義的学校文化であり，第二に特別支援教育の対象の限定性である。

　第一については先行研究でも指摘されているように，日本の学校は他国と比較しても子どもたちに対する同一処遇を重視してきた。[5]それはたとえば具体の授業といった実践の次元だけでなく，教育課程も学習指導要領によってリジッド（厳格）に規定されていることなどにもあらわれている。実際に先取り学習をしてはいけないという規定が存在していなくとも，各学年で学ぶべき内容は学習指導要領に基づいて作成された教科書によって決められていると言っても過言ではないだろう。

　こうしたリジッドな教育課程の編成を独自に行うことが許されている教育システムとして，特別支援教育がある。しかし，ギフテッドの子どもたちに対して特別支援教育の枠組みを適用することは簡単ではない。というのも，たとえ

(5)　伊藤駿「すべての子どもが共に学ぶ教育の諸相と課題——日本とスコットランドの事例から」澤村信英・小川未空・坂上勝基編著『SDGs時代にみる教育の普遍化と格差——各国の事例と国際比較から読み解く』明石書店，2023年。

ば通常の学校にある特別支援学級で特別支援教育を受けられる子どもたちは学校教育法第81条において次のとおり規定されている。知的障害者，肢体不自由者，病弱者および身体虚弱者，弱視者，難聴者，言語障害者，情緒障害者である。なお，このうち言語障害者と情緒障害者は平成14年の学校教育法施行令の改正によって追加された。すなわち，特別支援教育の対象は何らかの障害を有している子どもに限られているのである。

　先述の通りギフテッドの子どもたちの中には，2E と呼ばれる高い能力と発達障害という両側面をあわせ持つ子どももおり，こうした子どもたちの中には，発達障害側の診断により特別支援教育の対象となるというケースもある。たとえばそれにより，ソーシャルスキルトレーニングなどを必要とする子どもたちがそうした支援を受けられたという事例はよく耳にする。一方，独自の教育課程を編成することが許容されるといっても，自身の在籍する学年よりも下学年の内容を学習できるように編成される場合が多い。そのため，より難易度の高い学習を進めたいといったニーズに応答するために特別支援教育を適用するということはほとんど想定されていない。

　ただし，実際の学校現場ではギフテッドの子どもたちに対して支援を行おうとしているケースは決して少なくない。先に指摘したリジッドな学校文化の中であってもたとえば授業での課題が終わった際には自分の興味関心に応じた調べ学習ができるように，机の横に本棚を自作で設置した教員がいたり，ICT機器を活用することでより難易度の高い学習を進めることを許容したりする教員もいる。また，授業の中でつい「先生，それ知ってる」と言ってしまい授業の流れを止めてしまう子どもがいた時，その発言を無視したり止めたりするのではなく，むしろその子どもから情報を引き出しながら授業を組み立てていくことで，ギフテッドの子どもたちが授業に参加できるように独自の工夫をしているというケースもある。

　しかし，ここで注意を要することはこうした取り組みはすべて学校や教員それぞれの独自の努力によって成立しているものであって，こうした支援が得られるか否かはもはや「運」なのである。子どもたちには教育を受ける権利があり，それを保障することは社会の責務である。そうした時，支援を必要とするギフテッドの子どもたちが，この「運」によって学習に参加できるか否かが決まってしまうということは不公平以外の何者でもない。そうしたことを踏まえ

コラム2　ギフテッド児の保護者の抱える困難──イメージの先行する「ギフテッド」支援

　2022年，文部科学省は「特定分野に特異な才能のある児童生徒」に対する支援の推進を発表した。ここでは，ギフテッドの子どもを取り巻く環境の整備として，主に学校における支援について模索していくことが提示されている。ギフテッドの子どもが抱える困難に着目することが大切なのはもちろんだが，一方でその保護者が感じる子育ての困難や支援方策の検討も急務であろう。ここでは，現状さまざまな制度から見落とされがちなギフテッドの子どもを持つ保護者が直面している困難について述べる。

　筆者らが行った，ギフテッドの子どもを持つ保護者に対するインタビュー調査からは，「ギフテッドの子どもの保護者」であるが故の困難と思われるものもいくつか上がった。

　その一つが，子育てに悩んだ際に相談先や支援機関がないという現状である。幼児期の発達相談や就学前相談などで知能検査を受けたり，医療機関の受診を勧められる家庭があったりする一方で，相談しても取り合ってもらえず自力で受検機関を探し出さねばならないケースもある。さらに，知能検査によってギフテッド傾向が指摘された場合にも，疾患や障害として診断されるものではないために福祉の対象外となったり，学校での合理的配慮につながらなかったりと，困難が解消されない日々が続く中で行き詰まり感を感じている。

　また，ギフテッドという言葉による理解の得られにくさによって，さらに孤立を深めている。本節で示したとおり，ギフテッドという言葉で称されるとその困難さは見えにくくなり，能力の高さにばかり注目が集まるという社会の風潮は根強い。そのため本調査対象者のほとんどが，いわゆるママ友コミュニティにおいて，子どものギフテッド特性を伝えたりギフテッドという表現の使用を控えたりしていた。子育ての悩みは話したいものの，「マウントをとっているみたいな受け止められ方をしそう」という理由により，子どもの「できなさ」に着目した特性のみを伝えるといった回避法を選択している。一部の保護者は，学校の教員にすらギフテッドという言葉を用いて説明することに抵抗感を感じており，社会の中で「ギフテッド」という言葉が秀でた側面の強調としてのみ浸透していることを保護者自身も内面化しているために，その困難さを語ることすら困難となっている現状が窺える。

　今後，保護者がどのような困り事を抱え支援を要しているのか，社会とどのようなコンセンサスが取れれば子育てがしやすくなるのかについて，検討が求められている。

（中西美裕）

れば，こうした現場の実践を丁寧に拾い上げ，どの学校，どの学級にいたとしても適切な支援が受けられるようにしていくことが必要だと言えるだろう。

4　インクルージョンに向けたプロセスをすすめるために

　さて，本章ではイギリスでの人種差別をなくすための授業実践とギフテッドの子どもたちをとりまく教育について見てきた。一見すればこの2つの事例は全く別のトピックのようにも思われるが，インクルージョンの実現に向けた具体的な課題を考える時，共通した課題が見えてくる。

　第1章やインクルージョン研究者である野口晃菜も「インクルーシブ教育を実現している国」を聞かれた時に「そのような国はない」と答えているというように，インクルーシブ教育とはプロセスであり完成系というものは存在していない。また，どのような人々が社会から排除されているのかということはそれぞれの国や地域の歴史的・文化的背景にも大きく依存するものである。第9～12章では4カ国のインクルージョン実践が紹介されているが，その実態はまさに多様という言葉以外で表現することはできない。同時に，誰一人として取り残されない教育システムを実現している国は（すくなくとも本書が取り上げている国では）なく，それぞれの状況を改善するために施策が採られているのである。すなわち，それぞれの国や地域で生成されている排除現象を乗り越えるための営みすべてをインクルーシブ教育実践と理解することができるとともに，どこか特定の国を成功例としてみなすのではなく，ある側面ではこの国の実践が参考になるが，また異なる側面では別の国の実践が先進事例として位置付けられることは十分にあり得ることである。

　そのとき，本章で取り上げた2つの事例もまた，それぞれの国の状況やその対応策，課題を示したものであると考えられる。まず，イギリスの人種差別をなくすための授業実践もまさにインクルーシブ教育実践の一つであり，次のことが示唆される。インクルーシブ教育とは確かに周縁化されている人々を包摂するための営みであるが，そもそも周縁化はマジョリティ仕様の社会によって作り出されているのであり，まずそのことに気がつき，そしてそれをどのように乗り越えることができるのかということを考えていくことが必要である。し

---

(6)　野口晃菜「はじまりの会　インクルーシブ教育について考えよう」野口晃菜・喜多一馬編著『差別のない社会をつくるインクルーシブ教育——誰のことばも同じだけ価値がある』学事出版，2022年，15～35頁。

かし，この教育実践からも明らかな通り，そのプロセスには「痛み」が伴う。ただその痛みを感じてこなかったこともまたマジョリティ側の特権であることを忘れてはならない。

　他方で，一見すればマジョリティ側と捉えられるような人々であっても，その社会の構造や文化によっては不利な位置に追いやられてしまうということはギフテッドの子どもたちの事例からも明らかである。限られた自身の経験ではあるが，このギフテッドの子どもたちへの支援の様子をあるメディアで取り上げられたことがある。それを見た人々がSNSにその感想を書き込んでいたのだが，共感よりもバッシングの方が圧倒的に多く，支援を要するという時点でギフテッドではない，もっと他に予算をつけるべきところがあるといった内容が見られた。まさに人々の勝手なギフテッド像──才能に溢れている，支援は必要ないといったような──が前提とされ，現状の教育文化からの排除は想定されず，その支援の必要性についても理解を得ることが難しい状況にある。このことを踏まえれば，人々のマジョリティ─マイノリティ像もまたアップデートを繰り返していくことが必要である。私たちの見えていない世界にもまた支援を必要とする人々がいることを想像し続けなければならないのである。

　最後になるが，誰一人取り残されない社会とはどのような社会だろうか。残念ながら筆者は少なくとも今はその答えを持ち合わせていない。しかし，自身にとっての「当たり前」を見直し，他者を不利な状況に追いやってはいないかということを考え続け，またそうした状況を発見した際にはその克服に向けて取り組んでいく，このことこそがプロセスとしてのインクルーシブ教育であると考えている。そうした姿勢をもった人々にあふれる社会がもし実現すれば，それはインクルーシブな社会に近づいていけるのかもしれない。

文献ガイド

野口晃菜・喜多一馬編著『差別のない社会をつくるインクルーシブ教育──誰のことばにも同じだけ価値がある』学事出版，2022年。

　　差別のないインクルーシブな教室・社会をつくるために，さまざまな立場の人々が集い，考えや葛藤，また実践を交流しながら編まれた書籍である。各章で取り上げられるトピックがいずれも重要であることは言うまでもなく，さらにもし自身がより興

味をもった場合に次に読むべき図書などが紹介されている。また筆者としては副題である「誰のことばにも同じだけ価値がある」という言葉も心に非常に響くものがあり，インクルージョンを追究したいと思う皆に読んでいただきたい一冊である。

デラルド・ウィン・スー著，マイクロアグレッション研究会訳『日常生活に埋め込まれたマイクロアグレッション』明石書店，2020年。

　　マイクロアグレッションとはありふれた日常の中にある，意図の有無にかかわらず，特定の人や集団を標的とした，敵意ある否定的な表現を意味している。本章で登場するイギリスの教育実践はマイクロアグレッションを可視化する営みでもある。こうした教育実践や日常にあふれた偏見や差別の問題を考えたい人々におすすめの一冊である。

倉石一郎『教育福祉の社会学──〈包摂と排除〉を超えるメタ理論』明石書店，2021年。

　　包摂（インクルージョン）と排除（エクスクルージョン）は相反する概念ではあるが，排除がなければ包摂は成立し得ず，包摂には常に排除の萌芽が含まれるという排除と包摂の「入れ子構造」を提唱した倉石一郎氏による書籍である。教育におけるいくつかのトピックを排除と包摂という観点から捉え直すことのできる書籍である。

第Ⅱ部

マイノリティと教育

第1章
障害児と教育

堀家由妃代

1 「医療化」する私たちの日常と障害児の排除／包摂

「私ってADHD気質だから」「だよねー！」。高校生と思しき若い女性たちと街中ですれ違ったときに聞こえてきた言葉である。ADHDとはなにか。詳しくは知らなくとも，この言葉だけなら知っている読者も多いだろう。動画配信サイトを開けば，ADHD当事者と名乗る人が「ADHDあるある」をおもしろおかしく解説する動画を見ることができるし，検索サイトで「ADHD」と入力すれば，「あなたのADHD度を診断します」といったような親切なページまで簡単にたどり着ける。

これまで，「障害」にまつわる専門用語は，その当事者か関係者にのみ知られているものであったが，メディアの発達によりあらゆる情報が収集，共有しやすくなった昨今，「障害」そのものが非常にカジュアルな形で広く一般に認知されるようになった。冒頭の「ADHD」をめぐるやりとりについて考えてみても，従来医学の領域で用いられてきたものが個人の性格や気質を表現する用語として私たちの生活世界に入り込んできていることがわかる。

障害のとらえ方について，本章では障害学等でいわれるところの「社会モデル」の考え方を支持する。非常におおざっぱな説明をするならば，社会モデルとは「障害のある人の生きづらさは社会が作っている」という考え方である。これまで，障害の問題は個人の心身の問題とされ，その解決も当事者やその周辺者が担うものという「個人モデル」的な考え方が主流であった。ところが，社会が成熟するにつれ，多様性が叫ばれる世の中になってもマジョリティ中心主義的であり続ける社会が問われるようになった。これまでの障害者運動の蓄積もあって，障害当事者に不利益をもたらす社会の在り方が批判的に検討されることとなり，問題の所在とその解決を社会の側に求める社会モデルの主張が注目されるようになったのである。ところが，実生活においてこの社会モデル

がなかなか機能しえないという実情がある。そうした現実を作る要因の一つが，社会の「医療化」傾向ではないかと考えられる。医療は人間の生活機能を改善・安定させる，私たちの生活とは切り離せない重要な営みであり，ここで問題にしたいのは医療ではなく「医療化」である。医療化とは，社会の中で起こる諸問題を，個人として「治療」や「予防」を必要とする病気のようなものと捉えようとする現象や傾向のことである。医療化は，社会の問題を個人が抱える固有の問題とし，すなわちその解決の対象や方途も個人に委ねるという，個人モデルを後押しするものである。もちろん，医療化傾向が進むことで救済された個人や改善された社会現象もあったと考えられるが，他方で医療化は，医療の名を借りることで人々を分断し，状況によっては一部の人間の基本的人権をはく奪し，社会のなかで周辺化してしまう危険性もはらんでいる。医療化は，本来の医療の目的や機能を大きく逸脱し，私たちの生活を侵食するものでもあるのだ。

　本章では，ますます個人化・医療化していく社会，なかでも学校の医療化を牽引する障害児教育について考えていく。その際，どのような視点を持ってみていくかであるが，本章においては，障害児と教育の問題を，マイノリティの排除や包摂の問題として考えていきたい。すなわち，障害のある子ども（マイノリティ）の教育が，健常者（マジョリティ）中心社会においてどのように排除されたり包摂されたりしてきたかという観点からみていこうということである。

　後に詳述する「インクルーシブ教育」の inclusive とはまさしく「包摂」（インクルージョン：inclusion）であり，たとえば，長く人種問題を抱えてきているアメリカでは，人種による人間の分離・分断（セグリゲーション：segregation）を解消する運動のなかで，また，ヨーロッパでは貧困や移民問題など複雑な社会構造により排除（エクスクルージョン：exclusion）されてきた人たちを再度含みこむための概念として，インクルージョンが発達してきたと言われている。排除や包摂というキーワードをめぐって，教育社会学者である倉石一郎は，システムに十全に参加できていない一群の人々の排除状態を克服するには，システムの外にいる個人が努力によってシステムのなかに個別に参入していく（社会移動モデル）か，排除されている一群の人々を含みこむようなシステムを構築すべく社会の側が変容していく（純包摂モデル）かという2つの考え方があると指摘する。共生社会を目指すにあたっては，この純包摂モデルが志向され

るべきなのであろうが，事はそう単純でないと倉石は指摘する。実は排除と包摂の関係性というものは時間的・価値的序列のあるものではなく，両者が互いに他を伴うような，入れ子構造になって発達すると倉石は述べている。つまり，一見すると包摂的であるようなシステムのなかにも排除は存在し，その排除の中身をさらに見ていくと包摂状態が確認できることもある……というように，排除と包摂は分かちがたく，複雑に絡み合って私たちの生活世界のなかにあるというふうに見なければならないということだ。

2　近代障害児教育の発展

特殊教育から特別支援教育へ

　2022年9月，国連の障害者権利委員会は，障害者の権利に関する条約（以下，障害者権利条約とする）に定める内容の履行状況についての日本政府に対する総括所見（以下，勧告とする）を出した。障害者権利条約とは，障害のある人の尊厳や権利を障害のない人と同等に保障していくための条約であるが，勧告のなかで「第24条教育」に関して委員会からはじめに要請されている事項が以下である。

　　国の教育政策，法律及び行政上の取り決めの中で，分離特別教育を終わらせることを目的として，障害のある児童が障害者を包容する教育（インクルーシブ教育）を受ける権利があることを認識すること。また，特定の目標，期間及び十分な予算を伴い，全ての障害のある生徒にあらゆる教育段階において必要とされる合理的配慮及び個別の支援が提供されることを確保するために，質の高い障害者を包容する教育（インクルーシブ教育）に関する国家の行動計画を採択すること。[3]

　この勧告のなかで，日本の障害児教育は「分離特別教育」と表現され批判さ

(1)　倉石一郎『包摂と排除の教育学』生活書院，2009年。
(2)　倉石一郎『教育福祉の社会学──〈包摂と排除〉を超えるメタ理論』明石書店，2021年。
(3)　外務省「第1回政府報告に関する障害者権利委員会の総括所見（和文仮訳）」入手先〈https://www.mofa.go.jp/mofaj/files/100448721.pdf〉（参照2023-05-01）

れている。日本は共生社会を目指すべく環境整備を実施し，教育についても後述する「インクルーシブ教育システム」を志向しているのだが，これがなぜ「分離教育」とみなされるのか。日本の障害児教育の歴史的変遷を概観することからはじめよう。

　近代最初の公教育制度である「学制」は1872年に公布されたが，そこでも「其他廃人学校アルヘシ」と記載されているように，日本の学校のなかで，障害のある子どもの教育は常に周辺に置かれていた。「廃人学校」という表現からもわかるように，それは，ただ単に障害児の数が少ないというだけでなく，学校教育に強く根付く能力主義思想によるものと考えることができる。近代化に伴い，富国強兵を目指すべく整備された教育制度のなかで，弱い存在であるとみなされていた障害児はその対象とはなりにくかった。盲（視覚障害）教育・聾（聴覚障害）教育は，欧米の障害児教育の影響を受け，大正期より独自の発展を遂げてきた。すなわち，近世まで伝統芸能や当時の医療従事者として社会に位置づいていた視覚障害者や聴覚障害者は，近代産業における労働者としての職業教育の対象者となっていった。他方で，知的障害者や精神障害者に対しては，社会の秩序を乱さない，つまり近代化の足を引っ張らぬよう治療したり矯正したりする目的として教育機関が設置された。すなわち，障害児のための教育は，「近代文明化」「富国強兵」といった国の大きなミッションの達成という目的としてはいわゆる健常児のそれと同じであったものの，そこへのアプローチとしては障害児の持つポテンシャルという観点から完全に分離されていたといえる。とりわけ，知的障害者や精神障害者は治療の対象であり，教育ではなく医療のターゲットとされていた。結果的に，通常の学校教育の在り方に適応する能力がないとみなされた障害児は，「特殊教育」の対象とされただけでなく，長らく「就学免除」「就学猶予」という名のもとに公教育そのものから排除されることとなった。[4]

　それが大きく変化したのが1979年の養護学校の義務化である。[5]現在の特別支援学校は当時，視覚障害者のための盲学校，聴覚障害者のための聾学校，その他の障害者のための養護学校に分かれていたが，障害児は上述した「就学免

(4) 堀正嗣『新装版障害児教育のパラダイム転換』明石書店，1997年。
(5) 文部科学省「養護学校の義務化実施への道」入手先〈https://www.mext.go.jp/b_menu/hakusho/html/others/detail/1318338.htm〉（参照2023-05-01）

除」「就学猶予」の対象であり、これらの学校は制度的に義務教育ではなかった。1973年に「学校教育法中養護学校における就学義務及び養護学校の設置義務に関する部分の施行期日を定める政令」が公布され、1979年度から養護学校教育が義務教育になることが確定した。1947年に学校教育法が施行されてから30年以上が経過し、ようやくすべての子どもが学校教育の対象となったのである。その意味において、この養護学校義務化は公教育における障害児の包摂の重要な局面であったと考えることができる。しかしながら、この措置は他方で、これまで通常の学校に籍を置いてきた障害のある子どもを地域の学校とは別の「特殊教育」の場に囲い込むことを義務化した、すなわちいわゆる健常児との分離別学体制が公的に支持を得たという点においては、新たな公的排除の始まりとみることもできるのである。

　特殊教育が一定の成果をみたとして、2007年、日本の障害児教育は「特別支援教育」と名称を変える。文部科学省（以下、文科省と略記）は、「特別支援教育とは、従来の特殊教育の対象の障害だけでなく、LD、ADHD、高機能自閉症を含めて障害のある児童生徒の自立や社会参加に向けて、その一人一人の教育的ニーズを把握して、その持てる力を高め、生活や学習上の困難を改善又は克服するために、適切な教育や指導を通じて必要な支援を行うものである[6]」とし、その背景として、特殊教育の対象者の増加、LDなどの新しい障害への着手の必要性、障害の重度・重複化問題などの情勢の変化をあげている。具体的な教育内容・システムとして、個別の教育支援計画の作成、特別支援教育コーディネーターの配属、広域特別支援連携協議会等の設置などが提案されており、そのための特別支援教育体制を支える専門性の強化が強調された。障害のある子どもに対して、特殊教育時代はその障害種別に焦点が当たっていたのだが、特別支援教育になってからは「個別の教育ニーズ」が重視されることになった。障害のある子どもの教育は、ますます個別焦点化されることが奨励されるようになったということだ。

　日本の特殊教育・特別支援教育は、倉石のいうところの社会移動モデルを志向してきた。つまり、障害児が社会の変革の一翼を担うというよりは、既存の

---

(6)　文部科学省「今後の特別支援教育の在り方について（最終報告）のポイント」入手先
〈https://www.mext.go.jp/b_menu/shingi/chousa/shotou/054/shiryo/attach/1361207.htm〉（参照2023-05-01）

社会のなかにどううまく位置づくか，そのためにいかに個別にしっかり力をつけるかということにエネルギーが注がれてきたと考えることができる。

特別支援教育からインクルーシブ教育システムへ

　本節のはじめに紹介した障害者権利条約が採択されたのは2006年，日本がこれを批准したのが2014年である。障害者権利条約は，障害のある人が権利主体として生きるための諸々の権利について書かれており，社会モデルに基づいて作られている。批准に先立って国内法が整備され，教育にかかわって文科省も2012年，「共生社会の形成に向けたインクルーシブ教育システム構築のための特別支援教育の推進（報告）」を発表した。文科省はそのなかでインクルーシブ教育を「障害のある者とない者が共に学ぶ仕組みであり，障害のある者が「general education system」（署名時仮訳：教育制度一般）から排除されないこと，自己の生活する地域において初等中等教育の機会が与えられること，個人に必要な「『合理的配慮』が提供される等が必要」なものとしている。これは障害者権利条約を参照したものであり，倉石のいう純包摂モデルを内包する考え方，すなわち包摂を志向しているものといえる。

　ところが，この報告ではこうした文言に続いて，特別支援教育のさらなる強化，連続性のある多様な学びの場を提案している（第1章参照）。つまり，ひとたび障害が認められれば，子どもたちは特別支援教育の観点から第1章図1-2（7頁）にあるような学びの場に振り分けられるということだ。これでは従来の特殊教育の流れをくむ特別支援教育と何ら変わりがないどころか，子どもたちはますます通常の教育から切り離される可能性がある。

　障害者権利条約でいうところの「インクルーシブ教育」と文科省のいう「インクルーシブ教育システム」は似て非なるものだ。日本は，これまでの特殊教育の流れをくむ特別支援教育と，これから批准する障害者権利条約とができるだけ矛盾して見えないようにするための「インクルーシブ教育システム」という日本独自の解釈を作り出した。つまり，世界的な潮流としてはいわゆるインクルーシブ教育，すなわち分離も排除もない障害児の教育が目指されているの

---

(7)　文部科学省「共生社会の形成に向けたインクルーシブ教育システム構築のための特別支援教育の推進（報告）」入手先〈https://www.mext.go.jp/b_menu/shingi/chukyo/chukyo3/044/houkoku/1321667.htm〉（参照2023-05-01）

だが，日本の場合は欧米のような分離や排除への対抗概念としてインクルージョンが目指された経緯はなく，むしろ従来の障害児教育の中心である分離教育のスタイルを，一般の教育システムのなかに組み込むことをもって「インクルーシブ教育システム」と名乗っているのである。包摂されたのは人ではなくシステムであり，認められたのは同じ場での子どもたちの多様性ではなく個々を能力により選別して配置する多様な学びの場であるということだ。つまり，国際的にはインクルーシブ教育が志向されている障害児教育だが，日本の場合は「インクルーシブ教育システム」という名のもとに，特殊教育時代と変わらず分離を基礎とした教育システムが維持されていると指摘することができる。そしてこうした教育の在り方は維持されているどころか実際にますます強まる傾向にある。

増える特別支援教育の対象者

　障害のある子どもたちの地域の学校からの離脱は加速度的に進んでいる。少子化に伴ってここ10年で義務教育を受ける子どもの数が100万人ほど減った（2019年の調査で970万人程度）にも関わらず，特別支援教育の何らかのサポートを受ける子どもは10年前より20万人以上多くなっている（2019年の調査で約48万人）。この10年で特別支援学級や特別支援学校の数もそれなりに増えているが，実はその数は子どもの数の増加ほどには見合っておらず，その対応として2021年，特別支援学校の設置基準が公布された。

　なかでも，「発達障害」とされる子どもたちへの注目は大きくなる一方で，2022年の文科省による「通常の学級に在籍する特別な教育的支援を必要とする児童生徒に関する調査結果について」では，小中学校において学習や行動に著しい困難を示すとされた児童生徒が8.8％に及ぶことが報告された。この調査は「学級担任等による回答」であり「発達障害の専門家チームによる判断や，医師による診断によるものでない」，さらには「発達障害のある児童生徒数の割合や知的発達に遅れがある児童生徒数の割合を推定する調査ではない」としながらも，2012年に実施された「通常の学級に在籍する発達障害の可能性のある特別な教育的支援を必要とする児童生徒に関する調査」をベースとしており，多くのメディアで「8.8％が発達障害の可能性」と報道された。2012年の調査ではその割合は6.5％とされていたが，10年を経て8.8％になった。この理由と

しては，「発達障害」という医療の世界で用いられていた言葉や概念が広く一般に認知されるようになり，良くも悪くも「発達障害」というラベルが使いやすいものになったことが大きいだろう。学習や行動面での困難の問題については，家庭の生活スタイルと学校での生活スタイルのギャップ，少子化問題，集団主義的思想の強化など，社会構造的な理由をあげればきりがない。コロナ禍での制約の多い生活もこうした結果に何らかの影響があるように思われる。そもそもこの調査結果は「学習や行動に著しい困難を示す」と当事者が自認している割合でなく，学校側が判断した割合である。学校にとって「困難」とみなされればカウントされ，それが発達障害を示唆するものとなる恐ろしさに私たちはもっと注意を払うべきであろう。

　また，発達障害は法規の上では特別支援学校の在籍対象にはならないはずであるが，「知的障害との境界児童生徒」という扱いで，多くの子どもたちが特別支援学校に流入してきているという実態もある。障害者権利条約の影響により多くの国で特別支援学校が廃止や減数の方針を選択する方向にあるにもかかわらず，日本では特別支援学校はむしろ増える方向にあるのだ。ひとたび発達障害とされれば，その力の管理は教師ではなく心理士や医師の手に渡る。そして，状況によっては通常教育の場から簡単に放り出されてしまうのだ。学校生活での教育上の困難が「発達障害」という専門用語で簡単に処理されてしまう現象，これも医療化の顕著な例であるといえる。

　「インクルーシブ教育システム」という言葉は文字通り，ストレートに包摂的ニュアンスをまとっているのであるが，ここでいわれている包摂は障害のある子ども，つまり人を対象としているのではなく，教育システムというカテゴリを対象としている。したがって実のところは戦前より続く分離別学体制，すなわち通常の学校教育からの障害のある子どもたちの排除を維持・強化し続けているというのが，日本の障害のある子どもたちの教育をめぐる内実であるといえよう。[8]

(8)　大阪大学大学院人間科学研究科「学校システムにおける排除と包摂に関する教育社会学的研究——マイノリティの視点から」研究代表者志水宏吉，令和3年度日本学術振興会科学研究費補助金【基盤研究（A）課題番号（A20H001000）】中間報告書，2022年。

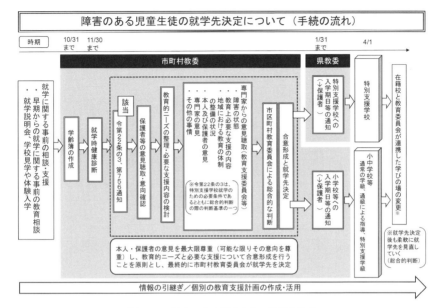

図4-1　障害のある児童生徒の就学先決定
出所：文部科学省「障害のある子供の教育支援の手引」参考資料374頁より転載。

3　学校教育における障害児者の排除や包摂の仕組み

障害のある児童生徒の就学をめぐる議論

　前節でみてきたように，日本の障害児教育は一貫していわゆる健常児との分離を基本としたものである。それは，障害児教育が独自の分離教育を進めているというより，通常の教育からの排除のメカニズムが発生した結果として，現在の障害児の分離教育が正当化されているとみるべきであろう。

　図4-1は，障害のある児童生徒の就学先が決定していく仕組みについて図示したものである。一般に，入学予定者には学校保健法第11条を根拠として入学前年度の秋ごろに「就学時健康診断」が実施されるのだが，障害が認められない場合は，そこが義務教育の入口となって，あたかも「空気を吸うかのように」，とりたてて意識することなく学校段階のはしごを登ることになる。図の中の点線で囲まれたプロセスは，いわゆる健常児の就学手続きには存在せず，そのまま通常の教育を受けるところにスキップすると考えればよい。これが

「空気を吸う」ように就学できる仕組みである。ところが，障害のある子ども の場合は，この入口のところでいったんストップをかけられ，図に示されたよ うな流れを受けて，ようやく就学先が決定する。具体的には，学校教育法施行 令第22条の３を目安としてその項目に該当する，すなわち障害があるとされた 場合，就学先にかかわる相談やガイダンスの対象となる。そのなかで，第１章 図１-２（7頁）であげたような多様な学びの場のどこからスタートするのが 妥当か議論されるということである。文科省（2022）によれば，就学先の決定 は「本人の障害の状態等や教育的ニーズ，本人・保護者の意見，教育学・医 学・心理学等の専門的見地からの意見，学校や地域の状況等を踏まえた総合的 な観点から，最終的には市町村教育委員会が就学先を決定することになる」と しており，議論には当事者や保護者も参画するものの，そこには「専門家」か らの意見が反映され，最終決定権は自治体教育委員会であるということなので ある（図4-1参照）。

　こうした手続きの流れは，従来はより差別的なものであった。2013年，学校 教育法の一部を改正する政令が出され，障害のある子どもの就学決定プロセス は大きく変化した。これまで，障害種ごとにその程度について記載された学校 教育法施行令第22条の３は「就学基準」として大きな影響力をもち，そこに該 当した子どものほとんどは，特別支援学校に行く仕組みが成り立っていた。そ れでも地域の学校への就学を望む子どもは「認定就学者」として自治体の許可 が必要とされた。つまり，障害が認められれば原則は特別支援学校に行き，通 常の学校に行ってよいかどうかについて「認定」されれば地域の学校に行くこ とができる，という流れであったということだ。ところが，公共施設のバリア フリー化や障害者権利条約の動きを受けて，学校教育法施行令が改訂されるこ ととなる。障害があってもなくても原則は地域の学校に行くことが前提であり， 就学相談の結果によっては特別支援学校に行くことが「認定」されるという， 「認定特別支援学校就学者」という制度に変わったのである。障害のある子ど もの基本的なスタートラインが地域の通常の学校であるという点において，こ の法改正は就学に際しての制度的包摂を意味する大変画期的なものである。し

(9)　文部科学省「障害のある子供の教育支援の手引～子供たち一人一人の教育的ニーズを踏まえた 学びの充実にむけて～」入手先〈https://www.mext.go.jp/content/20210701-mxt.tokubetu01- 000016487_04.pdf〉（参照2023-05-01）参考資料374頁。

かしながら，実際には図4-1にみるように，かつて決定的な力を持っていた就学基準が目安として生き残り，専門家の声や自治体の影響力からも全く自由ではない。結果的にこの法改正が障害児の通常の学校への包摂に大いに貢献しているかといえば，そこまでの影響力はないというのが実際のところであろう。

障害のある児童生徒が経験する学校教育

　ここまで入口の話をしてきたが，通常の学校であれ特別支援学校であれ，公教育のスタートをきった子どもたちはどのような学校段階のはしごを登っていくのか。障害のある子どもの就学や進学が，先述した「空気を吸う」ようにはいかないことが，ここでも確認できるであろう。

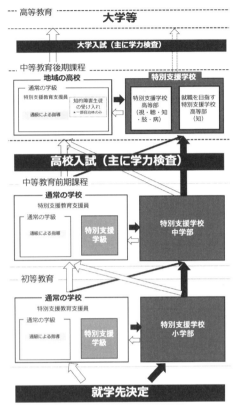

図4-2　障害児者が経験する学校教育

出所：大阪大学大学院人間科学研究科「学校システムにおける排除と包摂に関する教育社会学的研究——マイノリティの視点から」2023年より転載。

　図4-2は，障害児者が経験する学校教育について例示したものである。[10] 義務教育の入口において，障害のある子どもは市町村の教育委員会によっておおむね①通常の学校の通常の学級で他の子どもと同じように教育を受ける，②特別支援教育支援員のサポートを受けつつ通常の学校の通常の学級で教育を受け

(10)　大阪大学大学院人間科学研究科「学校システムにおける排除と包摂に関する教育社会学的研究——マイノリティの視点から」研究代表者志水宏吉，令和4年度日本学術振興会科学研究費補助金【基盤研究（A）課題番号（A20H001000）】最終成果報告書，2023年，197頁。

る，③通級指導の対象となりながら通常の学校の通常の学級で教育を受ける，④通常の学校の特別支援学級で教育を受ける，⑤特別支援学校で教育を受ける，といった選択肢に振り分けられる。就学先が決定すれば，子どもたちはその場で展開される教育課程を受けることになるのだが，特別な学びの場に配置されれば，基本的には通常の教育とは別の教育課程を受けるということになる。学力検査を主とした高校入試，大学入試を何とかクリアして無事大学まで，すなわち高等教育の段階まで進めば，現在日本のほとんどの大学では「障害学生支援」の対象者として大学生活を円滑に送るための合理的配慮を活用しつつ，障害のない仲間と同じような学校経験を味わうことができるようになっている。

　日本の義務教育は一定の成績を修めなければ進級や卒業ができないようなシステムではないのだが，「勉強の遅れ」等を理由として，学年が上がればそれだけ，通常教育のルートを進むことが難しくなってくる。潜在的に学校教育を支配する，能力主義や成果主義の壁である。落第制度のあるような諸外国とは異なり，日本の義務教育段階ではその成果に関係なく，学年に応じた教育課程を履修すればよいはずだが，他の子と同じような力があるかどうか，他の子と同じような結果を出せるかどうかが通常の学級にいられるかどうかの分岐点となっている。筆者は，かつて通常の中学校から後期中等教育（いわゆる高校段階）で特別支援学校に進学した生徒たちにインタビューしたことがあるが，そのなかで「勉強が遅れているのが嫌なんじゃなくて，遅れていると自分自身が感じたり，人に知られることが怖かった」と打ち明けてくれた生徒がいた。能力主義や同調圧力の問題性を顕著に示した語りであるといえよう。

　また，知的障害のある生徒に関しては，学力問題がネックとなって後期中等教育や高等教育へのアクセスがあらかじめ著しく制限されていることも指摘しておかねばならないだろう。高校全入時代となって久しいが，知的障害があれば定員割れを起こしている高校でも入学が認められないケースがいまだに多いのが現実である。「高校や大学は勉強するところだから，入試で落ちたなら仕方ないのでは」と思う読者がほとんどだろう。しかし，第2節でも触れた文科省のインクルーシブ教育の定義のなかには「自己の生活する地域において初等中等教育の機会が与えられること」とある。高校も中等教育であり，機会が奪われてはならないのである。なにより，高校や大学が本当に「勉強だけをするところ」かどうか，自身の経験を振り返ってみてほしい。図4-2でも紹介し

ているが，能力主義に抗いインクルージョンを推進する実践として，大阪府や
神奈川県では公立高校に特別入試で知的障害のある生徒を受け入れるという取
り組みがある。なぜ，どのように高校で知的障害者を受け入れるのか……それ
ぞれ自治体のホームページなどでも是非調べてみてほしい。

　さらに，上述したように，特別支援教育のより積極的なサポートを受けるこ
とは通常の教育の場のものとは別の教育課程を選択することとなる。たとえば
特別支援学級で受けた授業時間については，通常教育課程の授業に出席したと
みなされないことが主流で，他の子どもたちと同じ教育評価の対象とされない
場合がある。結果的に，内申点に大きなハンデを抱えた状態で高校進学に挑む
こととなったり，特別支援学校を卒業しても厳密にいうと「高卒」資格とはな
らず，「特別支援学校高等部卒」「高卒と同等の扱い」として大学進学や就職に
臨むことになったりする。特別支援学校によっては大学進学を想定したような
教育内容が提供されないこともあり，その場合は学校教育とは別に，個人の努
力で大学入試のための準備をしなくてはならない。個別の教育ニーズを優先し
学びの場が分けられた結果，後々の社会移動にかかわるリスクも背負うことに
なるということだ。

　それでは他の子どもたちと同じように通常の教育を受けた場合はどうか。先
に示した社会移動に関わるような制度的リスクは負わないが，先の生徒の語り
で見たように，同調圧力の強い空間であれば，能力主義や成果主義のまなざし
により生きづらさを感じることになるだろう。合理的配慮を受けることなしに
やみくもに通常の教室に放り込まれることを「ダンピング」（投げ入れ）である
として批判する見方もあるが，それも私たちが能力主義や成果主義に絡めとら
れていることの現れである。本来，同じ教室にいるだけで子どもたちが全く同
じ能力を身につけ，全く同じ成果を出せるということは考えられない。そもそ
も学校では集団教育のなかにすべての子どもがダンピングされているのであり，
そのなかで子どもたちは学び合い，育ち合う。その結果が教育成果であるはず
なのだが，数値で測定可能なものだけを「学び」として抽出した場合は，ダン
ピング問題が障害児とそれ以外の子どもたちの分断を正当化してしまう場合も
ある。つまり，どれだけ配慮しても他の子どもたちと似たような結果を出せな
い，いわゆる重度とみなされている障害のある子どもについては，通常の学級
でその子に最適な教育内容を提供するのは難しい（すなわちダンピングになって

しまう可能性が高い）と判断され，地域の学校にいることがそもそも認められないという場合もありえるのだ。

　以上みてきたように，特別支援教育との接点を持つことになった子どもたちは，日本の公教育そのものから排除されることはないものの，制度面や教育内容へのアクセス，社会移動といった観点からみると，公平性や公正性という点において障害のない子どもたちと同等の権利を有しているとは言い難いことがわかる。倉石がいうように，一見包摂されているようで内実は排除されていたり，排除の方向性の中にも部分的な包摂がみられたりするのである。誤解を恐れず述べるならば，日本における障害児の教育は，マジョリティである非障害者中心の教育システムにおいて排除されたり包摂されたりするなかで発展し，結果として日本社会において障害者がマイノリティであり続けることに加担してきているといっても過言でないのではなかろうか。

4　障害者の排除／包摂から考えること

　一般に，「学校は社会の縮図」といわれるが，学校は実質的な社会の「入口」でもある。これまでみてきたように，障害児を入口で留め置いて別のルートに誘う限り，「共生社会」の実現は不可能である。なにより，排除や包摂といった感覚は，マジョリティ側が決して持ちえないものだ。なぜなら，排除されたり包摂されたりする対象は常にマイノリティの側であり，マジョリティは意識的・無意識的に排除／包摂する一方なのだから。

　本章では2つの図を紹介したが，どれも見たことのないものだったのではないだろうか。なぜなら，これらの図でみたようなシステムはいわゆる健常者に対しては機能せず，構図そのものも障害者との分断により不可視化されているからだ。また，これらを見たことはあっても，その図の中に自分の姿を見る人はほとんどいないだろう。なぜなら，読者の多くは「空気を吸う」ように学校段階のはしごを登ってきた人たちだからだ。

　他方で，冒頭のADHDのくだりにあるように，障害はカジュアルなものとして私たちの生活世界の中に入ってきてもいる。障害のカジュアル化は，人々に障害への認知をもたらし，その世界へのハードルを下げることには寄与したが，かといって障害者─健常者の不均衡な関係性を是正することには成功して

いない。マジョリティである健常者がカジュアルな形で障害者に接近する行為
は，一部のマジョリティがマイノリティに転化したということではなく，マジ
ョリティがマジョリティとしての確固たる位置を再確認するために「ちょっと
脆弱なマジョリティを装ってみた」（でもマジョリティには変わりないことを改め
て確認する）行為に過ぎないのだ。本当に ADHD の診断を受けている人から
「ADHD 気質」などといった発話は絶対に出てこない。そうではない位置にあ
る人間だからこそ使える言葉なのである。

　筆者は普段大学で仕事をしているが，授業の中で学生に必ず尋ねることがあ
る。それは「左利きの人は飲み会でどこに座るか」である。イメージしてもら
うのは長机が並ぶ座敷の間，5 人掛けのカウンター席，あるいはファミレスの
ボックス席などでもよいだろうが，さてどこか。左利きの当事者や親族に左利
きの人がいる場合はすぐに答えることができるが，普段から「右利き優位世
界」に無自覚でいられる右利き当事者には答えられない。そうした人たちに筆
者は「あなたたちはこれまで"気にしないでいられた人"ですね」と声をかけ
るようにしている。「マジョリティとは気にせずにすむ人々である」というの
は，社会学者のケイン樹里安の言葉である。マイノリティ／マジョリティとい
うのは単なる数の問題ではなく，一方が他方の苦しみを生み出していたり気づ
かないままにしていることから差別の構造が維持されたり新たに生み出された
りするという不均衡な関係性も示唆する。右利きの人は左利きの人が抱える不
自由さに気が付かず，そうした日常がまた左利きの人を生きづらくしているの
だ。しかしながら，筆者が右利き優位問題を提起することで，学生はその日か
ら左利きの人のことが気になるようになる。利き手問題を越えて，別のマイノ
リティ問題への気づきが促される学生もいる。これまで気にしないでいられた
人が，今日からは気になる人となった。意識は簡単にアップデートできるのだ。

　これまで気にしないでいられた人がさまざまな問題に気づく人，気になる人
となるためには，気づきをもたらしてくれるマイノリティとの接点が必要とな
る。私たちの日常をアップデートするためには，私たちが気がつかないでいる
さまざまな事柄について，マイノリティに教えてもらえばよいのである。

　障害者権利委員会では，障害のある人が有する障害の程度・度合いについて，
重度か軽度かといった考え方をしていない。私たちがいわゆる「重度の障害が
ある人」としている人は，「より集中的な支援を必要とする人」と表現される。

その意味するところはつまり，そう呼ばれる人たちは，現在の健常者優位社会によって今のところより集中的な支援が必要となっているだけで，こうした社会の在りようが変わればその支援も変わってくるということだ。その人の障害が重いから支援が必要なのではなく，健常者が現在の社会の在りようを変えない，問題性を気にしないでいるから，より集中的な支援が必要となってしまっていることに，私たちは気づかねばならないのである。

　個人化・医療化は社会生活のさまざまな問題を個人のなかに閉じ込め，自己責任を取らせようと企てる。結果，国家や社会がそこに暮らす一人ひとりの幸福に責任を負わないこととなり，社会自体は変わらないままだ。読者の皆さんはすでにアップデートを済ませ，そうした構図に気づいてしまった人の側に立っている。今日からの皆さんのアクションに期待したい。

【文献ガイド】

飯野由里子ほか『「社会」を扱う新たなモード──「障害の社会モデル」の使い方』生活書院，2022年。

　　本章では「社会モデル」についてとてもざっくりとした紹介しかできなかったが，障害者問題にかかわらず，あらゆるマイノリティの問題は社会モデルで捉えることが重要だ。しかし，この社会モデルという言葉は状況によってさまざまに解釈され，文脈によって都合よく使われてもいる。そこで，いま一度社会モデルという概念を多くの資料から整理しなおし，なおかつ一般書としても読みやすいよう平易な表現にして提示してくれているのが本書である。社会モデルについて，これでもか！　というくらいに丁寧に，そしてしつこくしつこく食い下がり，とことん整理されているので是非読んでほしい。

ケイン樹里安『ふれる社会学』北樹出版，2019年。

　　本書については本文中でも参照したが，社会学の入門書として紹介したい。障害の問題だけでなく，「スマホ」「就活」「スニーカー」「ハーフ」など身近なトピックから，私たちが日常的にいかに社会問題との接点を持っているか，つまり社会学にふれているかを考えさせてくれる。取り上げられているテーマはたくさんあるが，それぞれが非常にコンパクトにまとめられているので途中で挫折することはないし，読者は自身

が興味のあるテーマから読み始めればよい。関連書籍の紹介も充実しているので，本書でふれた後，次に何を読めばよいかについても非常に参考になる。

千葉雅也『現代思想入門』講談社現代新書，2022年。

　　本章では倉石の排除と包摂の入れ子構造についてふれたが，なかなかイメージしにくい。そもそも，排除と包摂というのは相対する概念に思えるがこうした関係性について理解しようとすれば，そう単純化して捉えないことが大切だ。本書では，二項対立を超える（脱構築する）ものの見方を，デリダ，ドゥルーズ，フーコーという，その思想を独学で理解するには非常にハードルの高い哲学者たちが考えたことをとてもわかりやすい言葉で解説してくれる，まさに現代思想の入門書である。現代思想を学ぶことで，頭で浮かぶさまざまな事柄を高い解像度でとらえることができるようになる，と千葉は述べている。

第5章
移民背景をもつ子どもと教育

金 南 咲 季

1　身近な他者との出会い直し──留学や英語を通じて出会う「外国人」？

　大学の講義の中で受講生に，異なる文化的背景をもつ人々との出会いや経験について尋ねるとさまざまな反応が返ってくる。「留学したことがないので外国人と出会うことはほとんどなかった」「英語が得意ではないので自分から積極的に話しかけるのは難しい」。こうした回答は多くみられるものの一つだ。しかし，ここで一括りに言及される「外国人」は，一体どのような人々として想定されているのだろうか。かれらは，留学などを通じて海外に赴かなければ出会う機会が少ない人々で，また出会った場合にも英語でコミュニケーションを取るべき存在だという素朴な前提は，はたして妥当なのだろうか。

　一方で，学校や家庭，地域における出会いや当事者としてのエピソードが挙げられることも少なくない。このように人によってその経験や認識はさまざまではあるが，本章では，移民背景をもつ人々──海外から移住してきた者あるいはその子どもや子孫──を，既に出会っている，またはこれから出会う身近な他者として捉え直すことからはじめ，特に子ども・若者の教育に焦点を当てて，インクルーシブな教育・社会に向けた課題について考えてみたい。

2　多民族・多文化化する日本

日本は移民社会ではない？

　「日本は単一民族の島国であり移民は少ない」。こうした認識は依然多くの人々に受けいれられている。確かに国の成り立ちから移民の歴史をもつ欧米諸国等と比べるとその人口割合は少ないと言えるが，2017年時点の日本に流入した外国人人口はOECD加盟国中第4位であり，日本は既に「移民大国」だという指摘もある。実数でみると，日本で生活する在留外国人はこの30年間で約

３倍に増え，新型コロナウイルス感染症（COVID-19）パンデミック下の2022年末時点で約307万人と統計開始以来最多を記録した。帰化や両親のいずれかが外国籍である国際児などの日本国籍取得者も含めると，移民背景をもつ人々の数はさらに多くなる。

　歴史を振り返れば，日本には，沖縄の人々や北海道の先住民のアイヌ民族，第二次世界大戦終結以前に旧植民地であった台湾，朝鮮，中国から日本に移住した人々（オールドカマー），1970年代後半以降に日本に居住することになった新来外国人（ニューカマー）──たとえば，インドシナ難民や中国残留日本人，1990年の「出入国管理及び難民認定法」（以下，入管法）改正以降に増加した外国人労働者，留学生，技能実習生，国際結婚による移住者──など，多様な文化的背景をもった人々が存在してきた。また，2019年４月には改正入管法が施行され，深刻な労働力不足を背景に外国人労働者の受け入れが一層進められている。こうした人の移動は今後も加速していくと予測されており，2065年には日本で暮らす移民背景をもつ人々は総人口の12.0%を占め，欧州諸国の現在の水準と同程度の多様化を経験するとの推計もある。[1]

　しかし，こうした変化に伴い，労働，政治，子育て・教育，保健医療，福祉など社会のさまざまな領域において迅速な対応が求められる一方で，日本政府は移民政策はとらないという基本姿勢を続けている。国際連合による「移民」の定義──「通常の居住国とは異なる国に１年以上居住している人」──と照らし合わせると，日本社会には既に多くの移民が住んでおり，また将来的にみても移民国家として何ら例外的な存在ではないにもかかわらず，である。まずは，こうした現実を直視し，国としても個人としても，移民を見えない／見ない者とするのではなく，歴史的に確かに存在し今日に続く社会を築いてきた，そしてこれからの社会を共にかたちづくっていく身近な存在として捉え直す必要がある。

「移民背景をもつ子ども」とは誰か

　移民背景をもつ人々の増加は，若年層で先行して進むと言われている。実際に，公立学校に在籍している外国籍児童生徒は年々増加しており，令和３年に

---

(1)　是川夕「日本における国際人口移動転換とその中長期的展望──日本特殊論を超えて」『移民政策研究』(10)，2018年。

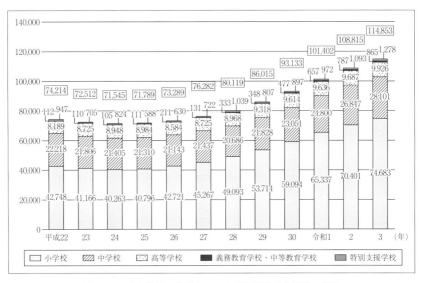

図5-1　公立学校に在籍している外国籍児童生徒数の推移

出所：文部科学省「学校基本調査」をもとに筆者作成。

は計11万4,853人と過去最多を記録した（図5-1参照）。

　また，そのうち約40％にあたる4万7,619人は日本語指導が必要な児童生徒であり，母語の内訳は，ポルトガル語，中国語，フィリピノ語，スペイン語，ベトナム語の順に多い。もちろん，外国籍であっても必ずしも日本語指導が必要というわけでない。長期滞在や定住化が進み，ニューカマーでは2世，3世，オールドカマーでは4世，5世と世代交代を重ねるなかでは，日本生まれで日本語しか馴染みがない子どもも珍しくない。反対に，海外や国際結婚家庭で育った子どもや帰化で日本国籍を取得した子どもなど，日本国籍でも日本語指導が必要な児童生徒も1万688人いる。

　このように，移民背景をもつ子どもたちの置かれた状況や必要な支援は，国籍や言語，見た目や名前からだけでは単純に判断できない。出身国や国籍，母語や日本語の習得状況，在留資格，名前（通称使用を含む），来日経緯や就学時期，家庭の社会経済的背景，生活習慣，宗教，出身国との行き来の程度や将来の居住展望をはじめ，一人ひとり多岐にわたる違いを抱えている。ゆえに，その一人ひとりが包摂される教育や社会の実現のためには，かれらを「外国人」と一括りに捉えるのではなく，それぞれがたどってきた軌跡やそのちがいを丁

寧に捉える視点が重要となる。それと同時に共通点，たとえばオールドカマーからニューカマーに至るまで継続している課題やエスニック集団を越えて共通にみられる課題に目を向けることも重要である。

3　前提とされない「教育を受ける権利」

では，移民背景をもつ子どもたちの教育課題とはいかなるものか。一括りに論じることはできないものの，本節と次節では，かれらが直面している困難や，そうした困難を構造的に生み出してきた日本の社会や学校現場が今後乗り越えるべき課題についてみていくことにしたい。

不 就 学

2019年，文部科学省（以下，文科省）は全国の市町村教育委員会を対象に，学齢相当の外国籍児童生徒の就学状況を把握する調査（以下，就学状況調査）を初めて実施した。その結果，日本で暮らす義務教育年齢相当の外国籍児童生徒12万3,830人のうち，学校に通っていない「不就学」もしくは就学状況が確認できない子どもは1万9,471人，すなわち約6人に1人存在することが明らかとなった。その後，この結果を踏まえて文科省から就学状況の把握や就学促進に向けた指針が出されたこともあり，第2回目調査（2021年度）では1万46人，第3回目調査（2022年度）では8,183人にまで減少したものの，依然多くの外国籍児童生徒が学校教育を受けられていない可能性が指摘されている。

この「不就学」の問題が生じている背景には，現在の日本社会では「外国籍の子どもの保護者には子どもに教育を受けさせる義務がない」ことが関係している。たしかに，日本は国際人権規約や子どもの権利条約を批准しているため，外国籍の子どもが就学を希望する場合には無償で受け入れはする。しかし，それは絶対的に保障されるべき「権利」ではなく，「恩恵」にとどまっているのが現状である。

外国（人）学校

上で述べた就学状況調査の「就学」人数には，日本の義務教育諸学校に通う者だけでなく，「外国（人）学校」に通う者も，把握ができる範囲で計上され

ている。「外国（人）学校」は，学校教育法第1条に規定された「正規」の学校ではなく，「主として外国人の子どもを対象とする」学校である。行政はその一部しか把握をしていないため正確な数はわからないものの，1872年に横浜に設立されたサンモール・インターナショナルスクールに始まり，中華学校，ドイツ学校，朝鮮学校，韓国学校，ブラジル学校，フィリピン学校，ペルー学校，インド学校，ネパール学校など，多様な特色をもつ学校が全国に約200校程度存在していると考えられている。

　学校の特徴は千差万別であるが，外国（人）学校は，母語・母文化継承や多言語の習得，多文化的価値観や肯定的なエスニック・アイデンティティの醸成といった教育ニーズが叶えられる点や，複数の国家間を行き来する場合にも連続的に教育を受けられたり，国家間を跨ぐ多様な進路を支援してもらえたりする点で選ばれることが多い。また，公立学校では十分なサポートが得られず授業や学校生活に参加できない，周囲と同じであることが重視される学校環境において自身のルーツに自信や誇りがもてない，周りに馴染めず不登校やいじめを経験するといった負の経験や葛藤を回避し，安心して学び生活できる居場所として選ばれている側面もある。

　このように，外国（人）学校は固有のニーズを抱える子どもたちの教育を保障する重要な役割を果たしてきたが，そのほとんどが現行の制度上，自動車学校や語学学校と同じ各種学校もしくは私塾のような無認可の状態にある。そのため，学校を卒業しても卒業資格が得られないほか，行政からの公費助成や税制上の優遇措置等が十分に受けられず，設立以来，生徒の授業料に依存した不安定な学校経営を続けている学校が多くを占めている。また各種制度，たとえば「学校保健安全法」も適用外であるため，健康診断の実施や保健室の設置など，子どもたちの健康と命を保障する仕組みさえも十分に整備されていない状況にある。

多様性を包摂する教育へ

　以上でみたように，外国籍の子どもやかれらを主な対象とする外国（人）学校は，日本国籍の子どもや日本の学校とは異なり，公的な保障が得られない。

(2)　志水宏吉・中島智子・鍛治致編著『日本の外国人学校——トランスナショナリティをめぐる教育政策の課題』明石書店，2014年。

「年齢又は国籍その他の置かれている事情にかかわりなく，その能力に応じた教育を受ける機会が確保されるようにする」——2016年に成立した「義務教育の段階における普通教育に相当する教育の機会の確保等に関する法律（教育機会確保法）」では，これまで「恩恵」としてしか認められてこなかった外国籍の子どもの教育を受ける権利が日本の法律で初めて言及された。また，2023年4月施行の「こども基本法」においてもその基本理念の中に，「全てのこどもについて（…）教育基本法の精神にのっとり教育を受ける機会が等しく与えられること」が明記されている。これらを絵に描いた餅に終わらせずに，日本社会としていかに現状を問い直し，多様な背景をもつ子どもや多様な学びの場を包摂する教育の構想へとつなげていくことができるか。今からおよそ20年前から「不就学ゼロ」に向けて実態調査や実践に取り組んできた岐阜県可児市のような先進事例に学んだり，外国（人）学校の法的地位を改善し正規の教育の中に(3)適切に位置づけていくための議論を加速させたりするなど，国・自治体を挙げ社会全体として，すべての子どもの教育を受ける権利の保障を進めていく必要がある。

4　日本の学校に存在する壁

次に本節では，日本の学校に焦点を当てて，移民背景をもつ子どもたちが直面する主な教育課題についてみていくことにしたい。

日本語教育

「もしあなたがある日突然，日本を離れて異国に渡り，現地の学校に通うことになったら，どのようなことに困るだろうか。またその際，何があれば安心して暮らせるだろうか」——。大学の講義の中で学生にこう問いかけると，大抵真っ先に挙げられるのは言語の問題である。実際に，家では親の母語，学校では日本語といった多言語環境で育つ子どもたちの中には，日本語が不自由，もしくは日本語と母語のいずれもの言語発達が不十分であり，教科学習などに困難を伴う「ダブルリミテッド」状態の者も少なくない。

---

(3)　小島祥美『外国人の就学と不就学——社会で「見えない」子どもたち』大阪大学出版会，2016年。

　こうした言語面，特に日本語教育に関する施策や実践は，近年最も力点が置かれている分野の一つである。たとえば2014年度からは，日本語指導が必要な児童生徒を原則として在籍学級から取り出し，別室で行った日本語指導を正規教育課程の一部とみなす「特別の教育課程」が認められるようになったほか，2019年には日本語教育の推進を国や自治体の責務とする「日本語教育の推進に関する法律」も制定され，各地でさまざまな実践が展開されている。

　この日本語指導を考える上で重要なのは日常会話で使用する「生活言語」と，教科学習などで使用し，日常生活とは切り離された抽象的な思考を進展させる上で必要な「学習言語」の区別である。前者は2年程度と比較的短期間に習得が進むが，後者の自然習得は難しく，5〜7年あるいはそれ以上かかると言われる。そのため，日常生活では流暢に日本語を話していても，授業や試験になると困難を覚えるケースも少なくない。しかしながらこのちがいを周囲が十分に理解しないまま，表面的な会話能力に引きずられて「日本語はもう大丈夫」と判断し支援を打ち切ったり，「学習の遅れは本人の努力不足や資質の欠如」といった自己責任の問題にしてしまったりする場合もある。

　安心して日々の生活を送るとともに，社会に十全に参加し多様な自己実現を果たしていくためには，単に日常会話を話せるようになるだけでは不十分であり，日本語を用いて学習に参加する力を育成し，学力保障や進路保障につなげていく必要がある。そのためには，文科省が開発した「JSL（Japanese as a Second Language）カリキュラム」のような，日本語と教科を統合し両者を同時に伸ばしていく学習や，そうした取り組みを推進する実践者の育成を進めていくことも重要である。

母語・母文化保障

　では，日本語さえ使えるようになればよいのだろうか。「たのしいクラスにするために自分はかならず日本語をがんばってポルトガル語をできる限りしゃべらないようにがんばります」[4]——。これは，「多文化共生」の推進に向けて日本語教育にも力を入れる公立小学校に通う，ブラジルにルーツをもつ小学生が書いた作文の一節である。母語であるポルトガル語を懸命にしまい込もうと

(4)　山本直子「多文化共生概念が『禁止』するもの——ブラジル人集住地区のリアリティ」塩原良和・稲津秀樹編著『社会的分断を越境する——他者と出会いなおす想像力』青弓社，2017年。

努力する子どもの姿に，どこか息苦しさを感じないだろうか。

　移民背景をもつ子どもたちの中には，日本人や日本の学校に必死に合わせようとするなかで，自分の母語や母文化に対する自信や誇りを失い，自らのルーツを隠そうとする者も少なくない。日本語指導をはじめ日本の学校に円滑に適応するためのサポートはもちろん重要であるが，それが日本語・日本文化の優位性を強化し同化を促す教育とならないよう十分に留意する必要がある。移民背景をもつ子どもたちにとって学校が安心・安全な場所となり，そこで自尊感情や肯定的なアイデンティティを育んでいくためには，日本語や日本文化だけでなく，子どもたちの母語や母文化も同様に大事にされ，それらを学んだり表現したりする場を学校内にも保障していく必要がある。

　またこの母語・母文化保障は，親子関係の維持のためにも重要である。というのも，子どもは日々の学校生活の中で日本語を習得し母語を忘れていく一方で，親は来日後，日本語を学ぶ機会がないまま母語を主な言語として使用し続けるケースが少なくないためだ。その場合，親子間で十分にコミュニケーションが取れず，親が子どもの勉強やしつけ，相談に関与することができなくなったり，子どもが日本語ができない親を恥ずかしく思い見下したりすることもある。その意味で母語や母文化を保障することは，親子のつながりを守るだけでなく，子どもの学力や精神面を支えていく上でもきわめて重要であると言える。

　こうした母語・母文化保障は，これまで一部の先進地域や学校で放課後のクラブ——主に在日韓国・朝鮮人の子どものために設けられた「民族学級」や，他の国のルーツの子どもたちにも広がりをみせる「国際教室」など——として制度化されてきた。ほかにも，教師と児童生徒・保護者との間の通訳や母語による学習補助，相談支援等を行う母語支援員の配置や，自身のルーツを歴史などの観点も交えて多面的に学ぶ授業実践，移民背景をもつ地域住民が文化や言語を教える活動など，各地でさまざまな取り組みが生み出されている。こうした多文化教育につながる実践は，周囲の日本人児童生徒にとっても，多様な言語や文化，価値観を尊重することを学んだり，社会構造から引き起こされる差別や抑圧の実態，さらには自らのマジョリティ性に気づいたりする重要な契機となるものであり，一層の普及が望まれる。

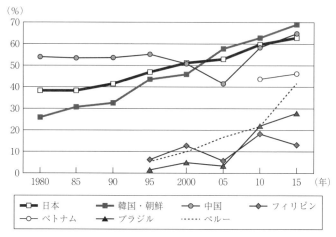

図5-2　国勢調査にみる19-21歳の国籍別通学率の推移（%）
出所：樋口・稲葉（2023）10頁より抜粋．元データは1980-2015年の国勢調査オーダーメイド集計．

学力・進路

　移民背景をもつ子どもたちの中には，学力や進路の問題に直面する者も多い。実際に，これまで外国籍児童生徒の高校・大学進学率は，日本人のそれと大きな隔たりがあることが指摘されてきた。たとえば，1980～2015年の国勢調査データをもとに算出された19～21歳の高等教育等への通学状況をみると，通学率は全体として年を追って上昇しており，それに伴って国籍間の差も縮小傾向にはあるものの，フィリピン，ブラジル，ペルー，ベトナム国籍との間に依然進学格差が存在していることが分かる（図5-2参照）。[5]

　同様に，文科省による令和3年度の「日本語指導が必要な高校生等の中退・進路状況」の調査結果からも（図5-3），高校等卒業後の大学や専修学校などへの進学率は日本の高校生全体が73.4%であるのに対して，日本語指導が必要な高校生等では51.8%と，約7割にとどまっていることがわかる。また中退率は日本の高校生全体の5.5倍，就職者における非正規就職率は約11.8倍，進学も就職もしていない者の割合は約2.1倍であり，不安定な就労や失業などの生活リスクが高いこともうかがわれる。これらの差は必ずしも自ら選んだ結果や

---

[5]　樋口直人・稲葉奈々子「『外国人の子ども』から四半世紀を経て」樋口直人・稲葉奈々子編著『ニューカマーの世代交代――日本における移民2世の時代』明石書店，2023年。

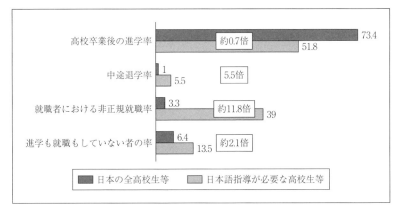

図5-3　日本語指導が必要な高校生等の中退・進路状況（令和3年5月1日時点）
出所：文部科学省「日本語指導が必要な児童生徒の受入状況等に関する調査（令和3年度）」の
　　　結果をもとに筆者作成。

自己責任として個人化して捉えられるものではなく，社会の不平等な構造の中でライフチャンス，すなわち教育・就労機会といった人生の選択機会が制限されていることを示唆するものである。

　では，なぜこのような差が生まれているのか。背景には，家庭の不安定な経済状況や，親が長時間労働や日本語が話せないために子どもの学習やしつけに十分に関与できないこと，言語習得や学校生活への適応の壁が高く学習参加が難しいこと，人間関係が限られロールモデルや助言者も乏しいこと，利用できる入試制度や奨学金が限定的であるほか進路情報へのアクセスも難しいこと，それらの結果，目標や将来の進学・職業イメージが十分に描けないことなど，さまざまな理由が複合的に作用している。このように，進学格差の背景に社会的・構造的な要因が深く関わっていることをふまえれば，その解消に向けてはアファーマティブ・アクション（積極的差別是正措置）——歴史的に形成・維持されてきた不平等な構造のもとで社会的な不利益を被っている者に対して，一定の配慮を行うことで実質的な機会均等を実現・保障しようとする措置——が必要だと言える。

「特別扱いしない」学校文化

　しかし日本の多くの学校では，互いが協調的に関わり合い，皆と同じように

ふるまうことが求められやすい「一斉共同体主義[6]」や，特定の子どもだけを「特別扱いしない」学校文化が浸透している。そのため，「特別扱い」を通じて権利保障を目指すアファーマティブ・アクションをとることは必ずしも容易ではない。

　以下は日系ブラジル人のソフィアさん（仮名）が日本での中学・高校時代の学校経験を振り返りながら，独力で進路を切り拓いていく難しさを語っている場面である。

　　何だろ，先生たちは，「自分のクラスに外国人の子居るけど，どうしたらいいんだ，とりあえず日本人と同じように対応しとけばいいのかな」みたいな感じで。何か特別に，「外国人だから，こうしてくれる」とかも何もなく，「まあ，みんなこういう進学をするけど，君はどうする？」みたいな感じで。（…）やっぱり，中学校とか卒業の段階からふるいにかけられて。中3の真ん中か終わりぐらいに，「うちはお金がないから高校なんて行かないよ，卒業したら働かないと」ってあたりまえのように認識してる子も多かったし。うちも高校卒業するタイミングで，奨学金がないと進学できないような家庭状況だったんですけど。学校からは，他の家庭の子たちと全く一緒で奨学金の封筒が配られて，「希望者はおうちの方と相談して記入して提出して下さい」って。その時に先生に，「うちの親は日本語が分からなくて記入できないので教えてもらえませんか。一緒に記入してもらえませんか」って言えるかどうか。……多分その時期って，自分ができない，自分の家庭にはないものを認めることすら難しいと思うんです。劣等感を感じて。だから，言わなきゃ支援が得られない状況だけど，その時は言えなくて。自分で（奨学金申請の書類を）持ち帰って携帯で一つひとつ調べて，やれることを自分でやって。でも不備があったのか通らなかった。

　　　　　　　　（2022/7/28 日系ブラジル人3世　ソフィアさん　インタビュー抜粋）

こうした語りからは，スタートラインにおいて既に生じている違いに目をつ

---

(6)　恒吉僚子「多文化共存時代の日本の学校文化」堀尾輝久・奥平康照・田中孝彦・佐貫浩・汐見稔幸・太田政男・横湯園子・須藤敏昭・久冨善之・浦野東洋一編『講座学校第6巻　学校文化という磁場』柏書房，1996年。

むって「特別扱いしない」——形式的な平等を重んじて皆を一律に同じように扱う——だけでは，移民背景をもつ子どもたちの困難は取り除かれないことが示されている。家庭の社会経済的背景による不利を抱え，さまざまな教育課題に直面する子どもたちを支えながら格差を縮めていくためには，その背景に目を配り，必要に応じて「特別扱いする」——資源を重点的に配分し実質的な平等を目指す——公正な教育実践が求められる。

　この「特別扱い」の例としては，移民背景をもつ生徒の高校進学を支えてきた，公立高校入試における「特別措置」や「特別入学枠」が挙げられる。特別措置は，一般入試を一般の生徒とともに受験する際に，受験時間の延長や問題文の漢字にルビ，母語表記，教科減，別室受験等の配慮を受けられるといった特別な措置のことを指し，特別入学枠は，特定の高校に外国人生徒や中国等帰国生徒を対象とした入学枠があり，作文や面接などの一般枠入試とは異なる試験方法で選抜を行う入試制度のことを指す。外国籍である生徒の多くにとって高校卒業資格の取得は，就労制限のない在留資格に切り替え，生活基盤を安定化させる上でも重要となる。

　こうした高校進学を促す支援をはじめ包摂的な体制整備を進めている先進地域として注目されることが多いのが，大阪府や神奈川県である[(7)(8)]。両府県は，障害児が高校で学ぶ権利の保障やオールドカマーの民族教育，同和教育など，歴史的に人権教育に手厚い土壌があり，入試だけでなく入学後も母語指導や教科学習支援，進路指導，保護者支援，教職員体制の整備など手厚くサポートを行っている点で共通している。しかしこうした事例は全国的にみれば限定的で，2023年度の特別入学枠の設置は全公立高校の27％にとどまっている（日本経済新聞2023年1月7日）。さらに制度の有無だけでなくその内容も都道府県ごとに大きく異なるのが現状であり，自治体間格差の是正が求められる。また近年では，大学入試でも特別入学枠を導入する事例もみられ，高等教育段階でのアファーマティブ・アクションの必要性も指摘され始めている。

　ただし，以上のように公正な教育実践として「特別扱い」を行う際にも一定の注意が必要である。特定の子どもに対して個別に教育支援を行う際，その理

---

(7)　石川朝子・榎井縁・比嘉康則・山本晃輔「外国人生徒の進学システムに関する比較研究——神奈川県と大阪府の特別枠校の分析から」『未来共創』(7)，2020年。

(8)　高谷幸編著『多文化共生の実験室——大阪から考える』青弓社，2022年。

由が十分に説明されないままでいると，支援の必要性を十分に理解できていない周囲の子どもたちによって「ひいき」「ズルい」「怠慢」などの反発がみられたり，その結果として，支援を受けることを本人が自ら拒否するようになったりする場合もあるためだ。支援の根拠を隠しながら教師が独断で「特別扱い」するのではなく，他のクラスメートとも合意形成を行うことや，「特別扱い」が当然のことと受けとめられ子どもたち同士が自然と支え合うような，差異を認め合う学級運営や集団づくりを早期から進めていくことが重要である。また，2019年以降文科省主導で急速に整備が進められている「GIGA スクール構想」――1人につき1台のパソコンやタブレット等の情報端末と高速通信環境を整備し，各人の状況やニーズに応じて異なる機能やソフトウェアを使って学ぶ「個別最適化」された教育環境の実現――によって，「あの子だけずるい」という反発や「自分だけ特別扱いされるのは嫌」という支援の拒否が減っていくことも期待されており，こうしたICT（情報通信技術）の活用可能性についても議論を活性化させていく必要がある。

高い「特別支援学級」在籍率

　移民背景をもつ子どもたちの学力や進路にも関わる教育課題として，近年，「特別支援学級」に注目が集まっている。文科省が2016年度に，外国人が集住する8県25市町を調査した結果，公立義務教育諸学校に通う外国籍児童生徒の特別支援学級への在籍率が，全児童生徒の在籍率の2倍以上であることが明らかになった。

　移民背景をもつ子どもの学習面や行動面の問題は，発達上の「障害」によるものなのか，あるいは言語能力や文化の違い，家庭・社会環境等に起因する一過的な現象なのか見極めが難しく，児童生徒の背景が十分に考慮されていない知能検査の判定等によって特別支援学級に誤配置されるケースも少なくない。一方，「障害」はないと思われる場合でも，特別支援学級への在籍が当該児童生徒の「ためになる」という論理のもと，あえて在籍させている事例も報告されている。たとえば金春喜は，日本人父とフィリピン人母をもつきょうだいが来日後，「発達障害」の診断を受けて特別支援学校に進学した経緯を，かれら

(9)　坪田光平『外国人非集住地域のエスニック・コミュニティと多文化教育実践――フィリピン系ニューカマー親子のエスノグラフィー』東北大学出版会，2018年。

に関わった学校の教師や保護者，母語支援員ら10名へのインタビュー調査をもとに分析した。そこで明らかとなったのは教師が，当該生徒が普通高校に進学できない可能性が高いという判断のもと，代わりに特別支援学校に進めば将来の就職につなげられると考え，善意で特別支援学級に在籍させたという経緯であった。

　　寺田先生「日本語の上達というか，学力で考えてったら，まず，普通高校には進学できない可能性が高い。で，進学したとしても，ついていけない可能性が高い。それやったら，日本の制度の場合，特別支援学校の方が，職業的な学習ができる。っていう，先のことを考えて。あの子が卒業した後，っていうかハタチになった頃に，いま，日本でどうやって生きていくかっていうことをイメージして，えー，うーんと，「発達障害」かどうかということではなくて，特別支援学校に入れるために，特別支援学級に入れました。で，あの子が「発達障害」かどうかっていうのは，問題にしてないです。で，いま，日本の制度上，特別支援学校に入れるためには，療育手帳が必要。療育手帳が必要なので，療育手帳を持つためには，っていう順番かな」

（金春喜（2020）116頁より抜粋，傍点原著）

　移民背景をもつ子どもの支援体制が十分に整備されていないために，「障害児としての支援」をあてはめざるを得ない状況が，「発達障害」という診断や特別支援学校進学へと水路づけていく。こうした事態は，2021年度時点で日本語指導を必要としつつも無支援状態に置かれている子どもが全国に約10人に1人の割合で存在するという調査結果からも（文部科学省「日本語指導が必要な児童生徒の受入状況等に関する調査（令和3年度）」），各地で生じている可能性がある。少なくとも上記のようなケースでは，特別支援学級への転籍を前提に対処を考えるのではなく，まずは，移民背景をもつ子どもとしての困難を取り除いていくための支援を充実化させることが必要だと言えよう。

---

(10)　金春喜『「発達障害」とされる外国人の子どもたち——フィリピンから来日したきょうだいをめぐる，10人の大人たちの語り』明石書店，2020年。

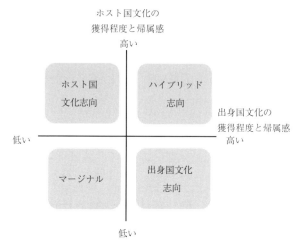

図5-4　移民第二世代のアイデンティティ類型
出所：額賀（2021）47頁より抜粋。

適応・アイデンティティ

　最後に，移民背景をもつ子どもたちの学校や日本社会への適応とアイデンティティにも着目しておきたい。先にみたとおり「一斉共同体主義」的な特徴をもつ多くの日本の学校では，日本語や日本文化が前提とされ，日本人化を迫る同化圧力が強く働いている。そのため，「人とちがう」移民背景をもつ子どもたちは，程度の差はあれ人間関係上の困難を経験したり，自身のアイデンティティに悩んだりする傾向がみられる。

　しかしそのアイデンティティのあり様は決して一様ではない。額賀美紗子は，移民第二世代の若者170名に対するインタビューをもとに，エスニック・アイデンティティ（エスニックな出自に対する個々人の主観的志向）のあり様を以下の4つの型に分類している（図5-4参照）。[11]

　まず「ホスト国文化志向型」は，日本社会への同化傾向が強く「日本人」として振る舞う一方で，親の出身国やエスニック文化に対しては嫌悪感や無関心を示すという特徴がみられる。反対に「出身国文化志向型」は，出身国への憧

---

[11]　額賀美紗子「イントロダクション——多様化する移民第二世代のエスニック・アイデンティティ」清水睦美・児島明・角替弘規・額賀美紗子・三浦綾希子・坪田光平『日本社会の移民第二世代——エスニシティ間比較でとらえる「ニューカマー」の子どもたちの今』明石書店，2021年。

れや愛着，帰属意識を強く表明する一方で，差別を受けた経験などから日本人や日本社会に対して敵意や拒否感を抱く傾向がみられる。「マージナル型」は，日本文化にも出身国文化にも帰属感を抱けず，どちらの言語も中途半端な運用となるダブルリミテッドの状態に置かれていたり，授業についていけない，人間関係が希薄，いじめを受けたなどの理由から，学齢期の早い段階で学校を離脱し家にひきこもったりする傾向がある。

　上記のアイデンティティのあり様はいずれも，日本の学校や社会において同化を迫られたり排除されたりした経験にも影響を受けて形成されたものであり，本来，複数の文化的背景をもつ豊かな存在として肯定的に捉えられるべき自身の存在を否定している点で共通している。それに対して「ハイブリッド志向型」では，ホスト国（日本）と出身国のいずれにも愛着や帰属感を抱き，双方の言語や情報，知識，スキル，文化的態度も一定程度身に着けながら，両者を織り交ぜたアイデンティティを形成する様子がみられる。たとえば，状況依存的・選択的に複数のアイデンティティを使い分けたり，「日本人」と「○○人」を混淆させた自己を表出したりするほか，「二つの国と文化の懸け橋になりたい」といった将来展望を語り，自らの「国際的」背景や語学力等を積極的に活用したりする。こうしたハイブリッド志向型のアイデンティティをもつ子どもは，自己肯定感が高く，良好な親子関係を築き，高い学業・地位達成を遂げる傾向があるという。

　では，ハイブリッド型のアイデンティティを形成していくためには何が必要か。その形成過程には家庭や社会環境などのさまざまな要素が複雑に絡み合っているものの，日本の文脈では，学校や地域の学習支援教室などでの豊かなつながり——日本人だけでなく移民背景をもつ者同士の出会いを含む——を通じて自己のエスニシティに対する肯定感を獲得していくことが重要だという[12]。こうした指摘をふまえれば，移民背景をもつ子どもたちが自らの文化的背景を肯定的に捉え主体的に活用しながら生きていくためには，かれらの存在が無条件に承認される居場所を学校内外につくっていくことも重要だと言える。

[12]　清水睦美・児島明・角替弘規・額賀美紗子・三浦綾希子・坪田光平『日本社会の移民第二世代——エスニシティ間比較でとらえる「ニューカマー」の子どもたちの今』明石書店，2021年。

5　「変わらない」を変えるために

　ここまでみてきた教育課題の多くは，オールドカマーからニューカマーへと歴史的に繰り返され，長年にわたって大きく変化しないまま社会の周縁に置かれ続けてきた。最後に本節では，変わらない問題を変えるために何が必要か，一緒に考えてみたい。

偶然性への依存からの脱却

　まずは，子どもたちが支援につながれるかどうかが，どの地域で生まれ育ったかや，熱心な学校の先生や支援者と巡り会うことができたかといった偶然性に依存している現状を変えなければならない。特に外国人非集住地域や，移民背景をもつ子どもがクラスに数人程度といった少数在籍校では，予算や人材，理念や方法論等の経験の蓄積も乏しく，支援が不十分かつボランティアに依存する状況がみられる。そのボランティアをめぐっても今日，高齢化や人材不足，多様化するニーズへの対応の難しさなどの課題が指摘されている。
　子どもたちの支援を，個人や個別の学校・団体等の善意や自助努力に任せるのではなく，本章でみてきたようなさまざまな「壁」を取り除いていくための実態調査や制度整備を，先進事例に学びつつ国や自治体を挙げて社会全体として進めていくことが必要である。

組織・分野を越えた多様な主体との協働

　また，移民背景をもつ子どもたちの教育課題を，学校の担任が一人で抱え込むのではなく全教職員で，また学校だけでなく家庭・地域・大学・企業・NPO・行政・国際機関などの多様な主体との協働を通じて解決していく体制をより強固に築いていく必要があるだろう。加えて，複雑化する今日の教育課題の解決に向けては本章でみたように，ICT（情報通信技術）の活用や，特別支援教育と外国人児童生徒教育の知見の共有といった，専門分野を越えた協働も一層重要となる。個別にアプローチするだけでは解決できない複雑な社会的課題に対し，異なる組織が立場や分野を越えて互いの強みを活かしながら解決を

目指す試みは近年,「コレクティブ・インパクト[13]」という概念とともに注目が高まっている。こうした多様な組織・分野の協働に基づく豊かなつながりの中で子どもたちを支える体制を充実させていくことで,単独ではなしえなかった変革への道筋が具体的に開かれていくと考えられる。

自身と他者との出会い直し

　最後に,変わらない問題を変えるために,皆さん自身が移民背景をもつ人々と「出会い直す」場に参加してみることもおすすめしたい。地域によっても異なるが,本章を読み終えた上で改めて周囲を見渡してみると,公立学校や外国（人）学校,自主／公立夜間中学校,国際交流協会,放課後や週末に開催されている地域の日本語・学習支援教室（オンライン形式も含む）,大学でのフィールド・スタディやサービスラーニングなど,身近にさまざまな場や機会が開かれていることに気づくかもしれない。また,読書を通じた「出会い直し」も大事にしたい。昨今,日本で学校教育を受けた世代が当事者として自らの移民経験を綴った「オートエスノグラフィー」等の著作も広がりをみせており[14][15],そうした文書を読むこともこれまで聞こえてこなかった／聞かれてこなかった声にふれる貴重な契機となるだろう。

　変革の道筋には,国の施策や方針が,学校や地域のあり方を変え,それが個人に影響を及ぼしていくというベクトルもあれば,その逆で,個人の認識や取り組みが学校や地域のあり方を変え,さらに国の施策や方針を動かしていくといったベクトルもある。実際に,移民背景をもつ子どもたちの教育課題の解決に向けた実践や制度化を目指す取り組みの多くは,目の前の子どもとの出会いを出発点とした,多くの個人の思いや行動に支えられて手探りで進められてきた。本章との出会いが,インクルーシブな教育と社会を,ともに築き上げていくための一歩となることを期待したい。

---

(13)　Kania, John, and Mark Kramer, Collective Impact, *Stanford Social Innovation Review* 9(1), 2011.
(14)　大川ヘナン「『当事者』と『研究者』の関係を問い直す——移動する『私』のオートエスノグラフィーを手がかりに」『異文化間教育』(57),2023年。
(15)　呉永鎬「マイノリティとして生きる——三〇代在日朝鮮人男性研究者としての私の経験」呉永鎬・坪田光平編著『マイノリティ支援の葛藤——分断と抑圧の社会的構造を問う』明石書店,2022年。

文献ガイド

荒牧重人ほか編『外国人の子ども白書——権利・貧困・教育・文化・国籍と共生の視点から（第2版）』明石書店，2022年。

　　研究者，実践家，当事者を含む75名の執筆者によって，「外国につながる子どもたち」の現状と権利保障に向けた課題が，教育，家族，労働，福祉，人権，法制度などの諸観点から包括的に紹介されている。当該分野の見取り図となる入門書でもあるため，この本を足がかりに関心のあるテーマを深めていってほしい。2022年刊行の第2版では，新型コロナウイルス感染症による影響や入管政策の変化などの最新動向も加筆されている。

額賀美紗子・芝野淳一・三浦綾希子編著『移民から教育を考える——子どもたちをとりまくグローバル時代の課題』ナカニシヤ出版，2019年。

　　教育学や社会学を専門とする若手研究者16名が執筆し，移民の子ども・若者たちとその教育を網羅的かつ体系的に扱った入門テキスト。日本の多民族・多文化化の歴史や現状，家庭・学校・地域・労働市場などのかれらの生活世界を知ることを通じて，移民の視点から日本の教育と社会の「あたりまえ」を問い直している。文章は平易だが，重要な概念や議論も数多く盛り込まれているため，本章の次のステップとしておすすめしたい。

呉永鎬・坪田光平編著『マイノリティ支援の葛藤——分断と抑圧の社会的構造を問う』明石書店，2022年。

　　なぜある特定の人々がマイノリティとされ，差別や排除の対象とされるのか。かれらが直面する困難とはいかなるもので，それを打破するためには何ができるのか。こうした問いを，外国人だけでなく障害者，被差別部落出身者，性的少数者などの日本におけるさまざまなマイノリティとその支援に着目して横断的に探究している。より視野を広げつつ，かれらの生きづらさを生み出している日本社会やマジョリティ側のあり方を問い直すきっかけが得られる格好の書。

第6章

家族と教育

高橋味央

1 社会変動と家族の多様化

都市化の進展と家族形態の変化

「家族」とはなにか。それは多義的な言葉であり，普遍的な定義づけは難しいとされるが，家族社会学者の森岡清美は「夫婦・親子・きょうだいなど少数の近親者を主要な成員とし，成員相互の深い感情的包絡で結ばれた第1次的な福祉追求の集団[(1)]」と説明する。「第1次的」という言葉からもわかるように，一般的に社会の最小単位として位置づけられたり，社会生活を営む上で人々が最初に所属する自生的な基礎集団であるといわれたりすることが多い。すなわち家族とは，われわれのパーソナリティや人間関係の基底をなし，良くも悪くもその後の人生に多大な影響を与えるものであると捉えることができるだろう。一方，家族の形態や機能，あるいは家族に対する人々の認識や意味づけは，決して普遍的なものではなく，時代や社会情勢によって変化する流動的なものである。産業構造やライフスタイルの移り変わりなどが目まぐるしい昨今の社会では，その変化がより一層顕著になっているともいわれている。子どもやその家族を取り巻く環境はどのように変容してきたのだろうか。まずは，社会変動に伴う家族の多様化と，現代の子どもやその家族が置かれている状況についてみていくことにしよう。

1950年代以降，日本では「神武景気[(2)]」を皮切りに経済成長が始まり，約20年の間に飛躍的な経済発展を遂げた。いわゆる高度経済成長期を迎えたこの時代には，技術革新と民間設備投資の増大によって重化学工業化が進展する。農業漁業林業を中心とする第一次産業から，鉱業や建築業などを中心とする第二次

---

(1) 森岡清美・望月嵩『新しい家族社会学（四訂版）』培風館，1997年，3頁。

(2) 1954年から1957年までの景気拡大期の通称であり，過去に類をみないほどの好景気であるという意味で用いられる。

産業への移行によって産業構造が変化する中で，人口が都市部に集中するという都市化の進展がみられるようにもなった。とりわけ東京圏・名古屋圏・大阪圏という三大都市部への流入は顕著である。国勢調査による総人口のうちの三大都市の人口が占める割合をみてみると，1950年代には30％台で推移していたところから，1970年代半ばには約50％まで増加していることが明らかになっている。

　こうした産業構造の変化と都市化の進展に伴い，家族の形態も変容していく。都市部で会社勤めをするため，住宅団地を始めとする狭い集合住宅に夫婦とその子どものみが移り住み，地方に残る祖父母と離れて暮らす家族が増えた。厚生労働省による国民生活基礎調査（2021）の結果を見てみると，1950年代初頭から約30年間で，平均世帯人員は5人から2.37人へと半減している。三世代や親族とともに暮らす拡大家族から，夫婦とその子ども，あるいは夫婦のみで暮らす核家族への移行が生じ，家族の成員数は減少したといえる。

　世帯人員の減少には，当然ながら少子化という問題も背景にある。1990年には，前年の合計特殊出生率が，「ひのえうま」という特殊要因による過去最低記録を下回る値となり，日本社会に衝撃を与えた。そのいわゆる「1.57ショック」以降も，子どもの人数は右肩下がりとなっている。2005年の国勢調査では「我が国の人口は減少局面に入りつつある」と報告され，2007年にはついに65歳以上の人口が全体の21％を越える「超高齢社会」に突入した。

　社会変動によって，家族の形態はどのように変化したのだろうか。表6-1に示したのは，内閣府による「男女共同参画白書」[(3)]を基に作成した，1980年と2020年それぞれの家族形態の割合と世帯数である。この表では，次の3点のことに注目したい。1点目は，「単独」世帯が増加し，現在の家族形態として最も多い割合となっていることである。これは未婚や高齢者の単身世帯が増えたためであると考えられる。2点目は，「夫婦と子供」世帯が約半数を占めていたが，その割合は約4分の1となり，他方でひとり親家庭の割合は増加している。突出した世帯類型がないことから，家族の形態が固定化されなくなっているとも考えられ，いわゆる一般的な家族のあり方というものがなくなりつつあるといえるかもしれない。3点目は，2番目に多かった「3世代等」の割合が，

(3)　内閣府男女共同参画局「男女共同参画白書」令和4年度版，入手先〈https://www.gender.go.jp/about_danjo/whitepaper/r04/zentai/pdf/r04_print.pdf〉（参照2023-05-20）

表 6 - 1　家族形態の変化

昭和55（1980）年			令和 2 （2020）年		
	割合（%）	世帯数（千）		割合（%）	世帯数（千）
夫婦と子供	42.1	15,081	単独	38	21,151
3世代等	19.9	7,124	夫婦と子供	25	13,949
単独	19.8	7,105	夫婦のみ	20	11,159
夫婦のみ	12.5	4,460	ひとり親と子供	9	5,003
ひとり親と子供	5.7	2,053	3世代等	7.7	4,283

出所：内閣府（2022）『男女共同参画白書』「特 - 5 図 家族の姿の変化」より作成。

全体の 1 割に満たないほどに減少していることである。このことから，家族の形態は時代とともに小規模化し，さらに多様化しているということが読み取れる。

　時代とともに変化したのは，家族を取り巻く地域コミュニティも同様である。都市化の進行によって，都市部ではその土地に縁のない地方出身者が多く暮らし，近隣住民と顔見知りではないという人々も増えた。都市部の住宅不足を解消するために作られたのは，郊外における大規模なニュータウンであった。一方，若い世代が都市部へ流出したことによって，地方では人口減少と過疎化が進み，古くから形成されてきた地域コミュニティの機能は弱体化していった。

格差社会の到来と子育て世帯の孤立

　家族を取り巻く状況として，貧困や格差という現象も看過できない問題である。世界が大きく格差社会へと変容し始めたのは，1980年代以降であると言われている。第二次世界大戦後，アメリカやイギリスをはじめとする先進諸国では，長らくの間，年金制度や雇用制度などの手厚い社会保障によって国の安定をはかる福祉国家の方策が選択されてきた。しかしながら，1970年代のオイルショック以降，税収の激減や財政赤字が顕著となったことで，経済や雇用に対して積極的に介入する国家政策の在り方から一転して，規制緩和と民営化を二本柱とする新自由主義改革が台頭した。その政策下では，市場の競争原理のもと，一部の資本家が莫大な富と資産を手にする一方で，安定した生活を営んでいた労働者が，突如として貧困状態に陥るといった事態が引き起こされる。就業構造の流動化，大量失業や不安定雇用の拡大によって，社会経済的な二極化

が急速に進行していくことになったのである。[4] さらに1990年代以降には，脱工業化やグローバリーゼーションの進展も相まって，社会経済構造や労働市場に世界規模の変革がもたらされていく。新自由主義における競争は，一つの国にとどまらず，世界を対象としたものへとより一層激化した。

　そうした社会変動は日本においても例外ではない。第二次世界大戦後のGHQ による民主化政策の中で，旧生活保護法，児童福祉法，身体障害者福祉法といった「福祉三法」が制定され，諸外国に遅れをとりながらも，もれなく福祉国家の方策が選択された。社会保障のさらなる拡充が図られた1973年は，「福祉元年」と称されるほどにもなった。

　先述のとおり日本経済は急進を遂げ，1980年代前半は1人あたりの GDP が欧米を抜き，経済大国と呼ばれるまでになった。しかしながら，1985年の「プラザ合意」による円高不況によってその栄光に陰りが見え始め，1990年代初頭にはバブル経済が崩壊し，景気好調が続く時代は終焉を迎える。その後は諸外国と同様に新自由主義政策が展開され，一気に格差や貧困という問題が浮上するようになっていく。「失われた10年」とも呼ばれるように，大手企業の経営破綻や不況が相次ぎ，経済の長期停滞を余儀なくされた。日本は，豊かで平等な「総中流社会」から，先進国の中でも高い水準の格差社会へと変化していったのである。

　新自由主義によってもたらされた貧困や格差という問題は，社会ネットワークや社会参加の機会を奪うことから，社会的孤立や不利の連鎖と直結し，社会的排除のリスクも生じる。

　社会学者の橘木俊詔は，現代の日本社会について次のように指摘している。[5] 日本社会には従来，親族のメンバー間で形成される「血縁」，近隣の家同士で形成される「地縁」，企業等の組織に属する人で形成される「社縁」というものがあった。それらには，愛情深さや親密さ，相互扶助，仲間意識や連帯感といったそれぞれの特徴があった。しかしながら，それらの「縁」が薄れ，日本は「有縁社会」から「無縁社会」へと変容していった。

---

(4)　バラ，A.・ラペール，F. 著，福原宏幸・中村健吾監訳『グローバル化と社会的排除——貧困と社会問題への新しいアプローチ』昭和堂，2005年。

(5)　橘木俊詔『無縁社会の正体——血縁・地縁・社縁はいかに崩壊したか』PHP 研究所，2010年。

　社会から切り離された状態で子どもの養育をする子育て世帯が増加し，家庭教育や社会教育の機能は弱まり，福祉的な課題の複雑化が指摘されるようになった。最近では，企業のブラックな労働環境を指す「ワンオペレーション」を援用し，「ワンオペ育児」という言葉が世間で使用されている。頼れる親族や友人もおらず，限られた資源で子育てに従事する，そうした中でストレスや過度な負担を抱えている親が少なくないという状況になっていることが窺える。古くから日本社会や人々の暮らしを支えてきた重層的な共同体は希薄になり，現代は誰しもが社会的孤立の状態に陥る危険性のある社会になったと言っても過言ではないだろう。

2　家族を取り巻く問題の複雑化

子どもの貧困と不利の連鎖

　家族を取り巻く問題も複雑化している。先述のとおり，貧困や格差の深刻化が叫ばれて久しい日本社会であるが，家族の経済的困窮や生活基盤の脆弱さは，当然ながらその家族の一員である子どもにも直結する問題である。ここではまず，2000年代後半に日本で社会問題化した，子どもの貧困についてみていくことにしよう。

　従来，貧困とはどのような事象であると捉えられてきたのだろうか。社会政策に影響を与えたものとして歴史的に有名であるのは，1800年代末にイギリスのロンドンで行われたブース（Booth Charles James）と，ヨークで行われたラウントリー（Benjamin Seebohm Rowntree）による貧困調査である。この調査でラウントリーは，健康や労働力を維持するために必要な最小限度の生活水準に満たない生活，それがすなわち貧困であると提起している。この捉え方は，生命を維持できるか否かに焦点が当てられた絶対的貧困の概念とされ，従来の貧困概念の主流であった。

　それと一線を画するものとして登場したのが，イギリスの社会学者タウンゼント（Peter Townsend）による，相対的剥奪という概念である。タウンゼントは，その人が暮らす社会での慣習や社会的諸活動が剥奪されている状態を貧困として捉える方法を提唱した。このタウンゼントによる指摘によって，栄養充足などの消費水準に注目した絶対的な側面から，生活資源や生活様式に注目し

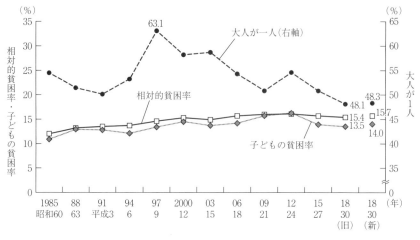

図6-1　貧困率の年次推移

注：1）1194（平成6）年の数値は，兵庫県を除いたものである。
　　2）2015（平成27）年の数値は，熊本県を除いたものである。
　　3）2018（平成30）年の「新基準」は，2015年に改定されたOECDの所得定義の新たな基準で，
　　　　従来の可処分所得から更に「自動車税・軽自動車税・自動車重量税」，「企業年金の掛金」及び
　　　　「仕送り額」を差し引いたものである。
　　4）貧困率は，OECDの作成基準に基づいて算出している。
　　5）大人とは18歳以上の者，子どもとは17歳以下の者をいい，現役世帯とは世帯主が18歳以上65歳
　　　　未満の世帯をいう。
　　6）等価可処分所得金額不詳の世帯員は除く。
出所：厚生労働省（2019）「国民生活基礎調査の概況」図13より引用。

た相対的な側面を強調するものへと，貧困概念は広がりをみせるようになった。[6]
現在，日本で問題視されている子どもの貧困とは，後者の相対的貧困を指して
いる。

　日本における子どもの貧困率はどのように推移してきたのだろうか。図
6-1を参照してもらいたい。子どもの貧困率は，2003年には13.7％，2006年
には14.2％，2009年には15.7％と右肩上がりに推移し，2012年には16.3％と過
去最高の値を記録している。現在，日本の子どもの7人に1人が相対的貧困の
状況にあるということがわかる。さらにひとり親家庭にいたっては，その約半
数が相対的貧困であるというとりわけ深刻な状況にあることも明らかになって
いる。

　特に注目しなければならないのは，2012年に子どもの貧困率が全体のそれを

(6)　志賀信夫『貧困概念の再検討』法律文化社，2016年。

上回る値となった点である。イギリスの貧困研究の第一人者であるリスター（Ruth Lister）によれば，子どもを持つ世帯は通常よりも追加費用がかさむ一方で，母親の就労機会の減少によって世帯収入が下がる傾向にあるため，子ども期は貧困に対してきわめて脆弱な時期である。実際に，ＥＵでは成人と比して子どもは貧困リスクが高いことが指摘されており，アメリカやイギリス，カナダ，イタリアにおいても子どもの貧困率が全体の貧困率を上回っているという。このように，子ども期の貧困は多くの先進国で高水準となっており，日本も例外ではない状況になっていることがわかる。

　貧困下で暮らす子どもの存在が可視化されたことで，2000年代後半には子どもを取り巻く社会的不利や困難を問題視する動きが広がり，子どもの貧困研究も盛んに行われるようになった。先行研究では，子どもの貧困は，物質的・経済的な欠如のみでなく，人とのつながりや参加の機会から疎外されるような関係的・社会的剥奪を伴っていること，さらには自尊感情や将来展望の力といった自己形成にも影響を及ぼしているということが指摘されている。[7] 家族の経済状況によって，子どもたちは本来与えられるべき物や経験，機会が制限されている。その不利や困難が累積していくことによって貧困が連鎖し，不平等は再生産され社会的排除にいたる，そうした問題が起きているのである。

児童虐待の深刻化と複合的課題

　子育て世帯の孤立やコミュニティの弱体化によって，児童虐待の問題も深刻化している。児童虐待という問題は，1980年代にアメリカで社会問題化し，日本では1990年代頃から人々の問題意識が高まってきたと言われている。まずは関連法規の内容を通して，児童虐待がどのように定義され，どのように対策されてきたのかについてみていくことにしよう。

　1994年，日本は児童の権利に関する条約に批准した。この第19条には，「あらゆる形態の身体的若しくは精神的な暴力，傷害若しくは虐待，放置若しくは怠慢な取扱い，不当な取扱い又は搾取（性的虐待を含む）からその児童を保護するためすべての適当な立法上，行政上，社会上及び教育上の措置をとる」と明記されており，日本において子ども虐待対応のシステムが整備される契機にな

----

(7)　阿部彩『子どもの貧困——日本の不平等を考える』岩波新書，2008年。

表6-2　「児童虐待の防止等に関する法律」における定義

第2条　保護者がその監護する児童（18歳に満たない者）について行う以下の行為をいう。
ア．児童の身体に外傷が生じる（または恐れのある）暴行を加えること イ．児童にわいせつな行為をすること・させること ウ．児童の心身の正常な発達を妨げるような著しい減食・長時間の放置・監護を著しく怠ること エ．児童に対する著しい暴言・拒絶的対応・配偶者暴力・心理的外傷

出所：「児童虐待の防止等に関する法律」（2000年）より作成。

ったといえる。2000年には，日本で初めて児童虐待対応の詳細を定めた「児童虐待の防止等に関する法律」が施行された。ここでは，「児童に対する虐待の禁止」が明文化されるとともに，国や地方公共団体の責務が法的に位置づけられるようになった。この法律における児童虐待の定義を表6-2に示したので参照してほしい。ア～エの項目は，上から順に，身体的虐待，性的虐待，ネグレクト，心理的虐待と呼ばれている。

　では，児童虐待はどれくらい発生しているのだろうか。児童相談所による児童虐待相談対応件数をみてみると，1990年代には1,000件台～2,000件台を推移していたが，2021年時点では20万件を超え，大幅な増加に至っていることがわかる。もちろん，この数値から児童虐待自体が増加の一途をたどっているとは一概に判断できない。保護者の面前DVが心理的虐待に含まれるようになったこと，社会的関心の高まりによる認知の増加，児童相談所の増設などが，数字に影響を与えていることが考えられるからである。しかしながら，児童虐待が日本において深刻な状況にあるということに変わりはない。また，心中を除く児童虐待によって年間約50名の子どもたちが命を落としていることも報告されており，事案の複雑さも指摘されているところである。

　さらに昨今では，本来大人が担うと想定されている家事，家族の世話や介護などを日常的におこなっている子どもを指す，ヤングケアラーという問題も注目されるようになっている。多忙な保護者に代わって買い物や料理，掃除や洗濯，きょうだいの世話や見守りをしている，家族の病気や精神疾患の問題に対応している，そうした子どもの存在が知られるようになり新たな社会問題となった。また，ひきこもりの状態である50代の子どもと，介護が必要な80代の親が社会的に孤立する，いわゆる「8050」問題も浮上した。これらの問題に共通しているのは，多世代にわたる複合的な課題が1つの家族に集約されているこ

と，そして支援が必要であるにも関わらず社会的に孤立し，困難を極めているということである。単独の機関や専門職のみでは解決できない問題が多くなっていることから，関係機関の切れ目のない重層的支援や多職種協働が求められているといえる。

3　貧困層の子どもと学校教育

学校教育に潜む排除性

　ここまで，新自由主義のもとで拡大した貧困や格差，社会的孤立という問題が取り沙汰される昨今の日本社会において，家族がどのような困難に直面しているのかについてみてきた。本節では，そのような家族のもとで育つ子どもの不利の連鎖と学校教育のあり方がどのように関係しているのかについて，排除と包摂という視点からみていきたい。

　そもそも学校教育とは，貧困，格差，不利の連鎖という問題を是正するような仕組みであるのだろうか。とりわけ教育社会学は，古くからこの問いに関心を寄せてきた学問領域であるといってよい。そして，研究者たちによって導かれた答えの多くは，不平等を是正するというよりもむしろ，再生産する仕組みであるというものであった。たとえば，アメリカの批判教育学者アップル（Michael W. Apple）は，学校のカリキュラム内容がそもそも政治的に中立ではないと指摘する。権力を持つ集団の知識を公的なものとして教えているため，経済的・文化的資本を持つ人々により効果的に作用し，労働者階級やマイノリティにとって不利に働く。それゆえに，教育は社会的分業の再生産を促すということを主張した。[8]

　フランスの社会学者ブルデュー（Pierre Bourdieu）は，文化に焦点を当てて学校教育における不平等の再生産について論じている。この「文化的再生産論」では，教育が社会的な選別の過程として存在しており，その選別の基準となる文化モデルは，特に支配的上層集団と親和性が高い。そのため，文化を通して再生産的な地位継承が行われるということを述べている。[9]

(8)　Apple 出版部著，門倉正美・宮崎充保・植村高久訳『学校幻想とカリキュラム』日本エディタースクール出版部，2004年。
(9)　宮島喬『増補新版文化的再生産の社会学　ブルデュー理論からの展開』藤原書店，2017年。

　一方，イギリスの教育社会学者ブラウン（Philippe Brown）は，どの程度の教育を受けてどの教育課程まで進むのか，そうした教育機会と教育達成の度合いは，その人自身の能力や努力だけでなく，親の社会経済的背景や文化的背景に左右されていると指摘したことで有名である。それは「ペアレントクラシー」と呼ばれ，現代はその傾向がより強まっているといわれている。教育システムは，どの家族のもとに生まれるかによって教育機会や教育達成が左右されるという特徴を持ち，イギリスやアメリカ，オーストラリア，ニュージーランドなどの資本主義社会で同様の傾向がみられると主張した。そしてこれは，日本においても例外でないとされる。欧米やヨーロッパ諸国では，こうした論理展開を筆頭に，学校教育とは社会を平等なものへと導くというよりは，社会構造や不平等を再生産するものであるという見方が主流となっていった。

　日本の学校教育においても同様の議論が展開されている。社会学の領域では，ブルデューの定義を基盤として，人々が持つ資本は経済的資本，文化資本，社会関係資本に分けられると考えられており，どの家族のもとに生まれるかによって，その資本の量が大きく異なるということが指摘されてきた。たとえば教育社会学者の志水宏吉は，子どもが持つ社会関係資本の質や量の差を「つながり格差」という言葉で表現し，その差が学力格差に影響を与えていることを明らかにした。家庭，地域，学校において，人とのつながりがどの程度あるかが子どもたちの学力を大きく左右する。そうして，社会関係資本が学力格差に影響を与えているということを示唆したのである。

学校教育の中で生じる排除の問題

　子どもの貧困問題が取り沙汰されている昨今では，教育システムのみでなく，貧困層の子どもの学校経験についても，排除と包摂という視点から捉えようとする研究が増えている。

　イギリスの社会学者テス・リッジ（Tess Ridge）は，貧困下で暮らす子どもと若者を対象にインタビューを行い，彼らの学校生活や家庭生活などの経験について調査した。そこでは，私服や書籍，遠足や修学旅行の参加に伴う費用の捻出が難しいといった，他の生徒との物質的・経験的差異を経験していること

---

(10)　志水宏吉『「つながり格差」が学力格差を生む』亜紀書房，2014年。
(11)　Ridge T. 著，渡辺雅男監訳『子どもの貧困と社会的排除』桜井書店，2010年。

が語られている。友人関係を維持するための物質的な資源を確保できないために，いじめや疎外という問題にも晒されている。一方で，彼らは逼迫した家計状況をよく理解しており，自身の欲求をおさえることで家族に貢献しようとしていた。こうしたことからリッジは，子ども期の貧困が経済面だけでなく人間関係に影響を与えており，学校にはその影響を拡大する排除の構造があるとした。そして，学校は貧困層の子どもたちに包摂的な社会環境を提供できていないという問題を指摘している。

　日本では，教育社会学者の林明子が，首都圏に住む生活保護世帯の高校生を対象とした質的研究を通して，学校生活と家庭生活の在り様や，進路選択の過程を明らかにしている。[12] 彼らの多くは，幼少期から高校入試時期までの間に，離婚や引っ越しなど家庭生活の変容を経験しており，その中で，養育の対象から家庭生活を維持する担い手へと，家庭内での役割にも変化が生じていた。一方，同時期に学校生活ではいじめや不登校，部活動の退部などを経験している。彼らは学校で不利な役回りを引き受け，周辺的な存在となっていく一方で，家庭生活では家事などの役割を見出していくことで自己肯定感を獲得し，家族への貢献に重点を置くようになる。進路を選択する頃には既に，学校よりも家庭を拠り所としていることから，家庭の意向に沿って限られた選択肢の中から進路選択を行っていくことが指摘されている。

　こうしたことからわかるのは，困難を抱える家族のもとで育つ子どもにとって，学校は居心地の良い場所となっているとは言い難いということである。周囲の子どもよりも相対的に物や経験が不足していることから，他の人とは違うという疎外感を抱いたり，仲間外れになるという恐怖心を高めたりしている。子どもたちは，そうした不利や困難を感じながらも，懸命に仲間に溶け込もうと努力するが，学校環境下ではそれがうまくいかないことが多い。子どもたちの気持ちは徐々に学校から離れていき，自身の家庭にその存在意義を見出していく。そして不登校となったり，進路形成について消極的になったりする，そうした経路をたどりやすいということが見えてくる。

　学校が排除の場となり，不利の連鎖に関係しているとすれば，そこに教師という存在やその行為はどのように関わっているのだろうか。教師は元来，保護

---

[12]　林明子『生活保護世帯の子どものライフストーリー——貧困の世代的再生産』勁草書房，2016年。

者の職業や社会経済的背景によって，子どもを差別してはいけないという価値規範のもとで働いている。偏見をもたないようにという思いから，教師はどの子どもにも等しく接するという平等主義的なスタンスをとることが多く，それがかえって，貧困層の子どもに対する特別な配慮へのためらいや障壁となることがある。

　たとえば，教育社会学者の盛満弥生は，教師へのインタビュー調査と半年間のフィールドワークを通して，貧困層の子どもたちの学校生活と，それに対する教師の意識や対応について調査している。そこでは，教師が「貧困は隠すべきものである」という意識を持っていたり，差異を見えないように働きかけたりする。子どもが示す特徴的な課題が貧困と関連づけて捉えられないことから，学校現場では子どもの貧困が不可視化される状況にあることを指摘している。

　学校の中で周縁化されるということは，早い段階で子どもが学校教育から離れてしまうということにもつながる。意図的か無意図的かは別として，学校に来ない，進学しないという選択をとることが生じやすくなる。家族の社会経済的背景によって，学校に行くための環境が整わない状態，それに伴って怠学や非行傾向を要因とする長期欠席が継続されている状態は「脱落型不登校」と呼ばれ，とりわけ中学校でその数が増加していることが指摘されている。

　以上のことから，貧困や格差といった困難を抱える家族のもとで育つ子どもにとって，学校教育は残念ながらその不利を食い止めるような仕組みにはなっていないという状況は明らかである。誤解がないように付け加えるが，これらの指摘は，教師が悪いというようにその存在や行為を否定しているものではない。専門職には，それぞれが持つ価値規範や役割意識，行動様式がある。困難を抱える家族のもとで暮らす子どもたちが，学校の中でサポートを受けて自身の居場所を見つけにくい現状があるとするならば，その要因はどこにあるのか。学校教育のシステム，学校文化や教師文化という観点から，その問題を考えてみてほしい。

---

(13)　保坂亨『学校を欠席する子どもたち——長期欠席・不登校から学校教育を考える』東京大学出版会，2000年。

4　学校教育に求められる包摂的な取り組み

包摂的な学校の実践とその特徴

　ここでは，困難を抱える家族のもとで暮らす子どもたちを排除しないような取り組み，すなわち包摂的な学校教育のあり方について検討していきたい。子どもたちにふりかかる不利の連鎖を食い止めようとしているのは，どのような学校なのだろうか。そして，その学校ではどのような実践が繰り広げられているのだろうか。本節では，「排除に抗する学校」，「ウェルビーイングを実現する学校」，「ケアする学校」を紹介する。[14]

　教育社会学者の西田芳正は，児童養護施設で暮らす子どもたちを支える学校の実践から，「排除に抗する学校」の特徴を見出している。[15]その特徴として，経済的な困難を抱える子どもの学力保障と将来の生活を見越した進路保障を徹底していること，子どもの生活と思いを聞き取り理解しようとする教師の根気強い関わり，偏見をなくすための人権学習と自分のことを話せる集団づくりが挙げられている。またそうした実践は，教師個々人レベルではなく，組織として恒常的に取り組まれているということが重要な点であると述べられている。

　一方，教育社会学者の髙田一宏は，あらゆる社会的背景を持つ生徒を学校に包摂する，セーフティネットとしての学校の存在を見出している。[16]調査対象となった学校は，同和地域を校区に有する歴史的文脈がある。低所得者の流入や地域コミュニティの弱体化という問題を抱えている学校であり，子どもたちの生活と学力は厳しい状況にあった。しかしその一方で，この中学校の不登校率は調査対象校中で最低水準であった。その要因は，学校が仲間や教師との信頼関係を育み，子どもたちの居場所となっている，すなわちセーフティネットとしての学校が形成されていたからであると考察されている。子どもの貧困対策に資するには，数量的に把握可能な学力保障のみでなく，子どもの生活を視野に入れた取り組みが必要であるとし，ウェルビーイングの追及という観点から

---

(14)　志水宏吉が提唱した「力のある学校」（2009）も重要であるが，第14章に記載されているため，そちらをご覧いただきたい。

(15)　西田芳正『排除する社会・排除に抗する学校』大阪大学出版会，2012年。

(16)　髙田一宏『ウェルビーイングを実現する学力保障——教育と福祉の橋渡しを考える』大阪大学出版会，2019年。

の学校づくりの必要性を指摘している。

　続いて，教育学者の柏木智子は「ケアする学校」を提唱している[17]。柏木は，アメリカの教育学者ノディングス（Nel Noddings）のケアリングの議論を参考に学校の実践を分析している。ケアする学校の諸要件として，①物質的・文化的剥奪を防ぐ，あってはならない差異を埋めるための異なる処遇を行っていること，②子どもの差異を尊重し，選択の自由を認める，あってもよい差異を認めるための異なる処遇を行っていること，③異なる処遇とそれによる人権保障に取り組む地域をモデルに，子どもたちの批判的思考とケアする能力を育むカリキュラムを行っていることを挙げている。この学校では，一斉体制・一斉主義の学校・学級規範を緩める取り組みがなされていたとし，差異を前提に異なる処遇を重視する「ケアする学校」が，子どもの貧困に抗する可能性があることを示唆した。

　これらの学校の特徴をみると，不利や格差を是正するためには学習指導を充実させるだけでは不十分であり，学校組織のあり方や教師間・教師生徒間の関係性，家庭や地域とのつながりなど，学校内外の環境調整が必要であり，学校組織文化や教師文化も大きく関わっているということがわかる。その上で，横並び一辺倒の教育ではなく，子どもの家庭背景を理解し，それに応じた対応を組織的に行っていくことが大切であるといえるだろう。

貧困対策や地域づくりの拠点としての学校

　子育て家庭の孤立や地域コミュニティの弱体化，その中で複雑化した貧困や格差などへの対策として，昨今は新たな制度や施策が次々と誕生している。そこでは，子どもとその家族に対する支援はさることながら，学校が担う新たな役割や方針も示されている。ここでは，現代の学校にはどのようなことが求められるようになっているのか，そして学校のあり方はどのように変容しようとしているのか，その一端をみていくことにしよう。

　まずは総合的な貧困対策の場としての学校である。2013年6月に「子どもの貧困対策の推進に関する法律」が成立し，2014年8月に「子どもの貧困対策に関する大綱」が閣議決定された。本大綱では，教育の支援，生活安定のための

---

(17)　柏木智子『子どもの貧困と「ケアする学校」づくり――カリキュラム・学習環境・地域との連携から考える』明石書店，2020年。

支援，保護者の就労支援，経済的支援といった4項目の重点施策が示されているが，教育の支援の一つに「学校を子供の貧困対策のプラットフォームと位置付けて総合的に対策を推進する」ということが提唱されている。困難を抱える子どもを見落とさないために，学校を基盤に他機関他職種が協働する仕組みとして，「学校プラットフォーム」という構想が生まれた。さらに，2019年11月に改訂された新たな大綱では，地域福祉との連携を生み出すことによって，子どもの支援体制を強化していく方針が打ち出されている。また，2018年の第3期教育振興基本計画には，「誰もが社会の担い手となるための学びのセーフティネットを構築する」という基本的方針があり，多様なニーズを持つ子ども等への教育機会の提供が掲げられ，学校を貧困対策のプラットフォームと位置付けるとともに，学校を窓口に福祉関係機関との連携強化をはかるということが書かれている。

　一方，学校は複雑化した子どもを取り巻く課題への対応を迫られる中，英語やICTなど新たな教育課題にも対応していかなければならない。構成員は教師が大半を占め，管理職以外は横並びの教諭のみでミドルリーダーは不在，そうした組織構造の課題を抱えていた。そうした学校のあり方を背景に，教師の多忙化という問題も取り沙汰されるようになった。そこで，学校組織の強化をはかり，心理や福祉等との他職種協働を前提とする「チームとしての学校」を推進しようとする動きがみられるようになった。学校は，すべての子どもが毎日通う場所であり，少なくとも小学校と中学校の9年間は，子どもたちと関わり見守り続けることができる。そのため，他機関よりもはるかに子どもの変化に気づきやすいという絶対的な長所がある。そうしたことから，現代の学校には，地域や他機関と協働を図りながら，子どもの貧困対策に資するような拠点となることが求められているといえる。また，教師だけでその役割を担うのではなく，他職種との協働が図られるように組織マネジメントの転換が行われようとしているのである。

　昨今の政策動向にみる学校の新たな役割は，貧困対策に留まらない。家族の多様化や地域コミュニティの弱体化によって揺らぎが生じていると言われる家庭教育や社会教育の機能であるが，学校─家庭─地域の協働によって，そのつ

---

(18)　山野則子『学校プラットフォーム──教育・福祉，そして地域の協働で子どもの貧困に立ち向かう』有斐閣，2018年。

ながりを担保していこうとする取り組みが進められている。その代表的なもの
は，「地域とともにある学校」を目指し，地域住民や保護者と協働して学校教
育を運営していくことを目的とするコミュニティ・スクールである。コミュニ
ティ・スクールは，地域住民が参画する学校運営協議会を学校に置き，地域の
ニーズを学校運営に反映させていく仕組みであり，それぞれの地域資源を活か
した「特色ある学校づくり」が目指される。さらに，子どもと大人がともに学
び合うことで生涯教育の機会を作ること，学校を核とした地域づくりを促進す
ることで地方創生へつなげること，そうした地域づくりにも資することが求め
られている。

　さらに，2017年３月には社会教育法が改正され，地域学校協働活動の推進も
図られるようになった。この活動では，地域住民，NPO団体，民間企業，社
会福祉関係機関，大学，社会教育施設など多様な機関が参画し，「緩やかなネ
ットワーク」を形成していくことが目指されている。「緩やか」というのは，
学校と地域のあらゆる組織が目標を共有してつながりつつ，活動に応じて協働
するメンバーが変化するということを意味している。それによって子どもたち
は，地域の多様な大人と接点を持ち，学校教育以外の場で多くの経験をするこ
とができる。また，子どもたちは大人との信頼関係を築きながら，主体的・社
会的な学びを得ることが期待されている。

　こうした新たな施策の動向から，現代の学校は地域や他職種協働の拠点とな
り，地域づくりの重要なアクターとなる役割が期待されていることが窺える。
学校─家庭─地域のつながりを改めて形成しながら，貧困や格差，社会的孤立
を防いでいく。そうした包摂的なまちづくりに学校の果たす役割は大きいと考
えられる。

　文献ガイド

テス・リッジ著，渡辺雅男監訳『子どもの貧困と社会的排除』桜井書店，2010
年。

　　本書は社会政策を専門とするイギリスの研究者によって書かれた本である。貧困下
　で暮らす子どもたちの語りに基づき，学校生活や友人関係，家庭環境など多岐にわた
　る経験が描き出されている。この著書を読むと，子ども期の貧困経験がどのくらい多

元的な影響を与え，そしてその経験がどのように社会的排除につながるのかということを理解することができる。また，貧困下で暮らす子どもたちにとって，学校はどのような場所であるべきなのか，教師はどのような存在であるべきなのか，改めて考え直すきっかけにもなる内容である。子どもの貧困について関心がある人には，ぜひ一度目を通してほしい著書である。

林明子『生活保護世帯の子どものライフストーリー――貧困の世代的再生産』
勁草書房，2016年。

　本書では，貧困世帯の子どもたちのライフストーリーに基づき，彼らがどのような学校生活や家庭生活を送っているのか，その詳細が描き出されている。そして，貧困世帯の子どもたちがどのように進路を選択しているのか，それがどのように世代を越えた貧困につながるのかといった，世代的再生産のプロセスが明らかにされている。子どもたちが家族との関係や居場所を守ろうと行動するがゆえに，低学力や低学歴へと至る。そうした，家族と教育の関係についても重要な示唆を与えてくれる一冊である。

第7章

性的マイノリティと教育

土肥いつき

1　性的マイノリティをめぐる教育の状況

　2010年4月，文部科学省（以下，文科省）は「児童生徒が抱える問題に対しての教育相談の徹底について」を各都道府県教育委員会をはじめとする関係機関に出した。さらに，2013年におこなった全国の小・中・高に対する悉皆調査の結果に基づいて，2015年に「性同一性障害に係る児童生徒に対するきめ細かな対応の実施等について」（以下，文科省2015年通知）を発出，さらに翌2016年4月には「性同一性障害や性的指向・性自認に係る，児童生徒に対するきめ細かな対応等の実施について（教職員向け）」（以下，文科省2016年通知）という研修資料を発行した。この背景には国による以下のような若者への施策の影響もあると考えられる。2009年に成立した「子ども・若者育成支援推進法」を受けて，2010年に「子ども・若者ビジョン」が作成され，この中の「困難を有する子ども・若者」のひとつに「性同一性障害等」が位置づけられた。また，2012年に閣議決定された「自殺総合対策大綱」では「自殺の要因となり得る分野」として「性的マイノリティ」があげられた。このように，現在，政府は性的マイノリティを支援すべき対象として捉えている。

　しかしながら，2017年に改訂された学習指導要領の中には性的マイノリティについての記述はない。文科省2015年通知にも「いじめや差別を許さない適切な生徒指導・人権教育等を推進すること」とあるように，一般論としてのいじめについての指導の必要性を述べるにとどまっている。また，文科省2016年通知のQ&Aにも「当事者団体から講話の申し出があった場合」は「発達段階を踏まえること」「学校全体の共通理解を図ること」「保護者の理解を得ること」「集団指導と個別指導を区別すること」としており，きわめて慎重な姿勢であることがうかがえる。

　一方，近年，LGBT，LGBTQ あるいは LGBTQ+ といった言葉が広く知ら

れるとともに，性は多様であるという認識も広まりつつある。このような中，もともと性教育に力を入れていた学校や，当事者が顕在化した学校などでは，性の多様性教育をおこなうケースが増えつつある。ただ，その特徴は「授業でいかに扱えるのか，知識をいかに伝えられるか，当事者の語りからどのように理解を促進できるかといった実質的な認知の側面」に重きが置かれ，「セクシュアル・マイノリティそのものの理解」にとどまっているという指摘がある。

　このように，現在，性的マイノリティの子どもたちをとりまく環境は，とてもではないがインクルーシブとは言えない状況にある。では，インクルーシブ教育の観点からは，性的マイノリティはどのようにとらえればよいのだろうか。それが本章の目的となるだろう。

2　性的マイノリティとは誰か

　現在，セクシュアリティを理解するために，性をいくつかの要素に分けて考える試みがなされている。このような考え方は，もともとは「非典型的とされるセクシュアリティ」のありようを説明する過程で生まれたものである。たとえば，解剖学的性に規範的な役割とは異なる役割を担うことが逸脱，あるいは宗教的な罪とされる社会においては，「性自認」という概念は不要である。それに対して，そのような人に「性転換症」（Transsexual）という疾病名を与える過程で「性自認」という概念が構築されたのである。現在はこのようにして構築された要素に新たな要素を加えて，病理とは異なる文脈でセクシュアリティの説明をおこなっている。Genderbread Person もそのひとつである。2023年現在インターネット上に公開されている ver.4では，「Gender Identity」（性に関する自己認識，以下「性自認」），「Gender Expression」（自らが表現し，他者が解釈する性，以下「社会的性」），「Anatomical Sex」（解剖学的な性，以下「身体的性」），「Sexually Attracted to」（性的欲望の対象，以下「性的指向」），「Romantically Attracted to」（恋愛の対象，以下「恋愛的指向」）の5つの要素について，

(1)　たとえば土肥いつき「性の多様性を学校でどのように教えるか」『小児保健研究』79(2)，2020年。
(2)　戸口太功耶・葛西真記子「性の多様性に関する教育実践の国際比較」『鳴門教育大学学校教育研究紀要』30，2016年。
(3)　たとえば康純「性同一性障害の概念について」『近畿大学臨床心理センター紀要』5，2012年。

図7-1　Genderbread Person v4.0
　出所：〈https://www.genderbread.org/
　resource/genderbread-person-v4-0〉
　（取得2023-03-03）

それぞれ女性度と男性度を選択することとなっている。さらにこれらに加えて6つ目の要素として「Sex Assigned at Birth」（以下，出生時に割り当てられた性）があり，これについては「Female/Intersex/Male」のチェックボックスとなっている（図7-1）。

　Genderbread Person を見ればわかるように，それぞれの要素のバリエーションは無限にある。しかしながら，その無限のバリエーションの中で，一般社会においては以下のものがその要素における「典型」とされている。

1）「身体的性」が明確にどちらかに分化していること。

2）「身体的性」「性自認」「社会的性」「出生時に割り当てられた性」が一致していること（シスジェンダー）。

3）「性自認」の反対の性別に対して「性的指向／恋愛的指向」が向いていること（異性愛者）。

4）「性的指向／恋愛的指向」がお互いに1人に対して向いていること（モノアモリー）。

　これらをすべて満たす人が，この社会における「性的マジョリティ」であり，その補集合にあたる人々が「性的マイノリティ」となる。したがって，そのパターンは多岐にわたり，それらすべてを本章で扱うことは不可能である。そこで本章では，筆者の専門であるトランスジェンダー生徒に焦点をあてて考察することにする。なお，本章では園児・児童・生徒の総称として生徒を用いる。

　性別違和のある状態は，かつては精神疾病とされていた。それに対して，脱病理を主張する当事者は，自らを「トランスジェンダー」と名づけた。筆者は脱病理の立場をとるので，必要のある場合を除き，「トランスジェンダー」を

用いる。

　トランスジェンダーの定義は時代によってさまざまに変化している。たとえば国連人権高等弁務官事務所（OHCHR）は，2019年に発表した『Born Free and Equal second edition』の中で以下のように定義している。

　　トランスあるいはトランスジェンダーは，トランスセクシュアルの人々，異性装をする人々，第3の性別を自認する人々，男女に二分されない自認を持つ人々，および外見と特徴が非典型的であり性自認が出生時に割り当てられた性別と異なる人々を含む，幅広い性別表現とアイデンティティを持つ人々を表現するために使用される包括的な用語である。トランスジェンダーの中には，手術を求めたり，ホルモン剤を服用したりして，自分の体を自分の性自認に合わせる人もいるが，そうでない人もいる。トランスジェンダーは，さまざまな性的指向や解剖学的特徴を持っている可能性がある。

「出生時に割り当てられた性別」とは，出生時に他者（主として医者）が新生児の外性器の形にもとづいて書類に記載する性別のことである。この性別は本人の意志とは無関係に割り当てられているにもかかわらず，多くの場合，それがその人の公的な性別となり，社会的に「その性別」として扱われることとなる。トランスジェンダーが社会生活において直面する困難は，性自認とは異なる身体的性を持つことよりも，それとは異なる性別に割り当てられたことに起因することが多いために，この語を用いている。かつては，性自認が女性であるトランスジェンダーを Male to Female（MTF），その逆を Female to Male（FTM）と呼んでいた。しかしながら，Female/Male は身体の性をあらわすこと，また「to」を用いることで「元男／元女」というニュアンスが生じることから，現在は性自認をあらわす Woman/Man を使って前者を「Trans Woman」（トランス女性），後者を「Trans Man」（トランス男性）と呼んでいる。

　次節では，トランスジェンダー生徒が経験する困難について述べることにする。

3　トランスジェンダー生徒が経験する困難

　トランスジェンダー生徒についての研究は，主として医療者の臨床経験にも
とづいておこなわれてきた。そこで用いられるデータは，診察室における性同
一性障害医療の一環としての苦悩の語りだった。しかしながら，苦悩の中身を
見ると，「ペニスを切り落としたい」などの身体的性への違和だけでなく「半
ズボンや学生服を着るのが嫌だった」といった社会的性への違和も述べられて
いる。また，文科省2015年通知の「性同一性障害に係る児童生徒に対する学校
における支援の事例」の項目も，その多くは学校自体がつくりだす「性別にも
とづく扱いの差異」にかかわるものである。

　そこで本節ではトランスジェンダー生徒が学校で経験する困難を明らかにす
るために，かつて筆者が行ったインタビューデータの一部を用いることにする。

表7-1　調査協力者のプロフィール

名前	セクシュアリティ	生年月	気づき	認識	共学別学・制服の有無
ススムさん	TM	1987.2.	7歳	14歳	女子校・あり
ユウキさん	TM	1989.1.	7歳	13歳	共学・あり
ユウヤさん	TM	1989.7.	5歳	17歳	女子クラス・あり
マコトさん	TW	1986.2.	11歳	24歳	共学・なし
ユイコさん	TW	1995.2.	6歳	16歳	共学・なし

以下，調査協力者の簡単なプロフィールを紹介する。なおTMはトランス男
性をTWはトランス女性をあらわす。「気づき」は性別違和に気づいた時期を，
「認識」はトランスジェンダーであることを認識した時期をあらわす。また，
共学別学・制服の有無」は高校時のものである。

　表7-1を見てわかるように，自らをトランスジェンダーと認識する年齢は
人によって大きく異なる。一方，全員がそれ以前に性別違和に気づいたエピ
ソードを語っている。たとえばTMのユウヤさんの以下のような語りがそれ
である。

(4)　中塚幹也「学校における性同一性障害の子どもへの支援法の確立にむけて」2011年度〜2012年度 挑戦的萌芽研究 23651263，2013年。
(5)　土肥いつき「トランスジェンダー生徒に対する学校の対応と当事者からの評価——トランスジェンダーの若者へのインタビュー調査を通して」京都教育大学大学院教育学研究科修士論文，2015年。

　　──どんなテレビとか見てたの？

　ユウヤさん：何とかレンジャー。で，保育園の頃に，カクレンジャーだった
　　かな？　がいて，将来忍者になりたかった hhh。1人で忍者修行してた覚
　　えがあります。

　　── hhh。忍者修行っていうと，何？

　ユウヤさん：とりあえず，のぼり棒に登るとか，うんていやるとか。朝から
　　やって，ごっこして。口の中切っちゃって，病院に運ばれたこともあります。

　「なんとかレンジャー」や「忍者修行」といった「女の子らしくない」エピ
ソードを語ることを通して，ユウヤさんは自らの性別違和についての説明をし
ている。しかしながら，この語りは性別違和そのものが困難だったというもの
ではない。では，困難の語りとはどんなものだろう。次に紹介するのは同じユ
ウヤさんが幼稚園の頃に感じた困難の語りである。

　　──服装はどんな感じだったんですか？

　ユウヤさん：服装は……与えられた物を着てたって感じで。ピアノをはじめ
　　て，保育園にエレクトーンが入ってきて，みんなそれが弾けて「いいなぁ」ってなってピアノをはじめて。そしたらピアノの発表会があって，そ
　　こで渡された服がスカートで，「それは嫌」って言って，大泣きした覚え
　　はあります。

　ユウヤさんの困難の語りは，性別違和があることではなく，スカートを渡さ
れたことへの拒否の経験として語られている。このような「困難の語り」を発
達段階ごとに紹介することにする。

就学前から小学校における困難の語り

　次に紹介するのは，TM のユウキさんによる幼稚園時代の発表会における語
りである。

　ユウキさん：あっ，発表会がありまして，けっこうなんかスパルタな幼稚園
　　で，発表会の稽古とかすっごい厳しくて。で，女の子の3つずつぐらいダ

ンス分けられるんですけど。男の踊り，男と女が交ざる踊り，女の踊りっていうのが３つ勝手に分けられて，自分が女の子の踊りのとこにいかされてて。まぁそれは別にどうでもよかったんですけど，発表会当日に化粧させられたんですよ。口紅とか塗られて。それがすっごい嫌やったですね。嫌ですね。

──他にそれ嫌がってる女の子っておったん？

ユウキさん：いや，なんかみんな，喜んでて，ヒャーみたいな。化粧や！みたいな感じやったと思います。自分が潔癖もあったんで特に嫌。なんか気持ち悪いなぁ。それがなんか女やからとかはちょっとよくわかんなかったし，（筆者補足：髪の毛を）ふたつくくりにされるんが，とにかくなんか嫌でした。

　ユウキさんは，周囲の女の子が化粧を喜んでいるにもかかわらず，自分は「口紅とか塗られ」たことへの拒否感を語ることを通して，その時に感じた困難を語っている。

　しかしながら，就学前から小学校低学年における「困難の語り」は，５人の調査協力者の中では，このユウキさんの語り以外ほとんどない。実は「困難の語り」が増えるのは小学校高学年以降である。TM のススムさんは小学校低学年と高学年の違いについて，次のように語っている。

ススムさん：そうそう，だってランドセルで６年間赤いの背負ってましたけど，何ていうのかな，それが特にどうやっていうのは。ちょっと意識しはじめたのは，その，４年以降，小学校５，６年の頃に，なんかいろいろ分かれてるっていうのを，こう見るようになったんですよね。そこまでは全然意識してなかったんですよ，何も，ほんとに。

　では，なぜこのように男女が分かれていくのだろうか。次に紹介するのは TW のマコトさんによる初経教育についての語りである。

──で，えっと。性教育とかありました？

マコトさん：ありましたよ。小学校４年か５年くらいの時に。たぶんわたし

その時，知識，『科学と学習』という本があって，あそこに学校教育より
一足早く載るんです，そういう話題が。それ読んでいて，女の子側の性教
育を読んで，「うんうん」っていうか，何なんやろな。あの感情何なのか
よくわからないけれど，何だろうな。すごい興味を持ったっていうのがあ
って。性教育が実際行われる番になって，うちの学校，男子と女子分けて，
女子は視聴覚室行って。ああいうのを見るのかなって何となく予想できて
いたし，だからその時になってすっごい苦しかった。なんかね，分けて，
わたしもあっちに行きたかったって気持ちはすごい強かったんです。なぜ
かね。子どもを産めるっていう事実について。だから逆に言うと，わたし
が産めないっていうことについて，そこですごい傷ついたのは覚えていま
すね。

　マコトさんの学校では，初経教育は男女を分けて学習をおこなった。その際，
マコトさんは「あっちに行きたかった」としている。さらに，女子の側に行け
なかったことは，マコトさんに「産めない身体」であることを自覚させること
となったという。男女に分けるのは性教育だけではない。次に紹介するのは
TW のユイコさんによる小学校高学年の語りである。

　ユイコさん：４年生の頃になった時に，やっぱ，学校とかで男女の区分けっ
　　ていうのができてくるんですよ，ちょっとずつ。体育の，まず。体育は一
　　緒でしたけど，着替えが別になりましたかね，たぶん。プールももちろん
　　着替え別になりましたし，なんかそんなんで，徐々に男女の違いみたいな
　　のが出てきて，クラスもだからやっぱ異性っていうのを意識しだすんです，
　　その頃になってきたら。５・６年生に入るんですけど。友だちが女の子ば
　　かりなのは変わらないんですけど，男子からの風あたりがこの頃から異様
　　に強くなりはじめるんですよ。５・６年のあたりから。からかわれること
　　がめちゃ頻繁になってきて，ま，当時メッチャ太ってたっていうのもある
　　んですけど hhhhh。

　ユイコさんの学校では，体育は一緒だったが，着替えが別になったという。
また，男女の違いが出てくるとともに，異性を意識するようになったという。

このような中，ユイコさんの友人は女の子ばかりであり，それに対して男子からの風あたりが強くなったという。ユイコさんの語りが示しているのは，学校が男女に分けるだけでなく，生徒たち自身も男女に分かれていく姿である。ユイコさんに対する男子による風あたりの強さとは，本来男子と友だちになるべきユイコさんが女子のみと友だちであるということへの「逸脱の指摘」であると言えよう。

　このように小学校高学年になると，学校が男女を分ける場面が多くなる。「困難の語り」が増える背景にはそのような状況があると考えられる。

中学校における困難の語り

　ユイコさん：あの，中学校の話をする前に，わたしはあの，人生の中であの
　　3年間をすごく恨んでいます。
　　──恨んでいるんや，ほうほうほう。
　ユイコさん：もう，なくていいと思っています。

　──うん，ほなまぁ中学校行きましょうか。
　ススムさん：中学校，暗黒の中学校，hhhhh。
　　──暗黒の中学校？
　ススムさん：暗黒やねー。

　中学校時代は困難の経験がもっとも多く語られた時期である。いずれの調査協力者も，最初に語るのは制服についてである。

　　──詰め襟着てた？
　ユイコさん：学ランですね。で，うちも中学を，中学に入るってなって，すごい衝撃を受けたんですよ。今まで，小学校は私服やったんで，ずっと半ズボン着てたんですよ，うちも。で，好きな服，レディースではないですけど，半ズボンで。でまあこんな，こんなとまではいかないんですけど，普通に服着て，外から見れば女の子。髪も長かったんで，間違われるかなみたいな感じやったんですけど，中学校に入ったら学ランじゃないですか。

で，びっくりして。嫌で。すごいすごい。

　小学校時代は女の子と間違えられるような姿をしていたユイコさんは，明らかに男子とわかる服装を強いられることとなった。TMのススムさんも同様の語りをしている。

　ススムさん：なんかさー，入学する前から制服をこう，試着したりだとか，あのまぁサイズ測ってつくって，「なんでこんなん着なあかんのや，窮屈な」って思って。で，まぁ入学式の写真も，なんかぶすーっとしてるんですよ。(中略) で，中学校の入学式の時も，なんかもうほんまに嫌やって，みんなはこう，うれしそうにしてるんですよ，他の女子たちとか。

　まわりの女子たちがうれしそうに女子制服を着る中，ススムさんはその制服に拒否感を感じていたという。
　では，制服がもたらす困難は，このような「外見」にとどまるのであろうか。次に紹介するのは制服がもたらすもうひとつの困難についてのユイコさんの語りである。なお，この語りは先ほどの語りに続くものである。

　──でも嫌でって，わかってたやろ？
　ユイコさん：わかっていたんですけど，いざ着てみるとなると，えーってなって。しかも学ランとか制服で分かれると，一気に男女ってなるんですよ。中学から。小学校のときに仲良かった女友だちも，ちょっと疎遠になっちゃって。

　ススムさんにも同様の語りがある。

　ススムさん：その何て言うのかな，入学して早々，その制服の同じもの同士で分かれてしまうようなあの雰囲気がどんどんどんどん強くなっていって。
　──えっと公立の中学校？
　ススムさん：公立の中学校。共学。うん。中学までは共学校なんですけど，もう，何て言うのかな，逆にこう，上履きとかそういう物の色は男女共通

になってきたんですけど，もうほんとに，制服の同じもの同士の行動になってきて，それがほんとにね，小学校と違いすぎて，なかなか飲み込めないというか。なんやろー，しんどかったっていうのかな，なんか息苦しかったですね。

　ユイコさんもススムさんも，生徒たちは制服によって男女に分かれたと語っている。では，同じ集団であっても制服を着ていない場面ではどうだろうか。次に紹介するのはユイコさんによる中学３年生の時の語りである。

　ユイコさん：うちね，小学校からの友だちがひとり，女の友だち，今も友だちなんですけど，なんかその子についていったら，その子の友だちが友だちみたいになって。学校の外で会うとそこまで男女って，学校ほど意識しなくて男女楽しく遊んだのに，学校じゃうーんって，みたいになるときあって。だからほんとなんか特別な変な空間でしたね。
　　──あ，そうか，なるほど。外では私服やから，
　ユイコさん：そうなんです。
　　──普通にいけた。
　ユイコさん：遊ぶときも世間で言われているほど男女差って，うちが特にそうなんか，なくて。しゃべる内容とかも人それぞれじゃないですか，それが相手とあったらあうわけで。だからほんま，外で会ったら楽しくできるのに，学校で会ったらしゃべりかけづらい。

　小学校では，初経教育や更衣といった時間的に限られた場面で男女を分けていた。しかしながら，中学校における制服は，学校生活のすべての場面で男女を分ける。そして生徒たちは制服を基準に男女の集団をつくっていくことが，ふたりの語りによって示されている。
　さらに，制服によって顕在化させられた性別は，個人の行動をも規定するようになる。次に紹介するのは「自分自身をどう呼ぶか」についてのユイコさんの語りである。

　ユイコさん：自分のこと「オレ」って，どんだけがんばってもやっぱ言えな

いとか。むっちゃがんばったんですよ，私も。「オレォレォレォレォレ
オレ」言うて。もう，どんどんね，中学入ったら，あの，小学校の時に自分
のこと，自分の名前で呼んでた男子も呼ばなくなってきて，「オレ」とか
言い出すようになってきて。私もう，どうしようって思って。「あ，あと，
あの子だけやん，自分のこと自分の名前で呼んでんの」って言って。「自
分も早く『オレ』って言わなって」って。それまではあの，自分の名前で
呼んでたんです，私。でもそれ変やから。男として，男的には変やから，
早く私も「オレ」って言えるようにならんといかんって，もう，むっちゃ
がんばって。ほんまにどうしても「オレ」言えなくて。ちゃうんですよ，
なんかもう，「オオオオレ」て，「オオオ」みたいな hhhhhhh。

　まわりの男子は「オレ」という一人称を使うようになっていったという。一
方，制服によって「男子」に割り当てられていたにもかかわらず，ユイコさん
は「オレ」が使えなかったという。そのような自分は「男的に変」であると考
えたユイコさんは，「むっちゃがんばって」「オレ」と言おうと努力したという。
このように，まわりの生徒の振る舞いが出生時に割り当てられた性別に規範的
とされるものへと変化するなかで，ユイコさんもそれを自らに課すことが，ユ
イコさん自身に困難をもたらしたと言えよう。
　一方，制服のない共学校に通学していた TW のマコトさんは中学校時代を
振り返って，以下のように語っている。

　　──学校の制度みたいなものは，その，分けてくる感じやったんですかねえ。
　マコトさん：学校の制度，制度。あんまり。
　　──体育の授業はもちろん分かれますよね。
　マコトさん：体育の授業は分かれる。健康診断も分かれるのは，それはそれ
　　で，体も違うからしかたないんだけど，あとは分けられたことないですね。
　　基本的には男女一緒で，授業もクラスで分けられているくらいで，選択授
　　業とかは。男女ではなく。
　　──文化祭のとりくみとかは？
　マコトさん：文化祭も基本的に自由だから，「自分で行きたいところ行きな
　　さい」っていって，男子ばっかりのところに女子がポンって入っているこ

ともあるし，逆に女子ばかりのところに男子が入っていることは高校時代
のわたしはもう馴染んでいたから，それが当たり前やと思っていたんです
けど。後輩で男の子がポンって入ってきたこともありますね。だから分け
るっていうのはなかったです。学校の仕組みとして必要なところ以外は分
けない。完全に自由。

──学校の制度に対するストレスみたいのはなかった？

　マコトさん：わたしは感じなかったですね。だからその自分でできる，さっ
　　き言ったみたいな，修学旅行とかスキー行事とかあったんですけど，そう
　　いう時の対処の方法も自分でどうにかして対処するって感じやったし。バ
　　スの座席も完全に自由やったから女子の隣りに行ってもよかったんですけ
　　ど，その時は仲良かった男の子の隣りやったんかな。

　このようにマコトさんの学校は制服以外にも「学校の仕組みとして必要なと
ころ以外は分けな」かった。そのことは，生徒たち自身が男女で分かれる場面
が少なくなることにもつながっていた。このような中，マコトさんは，ほとん
ど困難を感じなかったという。

高校における困難の語り

　調査協力者たちの多くが中学から高校時代に自らがトランスジェンダーであ
ることを認識した。それにともなって，性自認にしたがった学校生活を送れる
ように周囲に働きかけ，たとえば制服や呼称などに代表される「性別にもとづ
く扱い」の変更を実現する人もいた。したがって，高校時代のエピソードの中
にある「困難の語り」は，中学時代のそれよりも相対的に少ない。さらに，高
校は受験による振り分けはあるものの，選択の余地は残されている。たとえば，
中学校時代に制服についての困難を語ったユイコさんは制服のない共学校に進
学し「服装も，よりユニセックスになって，ほぼ女子に間違われるくらいの感
じ」で登校することが可能だった。このような TW のユイコさんの語りを紹
介しよう。

　ユイコ：高校の生活は，もう，かわいい男子の一線を越えないように。
　　──ふぅーん，ふん。

ユイコ：そうそう，あくまで，かわいい男子，女の子に見える。だから「男
　　の娘」っていうんですかね，今風にいうとね。だからそういう一線を越え
　　ないようにっていうので，まぁそこはまわり，まわりとの感じ？　どこか
　　らが，越えていい線なのか，みたいな，探りつつ。
　　──はあ，それは，具体的には？
ユイコ：たとえば……，やっぱり，男が好きっていうのは明かさないし。そ
　　ういう，なんかね，かわいい男子っていうのを，やりすぎても，ちょっと
　　気持ち悪くなるし，でも，やりたいしっていうのもあるし……。

　制服が存在しないならどのような服装をしてもいいというわけではない。ま
わりから「男子」と認識されていたユイコさんは，あくまでも「かわいい男子
の一線を越えない」ようにしていた。さらに，性自認が女性であるユイコさん
にとって「男が好き」であることは異性愛となる。しかしながら，トランス女
性であることをカミングアウトしていない状態では，まわりからは同性愛とみ
なされる。そのようにみなされることを避けるためには，男が好きであること
を明かすわけにはいかなかったのである。
　このように，トランスジェンダー生徒は学校生活の中でさまざまな困難を感
じている。次節では，このようなトランスジェンダー生徒が経験する困難がな
にによってもたらされるのかを明らかにする。

4　学校の中の性別分化とトランスジェンダー生徒のジェンダー葛藤

　前節で明らかになったのは，トランスジェンダー生徒は，発達段階によって
内容は異なりながらも学校生活の中でさまざまな困難を経験するということだ
った。しかしながら，多くの教員はトランスジェンダー生徒に意図的に困難を
与えようとしているわけでは，もちろんない。逆に，トランスジェンダー生徒
の困難を知った時に，その解消を目指そうとすらすることもある。しかしなが
ら，その時，学校の「常識」が壁となってしまうことがある。そこで本節では，
「ジェンダーと教育」研究の知見を用いて，トランスジェンダー生徒に困難を
もたらす背景について考えることにする。「ジェンダーと教育」研究について
は，教育社会学の領域に豊富な研究の蓄積がある。なかでも木村涼子は「学校

教育にはジェンダーおよび不平等なジェンダー・リレイションを再生産する機能がある」とした上で，以下のように述べている。

　　現代日本の学校教育をジェンダーの観点から学校段階ごとに概観すると，次のような流れに整理することができる。まず，幼児教育段階ではカテゴライズによる性別分離の基礎が築かれ，小学校では幼児教育段階の性別カテゴリーを引き継ぎつつも，男女均質化の原則が強く支配する。しかし，中学校に進学する段階で，性別の差異を強調する文化が思春期という子どもの発達段階ともあいまって展開される。高校段階では，中学校において生じた性別分化のプロセスが学校・学科選択によって本格的に展開し，さらに卒業時点での高等教育機関への進学の有無と進学先の選択によって，最終的な性別分化が完成する。[6]

　このように，学校という制度は，教職員が意識するか否かは別として，保育園・幼稚園からはじまり高校に至るまで，さまざまなしくみを用いて子どもたちを2つの性別に分ける機能，つまり性別分化を担っている。そしてこの性別分化が果たす役割のうちのひとつに，すべての生徒に対して「それぞれの性別において規範的とされる振る舞いをすべきである」という水路づけがあると言えよう。トランスジェンダー生徒が経験する困難は，このような性別分化と自らの性自認の間で抱えさせられる葛藤，すなわち「ジェンダー葛藤」[7]と考えることができる。

　前節で述べた「困難の語り」を「ジェンダー葛藤」の観点で述べると以下のようになる。

　ユウキさんによる幼稚園における化粧のエピソードは，まさに「カテゴライズによる性別分離の基礎」であると言えよう。なお，ユウヤさんのピアノの発表会におけるエピソードに見られるように，幼児教育段階における性別分離は，幼稚園・保育園だけでなく，保護者も担っている。しかしながら，小学校低学年までは「幼児教育段階の性別カテゴリーを引き継ぎつつも，男女均質化の原

---

(6)　木村涼子『学校文化とジェンダー』勁草書房，1999年。
(7)　土肥いつき「トランスジェンダー生徒の学校経験──学校の中の性別分化とジェンダー葛藤」『教育社会学研究』97，2015年。

則が強く支配」するために，ジェンダー葛藤はそれほど強くない。

　一方，ススムさんが「4年以降，小学校5，6年の頃に，なんかいろいろ分かれ」と語っているように，同じ小学校であっても，高学年になると性別分離が明確化しはじめる。高学年は女子の多くが一足早く第2次性徴を迎える時期である。マコトさんの初経教育についての語りや，ユイコさんによる更衣室の語りは，2次性徴を理由とした分離の開始を示している。次に紹介する TW のユイコさんの語りは，小学校高学年における男子更衣室での経験である。

　　ユイコさん：やっぱ，更衣室の中の男子の空間とかあるじゃないじゃないですか。ああいうときに困るんですよ，やっぱ私みたいな女子側にいる人間は。
　　──どんな感じやったん？　その，更衣室の中の男子って。
　　ユイコさん：なんか……なんやろ……，私，その当時から「なにがおもしろいの，こいつら」って思ってたんですけど。たとえば近藤先生がいたら，その先生にコンドームってあだ名つけて，みんなで，なんか「コンドームぅ」みたいな歌，歌い出したりとか。なんかその，みんなで共有してる，この，笑いとかギャグとかそういう男子の文脈みたいなものに全然ほんとになじめなくて。

　ユイコさんは男子更衣室には「男子の文脈」があり，自分はなじめなかったとしている。なぜなら，ユイコさんは女子更衣室には入れなかったものの「女子側」にいたため，男子更衣室で共有される笑いやギャグは女子更衣室における「女子の文脈」とは異なることが想像できたからである。このように，男女で隔絶された場ができることにより，それぞれの性別カテゴリー特有の「文脈」がつくられるからこそ，生徒たちは自ら「4年以降，小学校5，6年の頃に，なんかいろいろ分かれ」ていくのである。このような中，トランスジェンダー生徒は自分が所属したい性別カテゴリーの集団への帰属を阻害されるようになり，ジェンダー葛藤を強めていく。

　中学校における語りでは，「制服」をはじめ，ありとあらゆるところに「性別の差異を強調する文化」があらわれる。このように性別の差異を強調するからこそ，生徒たちはそれぞれの性別に規範的とされる振る舞いを積極的にとる

ようになる。たとえば，ユイコさんは「オレ」という自称を用いることを誰から強制されることもなかった。にもかかわらず「オレ」を使わなければならないと感じていたのは，周囲の男子生徒たちが自らの選択として「オレ」を用いていたからである。このようにして，それぞれの性別に規範的とされる振る舞いを持つもの同士が「同質の集団」をつくるからこそ，中学校では男女の集団に分かれていくのである。高校における困難として紹介したユイコさんによる語りは，同性愛者に見られることを避けることだった。先に見たように，ユイコさんは男子集団にいることを選択した。男子集団の「同質性」の中には「女子に性的指向／恋愛的指向が向いていること」があることを，ユイコさんは日常会話の中で学んでいた。だからこそ，同性愛者と見られると「異質」となり，男子集団にはいられなくなると考えたのである。このようにして，学校の性別分化の過程で，トランスジェンダー生徒は性自認とは異なる性別に規範的とされる振る舞いをとらなければならない，あるいは自らの性自認に規範的とされる振る舞いを隠さなければならないという形で，ジェンダー葛藤を強めていくのである。

5　学校における性別カテゴリーと性的マイノリティ

では，学校における性別カテゴリーとはどのようなものなのだろうか。第2節でも見たように，人間の身体は決して二分されるものではない。そのような身体を二分することそのものが，実はきわめて社会的な行為なはずである。[8]

学校の中では，それぞれの場面に応じてさまざまなカテゴリーを用いながら教育が進められている。宮崎あゆみはそれらを能力別カテゴリー，性別カテゴリー，ランダムカテゴリーの3つに分類した。その上で，小学校における参与観察の結果，教員は性別カテゴリーを差別的な意図とは無関係に，操作的に多用していると指摘した。そしてその理由を，生徒が利用可能な知識として性別カテゴリーを備えていることと，教員もまた性別カテゴリーを「自然」なもの

(8) バトラー，J.著，竹村和子訳『ジェンダートラブル　フェミニズムとアイデンティティの撹乱』青土社，1999年。
(9) 宮崎あゆみ「学校における『性役割の社会化』再考——教師による性別カテゴリー使用をてがかりとして」『教育社会学研究』48，1991年。

としてとらえているからであるとした。生徒たちを，性別カテゴリーを用いて⁽⁹⁾分類するということは，とりもなおさず学校においては，女子と男子は「異なるもの」と認識されているということである。そしてその差異を自然なものとして捉えている背景にあるのは，先に見た木村が「思春期という子どもの発達段階」としているように，初等教育から中等教育の時期が思春期や第2次性徴の時期と一致しているところにある。このように男女の差異を自然なものとして捉えているからこそ，あくまでも男女は平等としながらも，制服などの違いはあっていいものとされている。そして，第3節で見たさまざまな「性別にもとづく扱いの差異」を行なうことによって，学校内において二分法的な性別カテゴリーを構築し続けるとともに，生徒たちをそれぞれの性別カテゴリーに二分し続けているのである。このようにして，「性別にもとづく扱いの差異」は「かくれたカリキュラム」として，ジェンダー格差のみならず，性別二元制や異性愛規範をつくりだす。トランスジェンダー生徒のジェンダー葛藤は，その「かくれたカリキュラム」を顕在化させるものなのである。

　冒頭にも述べたように，現在の日本においては，性的マイノリティは「支援」や「理解」の対象となっているが，そこでは性的マイノリティに困難をもたらす性別二元制や異性愛規範といった既存の枠組みは問われていない。しかしながら，このような既存の枠組みを問わずに行われる「支援」や「理解」は，多様な性的マイノリティの一部の困難を解消したとしても，他の性的マイノリティを置き去りにしたり，かえって困難な位置に置く可能性さえはらんでいたりするだろう。したがって，性的マイノリティの生徒たちを包摂する学校をつくるためには，性別二元制や異性愛規範といった既存の枠組みそのものを疑うところからはじめる必要があるだろう。

文献ガイド

木村涼子『学校文化とジェンダー』勁草書房，1999年。

　　学校はメリトクラティックな場であり，そこでは男女は平等であると考えられている。しかしながら，学校の中にはさまざまな「かくれたカリキュラム」を通して性差別を再生産する装置が存在している。本書はそのしくみを，教室における参与観察や少女小説などのメディアの分析を通して明らかにしている。本章でも本書を「学校の

中のジェンダーの見取り図」として用いたように，筆者が「ジェンダーと教育」研究
で出会った本のうちもっとも影響を受けたものである。

ジュディス・バトラー著，竹村和子訳『ジェンダートラブル　フェミニズムと
アイデンティティの撹乱』青土社，1999年。

　　セックス（身体的性）にジェンダー（社会的性）が割り振られると考えられてきた
それまでの「常識」に対して，バトラーは，異性愛規範のもと反復するジェンダーの
パフォーマティビティによってセックスはつくられていくとし，二分的なセックスそ
のものが社会的に構築されることを明らかにした。本書はその後のジェンダー・セク
シュアリティ研究に大きな影響を与えた。もちろん本章の内容に関しても，その下敷
きに本書があると言える。

セクシュアルマイノリティ教職員ネットワーク編『セクシュアルマイノリティ
第3版』明石書店，2012年。

　　2003年当時，性的マイノリティ全体を網羅した本はなかった。このような中，本書
は当事者教職員の集まりである「セクシュアルマイノリティ教職員ネットワーク」の
メンバーが，性的マイノリティについての教科書をつくることを意図して執筆・編集
したものである。その後2度の改訂を加えて第3版が2012年に出版された。性的マイ
ノリティについての情報がめまぐるしく変化する中，用語などには少し古さを感じる
かもしれないが，そこで議論されている内容は今も色あせず，普遍的なテーマを提起
している。

第8章
不登校と多様な教育機会

伊 藤 秀 樹

1　不登校の社会モデル

　　最も辛かった時期の生活は，何事にも絶望的で，何もやる気がおきない状
　態でした。起きている時は「なんで自分は学校に行けないんだ」とか「こん
　な自分は人生終わりだ」とかそんなふうに考えて，自分を責めてしまう。悩
　むか眠るかのどちらか，という何もしていない（できない）期間が続きまし
　た。[(1)]

　インターネットでは，このような不登校経験者の発言を他にも目にすること
がある。上の語りにもあるように，不登校はその本人に，絶望感や無気力感，
自責の念を抱かせたり，さらには「人生終わり」という，社会から永遠に排除
されるような感覚をもたらしたりする。

　そうした感覚は，かつての不登校経験者が実際に直面させられてきた排除が
もとになっているかもしれない。2000年代以降，不登校には進路選択上の不利
益や社会的自立へのリスクといった「進路形成の問題」があることが指摘され
てきた。[(2)]不登校には，内申点の問題で行きたい高校を受験できない，学力を伸
ばす機会が十分に得られない，不登校を否定的に捉える人々のせいで人間関係
がしんどくなるなど，思い通りの人生を歩めなくするような制度的な排除や日
常的な排除がついて回ることがある。

　しかしこうした排除は，決して不登校になった本人の自己責任として片付け
てよい問題ではない。なぜなら，不登校も排除も多くの場合，本人の努力だけ

---

(1)　村山大樹「『いっぱい悩んでいいんだよ』不登校を経た研究者がいま伝えたいこと」，eboard，
　　入手先〈https://info.eboard.jp/e-magazine/20221115.html〉（参照2023-03-21）
(2)　森田洋司編『不登校―その後――不登校経験者が語る心理と行動の軌跡』教育開発研究所，
　　2003年。

では回避できないようなきっかけや背景によって生じているためである。

　第1章などでは，障害を身体機能の欠損（impairment）として捉え，障害の責任を個人の身体に帰す「障害の医学モデル」に対抗する視点として，障害とは社会によってつくられた障壁（disability）であり，それを取り除くのは当事者ではなく社会の責務であるとする「障害の社会モデル」の視点を取り上げた。不登校によって当事者にもたらされる苦しみや排除に対しても，それらが社会によってつくられた困難であり，取り除くのは社会の責務だという視点，いわば「不登校の社会モデル」を採用していくべきである。

　現在は，不登校の子どもの進路形成の問題やそれをもたらす制度的排除をできる限り取り除こうとする，不登校の社会モデルに沿った社会の側の取り組みも進められてきている。不登校の子どもの増加に伴い，義務教育段階においても高等学校段階においても，今まで通っていた学校・学級に足を運びにくい子どもの気持ちをふまえて，不登校の子どもが通いやすい環境を整えた学びの場が数多く設立されてきた。不登校の子どもに対しては，「普通学級でともに学ぶ機会を保障する」ということよりも，「本人に適した多様な学びの機会を保障する」という形で，インクルーシブな教育が目指されてきたといえる。こうした変化は，不登校の子どもがさまざまな学習経験や人生経験，学歴・資格などを獲得し，納得のいく進路を歩むことを支えてきたはずである。

　しかし，不登校の子どもや不登校経験者が直面しうる困難が多岐にわたることを考えると，そうした取り組みだけでは不十分である。この章の最後では，不登校の社会モデルの視点に基づきながら，今後どのような困難を取り除いていく必要があるのかについても考えていく。

2　不登校の現在

不登校の定義と出現率

　まず基本的な情報として，文部科学省による不登校の定義と，その出現率について確認しておきたい。

　文部科学省では，不登校を「何らかの心理的，情緒的，身体的，あるいは社会的要因・背景により，児童生徒が登校しないあるいはしたくともできない状況にある者（ただし，『病気』や『経済的理由』，『新型コロナウイルスの感染回避』に

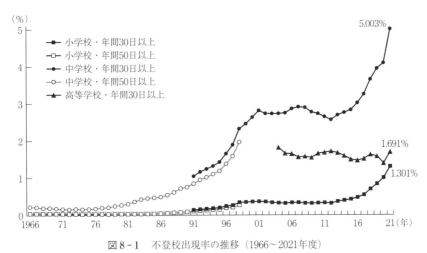

図8-1　不登校出現率の推移（1966～2021年度）
出所：文部科学省『児童生徒の問題行動・不登校等生徒指導上の諸課題に関する調査』をもとに筆者作成。

よる者を除く）」と定義している。上記の理由で年度内に30日以上登校しなかった児童生徒を「不登校」とみなしているが，小学校・中学校・高等学校における不登校の出現率の推移を示したものが図8-1である。

　不登校の児童生徒の出現率は1990年代に上昇し，2000年代には横ばいになったが，小・中学校では2010年代後半から再び急上昇を続けている。2021年度の値をみると，小学校ではおよそ76人に1人，中学校ではおよそ20人に1人，高等学校ではおよそ59人に1人が不登校の状態にある。

不登校のきっかけ

　次に，不登校を経験した本人が学校を休み始めたきっかけとしてどのような点を挙げているのかについて，2012年に文部科学省が実施した不登校経験者への追跡調査（以下，不登校追跡調査）の結果(3)を見ていきたい。

　不登校に関しては，子どもたちを学校から遠ざけるような情緒的混乱や不安，あるいは無気力などの「心の問題」に目が向けられることが多かった。そうした心の問題としてのイメージは，人々に不登校を「個人の問題」，さらには本人が解決すべき「自己責任の問題」として捉えさせるように働くかもしれない。

---

(3)　文部科学省「『不登校に関する実態調査』——平成18年度不登校生徒に関する追跡調査報告書」2014年。

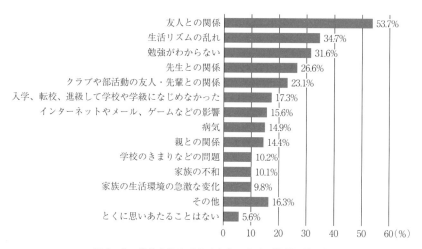

図8-2　学校を休みはじめたきっかけ（複数回答可）

出所：文部科学省「『不登校に関する実態調査』——平成18年度不登校生徒に関する追跡調査報告書」
　　　2014年，8頁をもとに筆者作成。

　しかし，そうした心の問題にもつながりうる不登校の具体的なきっかけに目を
凝らすと，その中には本人の努力だけでは回避できないようなきっかけも多い
ことがわかる（図8-2）。

　まず注目したいのは，きっかけの上位5つの中に，「友人との関係」「先生と
の関係」「クラブや部活動の友人・先輩との関係」といった，学校での人間関
係に関する項目が3つも含まれていることである。こうした人間関係上の問題
は，本人と相手との「関係」の中で起こるため，そのしんどい状況を本人の努
力だけで解消できるとは限らない。たとえば，どんなに本人が改善に向けた努
力をしていても，同級生からの無視や嫌がらせが続いたり，部活動の顧問から
の叱責がやまなかったりする場合を想像してほしい。また，子どもたちが発達
途上にあることも考えると，問題のうまい切り抜け方を見つけられないことも
しばしばあるだろう。子どもたちが学校に足を運べなくなるような人間関係上
の問題は，たいていの場合，安易に本人の自己責任や努力不足とみなすことが
できないものである。

　また，不登校のきっかけとして「親との関係」「家族の不和」「家族の生活環
境の急激な変化」といった項目を挙げている回答者も，それぞれ1割程度いる。
家族の問題が不登校の背景になりうることはたびたび指摘されており，不登校

の中には家庭の養育能力に課題があり，学校に行くための前提というべき生活環境が整っていない「脱落型不登校」と呼べるケースが相当数存在するともいわれてきた[4]。子ども本人には選ぶことができない家庭の状況が不登校のきっかけになっているケースが一定数あることも，見逃してはならないだろう。

　不登校のきっかけには，人間関係や家庭，さらには「病気」など，本人の努力だけでは回避できない問題が多数含まれている。「勉強がわからない」ことや「学校のきまりなどの問題」といったきっかけについても，理解しにくい授業や受け入れがたい校則を改めない学校側に大きな問題があるかもしれない。このように，不登校は多くの場合，本人の外側にある問題が複雑に絡み合って生じている。そのため，不登校から生まれる困難を取り除くのは社会の責任だという不登校の社会モデルの視点には，一定程度妥当性があると考えてよいだろう。

3　不登校と排除

　ここまで見てきたように，多くの不登校のきっかけには，子ども自身にはどうにもできない要因が含まれている。にもかかわらず，不登校は子どもたちに，人生の選択肢を狭めるような制度的排除や日常的な排除をもたらしてきた。

進路選択を妨げる制度的排除

　第1節でも述べたように，不登校の子どもは，進路選択上の不利益や社会的自立へのリスクといった進路形成の問題にさらされることがある。不登校追跡調査では，55.3％が中学校卒業後に希望とは違う進路に進むことになったと回答している。また，52.2％が中学校卒業後からの5年間で，受験や仕事で苦労したことがあったと回答している。

　では，不登校の子どもは進路選択の際にどのような不利益を被りうるのか。まず挙げられるのが，高校入試の際の内申点の問題である。中学校の成績は，授業や定期テストなどで発揮された「知識・技能」「思考・判断・表現」「主体的に学習に向かう態度」によって評価される。そのため，欠席の多い子どもに

---

(4)　保坂亨『学校を欠席する子どもたち──長期欠席・不登校から学校教育を考える』東京大学出版会，2000年。

とっては不利になりがちであり，不登校の子どもの場合，判断材料がないとされ，成績の5段階評定が記載されない場合もある。高校入試の際には，成績の5段階評定を記載した調査書の提出が求められるだけでなく，大多数の公立の全日制高校のように，調査書の5段階評定等が内申点として換算されることも多い。こうした内申点の問題で，不登校の子どもは希望の高校への進学が実質的に難しくなることがある。

　また，不登校によって学力を伸ばす機会が得にくくなるという点も見逃せない。不登校になるということは，これまで学校で得られていた学習の機会から切り離されるということを意味する。近年ではようやく，新型コロナウイルスの感染拡大やGIGAスクール構想の進展によって，不登校の子どもが自宅や別室からオンラインで授業に参加するというケースも増えてきた。しかし，体育や図工などでの実技や，理科の実験などの中には，学校にある用具の使用や教員による安全管理が不可欠であり，オンラインでは実施できないものも少なくない。オンライン授業の環境が一定程度整った現在でも，オンラインでは学校で得られる学習の機会を十分に保障しきれないという課題が残されている。

「スティグマ」としての不登校

　これらの困難は，制度的な仕組みに不備があるがゆえに不登校の子どもが不利益を受けるという，制度的排除の問題だといえる。一方で，不登校の子どもや不登校経験者が思い通りの人生を歩もうとすることを妨げる，日常的な排除も存在する。

　社会の中では不登校に対する負のイメージがゆるやかに共有されており，特に不登校の子どもは，自身が不登校になることでそれを強く内面化してしまうことが多い。そのため，不登校という事実はしばしば，本人に自責の念を負わせ，さらなる苦しみ，悩み，心の傷などを与えるものとなる。

　多くの不登校の子どもは，学校に行かなくなってからも「学校に行かなければならない」という規範を当然のものとして捉えている。だからこそ，「するべきことができない」自分への自己否定が強まり，さらなる心身の不調にさいなまれることがある。また，そうした思いがあるからこそ，不登校の子どもの中には同級生と偶然出会うことを避け，外出さえできなくなる子どももいる。

　社会学者のゴッフマン（Goffman, Erving）は，人の信頼や面目をひどく失わ

せる望ましくない種類の属性（「悪人」「危険人物」「無能」など）を「スティグ
マ」と表現した。不登校の子どもが自己否定を強めたり，他者との交流を避け
たりするのは，不登校という属性が人々にスティグマとして感じ取られている
ことの表れではないだろうか。

　不登校が社会の中でスティグマとして捉えられているせいで，不登校の子ど
もや不登校経験者は，「あなたにはこういう人生は無理」というような負のレ
ッテル貼りや，マウンティングをしてくる他者に出会うこともある。また，周
りの人の何気ない言動に，偏見や差別に基づく不登校への否定的な態度，つま
りマイクロアグレッションを感じ取ることもあるかもしれない。そうでなかっ
たとしても，周りが不登校であった自分のことを否定的に見ているのではない
かと，人々の視線を恐れながら生活している子どももいる。

　不登校に対する差別や偏見に根差した他者のふるまいや，それを予期せざる
をえない環境は，不登校の子どもや不登校経験者が社会の中で心地のよい人間
関係を築き上げることを難しくする。実際に不登校追跡調査でも，75.4％の回
答者が，中学校を卒業してから5年間で他人との関わりに不安を感じることが
あったと回答している。

4　多様な教育機会の確保

　不登校の子どもや不登校経験者は，自らを進路形成の問題へと押し込めるよ
うな制度的排除や日常的な排除に直面させられることがある。しかし一方で，
こうした進路形成の問題を解消しようとするための社会の側の取り組みも進め
られてきた。

　その代表的なものが，多様な教育機会の確保である。不登校の子どもを受け
入れるさまざまなタイプの学校や教育施設が，行政と民間の両者によって設立
されてきた（図8-3）。これらの学びの場では，不登校の子どもは自らと同じ
経験を持つ友人や心の揺れ動きに配慮してくれる教員・スタッフの中で，安心
して学習に取り組むことができる。そして，そこでの学習経験・人生経験や学

（5）　ゴッフマン，E.著，石黒毅訳『スティグマの社会学——烙印を押されたアイデンティティ
　　（改訂版）』せりか書房，2001年。
（6）　樋口くみ子『不登校後を生きる』学びリンク，2022年。

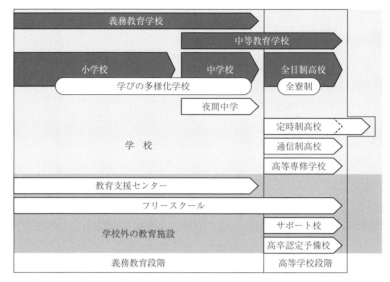

図8-3　不登校の子どもを受け入れる学校・教育施設

注：筆者作成。

歴・資格，回復した自尊感情などは，進路形成や社会的自立の道のりを支える
ものになりうる。

　以下では，具体的にどのような学びの場が存在するのかについて，義務教育
段階と高等学校段階に分けて説明していきたい。

義務教育段階

　義務教育段階において，多様な教育機会の確保というコンセプトは，2016年
に成立した「義務教育の段階における普通教育に相当する教育の機会の確保等
に関する法律」（通称「教育機会確保法」）によって公的なお墨付きが得られたと
いえる。ただし，この法律が制定される前から，主に以下の4つの学びの場が，
不登校の子どもに学習の機会や居場所を提供してきた。

　なかでも代表的なものとしては，教育支援センター（適応指導教室と呼ばれる
ことも多い）と，フリースクール（フリースペースなどの呼称を用いる施設もある）
が挙げられる。

　教育支援センターは，小・中学校段階の不登校の子どもを受け入れることを
目的として，主に市区町村の教育委員会によって設置・運営されている公的な

学びの場である。「○○スクール」「○○教室」「○○学級」など，名称は自治体によってさまざまである。

　教育支援センターでは，小・中学校とは異なり，開始時間を普通の学校より遅くしたり，時刻どおりの来所・退所や活動への参加を強制しないようにしたりするなど，不登校の子どもが通いやすくなるような工夫を行っている。文部科学省が2017年度に実施した調査によれば，学校復帰を重要な目標としている施設は7割弱であり，より重要な目標として，子どもたちへの居場所の提供や自信・自尊感情を獲得するための支援を掲げる施設も少なくない。活動内容としては，個別の学習支援に加え，相談・カウンセリングや，スポーツ・調理体験・芸術活動などの集団での体験活動などが行われている[7]。

　一方で，民間の施設であるフリースクールでも，小・中学校段階の不登校の子どもを受け入れ，学習の機会や居場所を提供している。活動内容については，フリースクールでも教育支援センターと同様，個別の学習支援や相談・カウンセリング，スポーツ・調理体験・芸術活動などの集団での体験活動を行っている施設が多い[8]。ただし，運営方針は各施設によってかなりの差があり，学校復帰を目標とせず，子どもの「自由」と「自己決定」を尊重し，学校の教科の内容に縛られない多様な活動を子どもたちが自ら企画し実施するという活動のあり方を重視している施設も多い。なお，近年ではフリースクールのノウハウを活用した公設民営の教育支援センターやフリースクールも設置されるようになってきている。

　こうした教育支援センターやフリースクールは，学校教育法で規定された「学校」ではないため，子どもたちは小・中学校に籍を残しながらこれらの施設に通うことになる。一方で近年では，これらの施設とは異なり，小・中学校（あるいは高等学校）として不登校の子どもを受け入れ教育を行う学びの多様化学校（いわゆる不登校特例校）も新設されてきている。学びの多様化学校では不登校の子どもの実態に配慮して，特別に編成された教育課程のもとで教育を行うことが可能である。そのため各校では，授業の開始時間を遅くしたり，年間の総授業時間を縮小したり，独自の教科を取り入れたりするなどの工夫を行っ

（7）　文部科学省『「教育支援センター（適応指導教室）に関する実態調査」結果』2019年。
（8）　文部科学省『小・中学校に通っていない義務教育段階の子供が通う民間の団体・施設に関する調査』2015年。

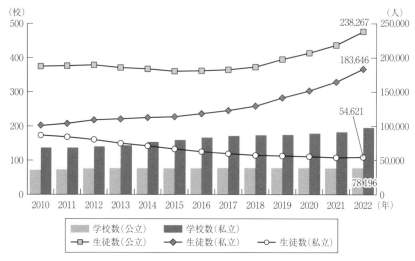

図8-4　通信制高校の学校数・生徒数の推移
出所：文部科学省『学校基本調査』各年度をもとに筆者作成。

ている。

　さらには，不登校の子どもが夜間中学に通うケースもある。夜間中学には，公立の夜間中学と，民間の有志によって運営されている自主夜間中学がある。夜間中学には不登校の子どもだけでなく，義務教育を修了せずに日本で生活することになった外国籍の人々や，戦後の混乱期の中で学校に通うことができなかった日本人・在日朝鮮人の高齢者なども在籍しており，多様性の高い空間の中で学習を進めている。

高等学校段階

　高校教育の段階でも，中学校で不登校だった子どもや高校を不登校によって中退した子どもの状況やニーズに対応する，多様な学びの場が存在する。学校教育法で規定されている「学校」の中では，全寮制の全日制高校や，定時制高校，通信制高校，高等専修学校などが，不登校の子どもを数多く受け入れている。また，義務教育を修了後もフリースクールに通い続けたり，サポート校や高卒認定予備校といった学校外の教育施設に通ったりする不登校の子どももいる。

　特に近年，多くの不登校の子どもの進学先になっているのが，通信制高校（高等学校の通信制課程）である。少子化が進んでいるにもかかわらず，私立の

通信制高校の数は年々増加し，それに伴って生徒数も2015年を境に急増している（図8-4）。

　不登校の子どもをはじめ，通信制高校を進学先に選ぶ生徒が急増している背景には，以下の2点があると考えられる。1つ目は，必要最小限の登校日数で高卒資格が得られることである。通信制高校では，スクーリングと試験の日を除けば，学校に登校する必要はない。レポートを定期的に提出し，多くても週1回程度のスクーリングに参加し，試験に合格すれば，高校を卒業することができる。

　その反面，通信制高校には，自学自習でレポートを作成することの難しさや，友だちのできにくさなどの困難も存在する。そのため，本人が希望すれば毎日通うことができ，通信制高校のレポートや試験をクリアできるような授業を提供してくれるサポート校が，各地に設立された。サポート校は民間の教育施設だが，文化祭・修学旅行などの行事や部活動も行われており，生徒たちはあたかも全日制高校のような学校生活を送ることができる。しかし，生徒たちが目指しているのは通信制高校の卒業であるため，サポート校に通う日数や参加する授業・課外活動は，生徒自身で選ぶことができる。なお近年，私立の通信制高校の中には，週5日登校できるコースを自ら設置し，サポート校と同様の形で学習面・生活面の支援を行っているところもある。

　2つ目は，私立の通信制高校やサポート校が，生徒の関心を惹きつけるようなポップカルチャーを時間割に積極的に組み込んでいることである。これらの学校・教育施設では，レポートの作成に必要になる教科の授業だけではなく，ヘアメイク，ネイルアート，ファッション，アニメ，声優，ダンス，ゲームなどの授業が時間割に組み込まれており，生徒はそれらの中から興味のある授業を選択することができる[9]。こうした登校日数や授業内容の柔軟さが，不登校の子どもが通信制高校を進学先に選ぶ理由になっていると考えられる。

　しかし，通信制高校以外の学校にあえて進学する生徒も少なくない。たとえば定時制高校は，従来から数多くの不登校の子どもの進学先となってきた。近年では夜間定時制高校の統廃合を受けて，昼間にも夜間にも授業を行う昼夜間定時制高校が新設されており，東京都のチャレンジスクールや埼玉県のパレッ

(9)　酒井朗「高校中退の減少と拡大する私立通信制高校の役割に関する研究——日本における学校教育の市場化の一断面」『上智大学教育学論集』(52)，2018年。

トスクールのような，不登校・高校中退を経験した生徒の受け入れを目的とした昼夜間定時制高校も増えてきている。

　また，中卒者を対象とした専修学校である高等専修学校（専修学校高等課程とも呼ばれる）でも，多くの学校が不登校の子どもを積極的に受け入れている。生徒たちは心理的なサポートが得られる環境の中で，調理・製菓や理容・美容，情報，ファッション，芸術などの専門的な授業を体系的に学ぶことができる。3年制の大学入学資格付与指定校を卒業した場合には，大学・短大・専門学校等への進学や高卒扱いでの就職も可能になる。

　他にも，フリースクールに通いながら通信制高校の学習を行う子どもや，高等学校卒業程度認定試験の合格を目指して高卒認定予備校に通う子どもなど，学校外の教育施設を主な拠点として学習を続けている不登校の子どももいる。

5　インクルーシブな教育・社会に向けての課題

　義務教育段階や高等学校段階でこうした多様な教育機会を確保しようとする取り組みは，不登校の子どもが直面させられる進路形成の問題を社会の側から取り除こうとするものであり，不登校の社会モデルにのっとった取り組みだと考えてよいだろう。しかし，不登校の子どもや不登校経験者が直面させられる困難が多岐にわたることを考えると，インクルーシブな教育・社会に向けて，社会の側が取り組むべき課題は他にも数多くある。ここでは，以下の3点を挙げておきたい。

不登校を生み出す側の学校が変わる

　まず述べたいのは，たとえ小学校・中学校・全日制高校の外側に多様な教育機会が整備されてきたとしても，同時に不登校を生み出してきた側の学校も，不登校の子どもが生まれにくいような学校へと変わっていかなければならないということである。

　では，不登校が生まれにくい学校とは，どのような学校だろうか。そのヒントを与えてくれる理論が，社会学者の森田洋司が提唱した「ボンド理論による

(10)　森田洋司『「不登校」現象の社会学』学文社，1991年。

表8-1　ボンド理論による不登校生成モデルで示される4つのボンド

①対人関係によるボンド	両親，教師，友人など子どもにとって大切なキィ・パーソンに対して抱く愛情や尊敬の念，あるいは他者の利害への配慮などによって形成される対人関係上のつながり
②手段的自己実現によるボンド	現在の学校生活における学習活動をはじめとする活動や役割を，将来の目標達成の手段として位置づけ関わっていく行動と，そこでの自己実現
③コンサマトリーな自己実現によるボンド	学校生活の諸活動から得られるコンサマトリーな（現在進行中の活動それ自体から起こるような）欲求充足
④規範的正当性への信念によるボンド	登校時間や出席に関する規範，さらには校則やきまりを構成している規範的世界全体に対する正当性への信念

出所：森田洋司『「不登校」現象の社会学』学文社，1991年をもとに筆者作成。

不登校生成モデル[10]」である。この理論では，登校回避感情を抱く中学生が多く存在しているという調査結果を受けて，「子どもたちは，登校回避感情を持ちつつもなぜ登校するのか」という問いを立てている。そして，登校／不登校の分かれ道は，子どもを学校につなぎとめる社会的な絆（ボンド）の強弱にあるとしている。なお，具体的なボンドとしては表8-1で示した4つのボンドが提示されているが，これらの4つのボンドについては，近年の実証研究でも，それらが希薄である子どもほど不登校になりやすいことが明らかにされている[11]。

　これらの4つのボンドは，学校や学級で不登校の子どもが増えはじめたとき，実践のあり方を見直すヒントとして活用することができる。教師は子どもたちにとって，信頼を置ける存在になりえているだろうか。子ども同士の関係性は，他者のありのままを尊重するものになっているだろうか。子どもたちは勉強をする目的や目標を見出せているだろうか。子どもたちにとって，学校の中に楽しいと思えることがどれだけあるだろうか。校則や決まりは子どもたちにとって納得のいくものになっているだろうか……。こうした観点から日々の実践を見直していくことで，登校回避感情を抱いていた子どもが学校につなぎとめられ，結果的に「普通学級でともに学ぶ機会を保障する」という観点からのインクルージョンが達成されていくかもしれない。

日常的な排除を取り除く

　しかし，どんなに学校や教師が努力したとしても，不登校の子どもがゼロに

⑾　梶原豪人「なぜ貧困家庭の子どもは不登校になりにくいのか——不登校生成モデルを用いた実証研究」『教育社会学研究』109，2022年。

なるということは考えづらい。寄せ集めの40人が狭い教室に詰め込まれる学級
での人間関係，学習指導要領に縛られて学年ごとに難化していくカリキュラム，
子どものケアに時間を割くことを難しくする教師の多忙化，家庭の養育困難に
つながる経済的格差の拡大などの，不登校のきっかけを生み出す構造的背景が
変わらない限り，学校に足を向けにくくなる子どもは必ず出てくるはずである。
そのため，不登校の子どもや不登校経験者が直面する制度的な排除や日常的な
排除を一つひとつ取り除いていく努力も欠かせない。

　特に日常的な排除については，一人ひとりがすぐに取り組める部分も多いよ
うに思う。不登校を自己責任の問題やスティグマとして捉えるのをやめること。
不登校に対して負のレッテル貼りやマウンティングをする人に絶対に加担しな
いこと。相手を「不登校の人」というステレオタイプではなく「一人の人間」
として見ること。自分の言動が相手を傷つけているのではないかと振り返って
反省すること。コミュニティの中にこうした態度をとり続ける人がいれば，そ
の様子を目にする周りの人にも自らのふるまいを見直すきっかけができ，日常
的な排除も少しずつ取り除かれていくのではないだろうか。

教育・労働につながらない子ども・大人のインクルージョン

　最後に，不登校の子どものための多様な教育機会が整備されていたとしても，
それらの学びの場を活用することができない，あるいはそれらの場を離れた後
に学びや仕事を継続することが難しい人々がいることも忘れてはならない。不
登校がそもそも本人の努力だけでは回避しきれないものであること，その後の
制度的排除や日常的な排除が社会的自立を困難にさせることを認識し，教育や
労働につながっているか否かにかかわらず，誰もが必ずインクルージョンされ
るような社会を目指していく必要がある。

　不登校の子どもは，不登校になるまでの過程や，不登校になった後の排除の
経験などによって，さまざまな苦しみや悩み，心の傷を負うことがある。また，
家庭の養育困難や病気など，解決が難しい問題を抱え続けることもある。そう
したなかで，小学校・中学校・全日制高校の外側に多様な教育機会が用意され
ていても，それらの場に通うための一歩を踏み出すことができなかったり，そ
もそも通う気になれなかったり，勇気を出して通い始めても通い続けられなか
ったりする子どもも一定数いる。また，家庭の経済的状況や暮らしている地域

によっては，通うことができる学びの場が限られていて，自身の状況やニーズに合う場を選べない子どももいる。

　さらには，多様な教育機会を活用し，それらの場を無事に卒業したとしても，次の進路でうまくいかず，学校や仕事を辞めることになる子どももいる。これらの学びの場では，精神的な不安を抱えたときに先回りして声かけや手助けをしてくれる教師や友人に支えられて，登校や学習を続けることができた子どもも多い。しかしそうした環境が卒業後に通う学校や職場にはなく，そのギャップが中退や離職の理由になることもある。

　多様な教育機会が確保されていたとしても，それだけでは不登校によって生じる進路形成の問題を完全に解消することはできない。そのため，人々が何らかの理由で学びの場や仕事につながり続けられなくても，健康で文化的な最低限度の生活を営む権利（つまり，生存権）が脅かされることがない，そうしたインクルーシブな社会を作っていくことも欠かせない。言い換えるならば，困ったときには誰もが引け目を感じずに，高水準のさまざまな社会保障制度（所得保障や雇用保険，福祉・医療サービスなど）にアクセスできる社会である。

　そうした社会を作る担い手を育てていくために，教育には，社会には，何ができるだろうか。もしこの章で述べていることに共感してもらえるのであれば，ぜひ一緒に考えてほしいと思う。

文献ガイド

貴戸理恵『不登校は終わらない──「選択」の物語から"当事者"の語りへ』新曜社，2004年。

　　少し古い文献になるが，不登校経験者にとって，かつての不登校経験はその後の生活の中でどのようなものとなっているのかを，当事者の語りから明らかにしている。不登校を子どもの選択の結果であるとして肯定する「選択」の物語では示されない不登校のその後の困難を，不登校経験者の語りに忠実に描き出すとともに，そうした困難を埋めていくための政策についても提案している。

⑫　伊藤秀樹「『自立』に向けた教育のジレンマ」，SYNODOS，入手先〈https://synodos.jp/opinion/education/22545/〉（参照2023-03-21）

樋口くみ子『不登校後を生きる』学びリンク，2022年。

　　不登校の経験がある社会学者の著者が，不登校の後にどのように人生を切り開いた
らよいのかについて書いた本。社会学や不登校研究から得た知識と自らの経験を重ね
合わせながら，経歴や就職，人間関係について漠然とした不安を抱えている不登校経
験者向けに，社会の見方を変えていく方法を伝えている。他者からの負のレッテル貼
りやマウンティング，マイクロアグレッションへの対処法も示されている。

土岐玲奈『高等学校における〈学習ケア〉の学校臨床学的考察——通信制高校
の多様な生徒に対する学習支援と心理的支援』福村出版，2019年。

　　通信制高校でどのような学習支援や心理的支援が行われているのかについて，著者
が行った5年間のフィールドワークをもとに描き出している。小・中学校段階の学習
内容の未習得や，日常的に学習に時間を割くことが難しい生活環境，心身の不調，学
習への意識の向きにくさなど，通信制高校の生徒たちがさまざまな困難を抱える中で，
それをふまえて教師・支援者が行っている「ケアとしての学習支援」の姿が描き出さ
れている。

第Ⅲ部

諸外国におけるインクルージョンと教育

第9章

アメリカ

新谷龍太朗

1　公民権運動と教育政策

　アメリカというと皆さんはどのようなイメージを持たれるだろうか。自由の女神やティファニーのあるニューヨーク 5 番街，ディズニーランド生誕の地であるカリフォルニアを思い浮かべる方もいるだろう。アメリカは「巨大な社会実験の場」と言われるほど，さまざまなことについて，しばしば間違いをおかしつつも，取り組んできた国である。中でも，公民権運動は，今日まで続くアメリカの教育政策の根底にある考え方を理解する上で重要だ。本章で扱うアメリカのインクルーシブ教育の考え方を理解するためにも，まずは公民権運動と教育政策がどのように関わってきたかを見ていこう。

　「私には夢がある。いつの日か，私の 4 人の幼い子どもたちが，肌の色ではなく，人格の中身によって評価される国で暮らすという夢が」というキング牧師（Martin Lutther King Jr.）のスピーチを，皆さんも一度は耳にしたことがあるだろう。1963年 8 月28日，過酷な人種差別に抗議するためのワシントン大行進を経て，リンカーン大統領（Abraham Lincorn）の石像を背に行ったこのスピーチは，奴隷解放宣言に署名してから100年経っても人種差別が続いている現在の状況を繰り返し訴え，多くの人の心を動かした。ノースカロライナ州グリーンズボロでは， 4 人のアフリカ系アメリカ人の大学生により白人用ランチ・カウンターでの座り込みが行われ，その運動は南部全体に広がった。ジョンソン大統領（Lindon Baines Johnson）の署名で1964年に公民権法が制定され，雇用機会での差別や白人と黒人を分ける分離教育が禁止された。翌年には，映画「グローリー／明日への行進」で描かれたように，アフリカ系アメリカ人の投票を恣意的な判断で阻んでいた識字テストなどを廃止する投票権法が成立した。

　1960年代までアメリカは世界で最も豊かな国とされていたが，特定のコミュ

143

ニティに集中して貧困状態があることが発見された。そこには、これまで教育機会が制限され、劣悪な教育環境におかれていたアフリカ系アメリカ人のコミュニティも多く含まれていた。アメリカ合衆国憲法の修正第10条により、教育は各州に委ねられている。しかし、ジョンソン大統領は「貧困との闘い」と題して、1964年に経済機会法（Economic Opportunity Act）を成立させるなど、教育や医療分野での連邦政府の役割を拡大した。連邦政府には、一般福祉のために支出した分に応じた権限があること（合衆国憲法修正1条8項）を根拠として、補償教育政策として取り組まれたのが、就学前からの教育格差解消を目指した1964年のヘッドスタート計画（Project Head Start）や、1965年8月30日の「初等中等教育法」（Elementary and Secondary Education Act [ESEA] P.L.89-10）である。P.L. とは、不特定対数の人々を規律する内容の法律、公法（Public Law）を意味する。

　ヘッドスタート計画では、1974年に対象児の10％は障害のある子どもと定められた。人種や障害などへの偏見に対抗する人権保育・教育は、「ななめから見ない保育・教育」（anti-bias education）として日本でも紹介された[1]。初等中等教育法の第1章では、貧困や不利な境遇に置かれた生徒たちの学力達成度を向上させることが書かれており、通称「タイトルⅠ」と呼ばれる。同法の第3章では、英語学習者や移民生徒に対する言語指導についても触れられている。なお、1959年には、特別ニーズを持つ人への教え方を研修することを定める法律（The Training of Professional Personnel Act）ができていたが、当初の初等中等教育法において障害のある子ども（Children with disabilities [CWD]）のための規定はなかった。

　初等中等教育法は期限付きの法律であり、その後、再改定を繰り返して、共通教育目標の達成を志向する「スタンダードに基づく教育」を浸透させている。次節からは、個々人の権利や教育機会を保障し教育格差を是正するという考えを起源とする教育政策が、財政支出に対する説明責任（アカウンタビリティ）の性格を強めていく変遷の中で、アメリカのインクルーシブ教育がどのような葛藤や課題を抱えていくのかを見ていくことにしよう。

---

(1)　ルイーズ・ダーマン・スパークス著、玉置哲淳・大倉三代子編訳『ななめから見ない保育』解放出版社、1996年。

2　教育政策の変遷とインクルーシブ教育の葛藤

　一人ひとりの人権を保障しその実現を目指した公民権運動は，女性解放運動や多文化共生教育，障害のある子どもの教育などのさまざまな場面で参照された。アメリカ教育政策の変遷とインクルーシブ教育の関係を見るための補助線として，以下，障害のある子どもをめぐる政策に焦点をあて，その変遷を見ておこう。

個別障害者教育法

　1965年に成立した初等中等教育法は，同年に改正され（PL89-313 State Schools Act），州立学校及び援助プログラムでの，障害のある子どもへの無償の公教育の提供が規定された。1970年には障害者教育法（Education of the Handicapped Act; P.L.91-230）ができ，1973年には障害者の市民権を定めた「リハビリテーション法」（Rehabilitation Act of 1973 Section 504）が，1975年には3歳から21歳を対象とする全障害児教育法（Education for All Handicapped [EHA-CA] P.L.94-142）が制定された。そこに至るまでに，人種分離教育を禁止した1954年のブラウン判決や，1967年のホブソン判決を範として，障害のある子どもの親の会が各地で訴訟を起こしたことも後押しとなった[2]。このように，公民権は，障害のある子どもの教育保障においても重要なキーワードとなっている。つまり，公民権法が一人ひとりの人権の実現のために教育を保障すると言っているのだから，特別教育についてもその教育を受ける資格がある，という考えである。

　障害者教育法はその後何度か改正され，1986年の改正では0～3歳を対象とした。1990年に制定された「障害のあるアメリカ人法」（Americans with Disabilities Act）は，私的セクターでの差別を禁止し，点字付きATMや駐車場の専用スペース，安全に配慮した歩道や横断歩道の音声案内など，公平なアクセスの保障を求めるものであった。1990年，全障害児教育法は個別障害者教育法（Individuals with Disabilities Education Act [IDEA]）と名称を変え，約650万人がそ

---

(2)　堀田哲一郎「障害児教育政策（The Educational Policy for Children with Disabilities）」アメリカ教育学会編『現代アメリカ教育ハンドブック』東信堂，2010年，117～118頁。

のサービスの対象となった。1997年の改正では，高校卒業から成人してからの生活への移行を含むサービスを14歳から計画し，学校はその進捗を保護者に報告すること，特別教育を教える資格のある教師を配置することなどが定められた。

　その後，2004年に個別障害者教育法が改正され，障害者教育改善法（Individuals with Disabilities Education Improvement Act: P.L.108-466）となり，特別教育の実施に対して連邦政府が負担する計画が示された。また，代替テストを実施するときは，保護者の願い入れにより，障害のある子どもの個別教育計画（Individual Educational Plan [IEP]）の目標にそれらを加えてよい，とされた。つまり，テストで測られる学力も，教育の目標に含めて良いこととなった。2009年の支援技術法（Assistive Technology Act）では，ピクトグラムなどコミュニケーションを支援する機器（Augmentative Devices）やコンピューター画面の読み上げ（Screen Reader），車いすなどが使用できるように求める法律ができた。一方で，2014年の改正では，よりパフォーマンスや進捗などに焦点があたり，教育の「質」や「サービス」が着目されるようになった。

メインストリーミングからインクルージョンへ

　1975年に全障害児教育法が制定されたときは，障がいのある子どもの通常教育措置に向けた「メインストリーミング」（統合教育）と呼ばれる考え方が提唱された。このモデルは，教育後進地域で先行されることになった。その背景には，障害のある子どものための学校には多額の費用がかかるのに対し，通常学級や通級指導教室（リソースルーム）の方が安上がりである，という理由があった。しかし，特別学級から通常学級に抽出される形であったことや，分離教育措置も許容されていることについて問題提起がなされた。1980年代半ばには，障害のある子どもの教育は，通常教室と特別教室が共有責任を持つという考えが生まれてきた。「サービスのために子どもを取り出すのでなく，サービスが子どもに向かう」という言葉に象徴されるように，通常教育において常に特別

⑶　安藤房治『インクルーシブ教育の真実——アメリカ障害児教育リポート』学苑社，2001年，29頁。
⑷　吉利宗久『アメリカ合衆国におけるインクルージョンの支援システムと教育的対応』溪水社，2007年，6〜8頁。

な支援を保障しようとする「インクルージョン」の考え方へと変わっていった[4]。

　全障害児教育法は，障害やハンディキャップが理由で適切な教育を受けられ
ていなかった子どもたちを排除しないこと，文化的に公平なテスト教材を使っ
た評価を行うこと，無償の適切な公教育や個別教育プログラム，最少制約環境
での教育，法の適正手続きを受けることなどを定めたものである。そのため，
障害のある子どもの多くが通常学校（regular school）に就学することとなった。
1990年に個別障害者教育法となった際は，自閉症と脳損傷が障害カテゴリーに
追加された。1993年のオベルティ対クレメント教育委員会（Oberti v Board of
Education Clementon）の判決では，精神遅滞の子どもは努力せずとも，特権で
なく権利として，通常学級にいることができるとされた[5]。しかし，アメリカで
は州ごとに教育政策を定めて実施されるため，どこまですれば「最少」制約環
境であるのかという基準にばらつきがあるなどの問題も指摘されている[6]。

落ちこぼれ防止法

　2001年には，初等中等教育法の改正法として「落ちこぼれ防止法」（No Child
Left Behind Act of 2001[NCLB] P.L.107-110）が制定された。この法律により，す
べての生徒の進捗について，学区や州が責任を持つことが定められた。2001年
9月11日の同時テロ事件後の混乱の中で，超党派の合意のもと，大統領の署名
により発効されたこの法律が，アメリカの教育を混乱に導くこととなった。

　落ちこぼれ防止法は，人種や経済状況などのサブカテゴリーごとに，その学
年で「習熟」（proficient）とみなされる水準の教育目標の達成を求めた。ここ
には障害を持つ子どもも含まれた。ただし，親が適切な特別教育サービスを要
求することはできるが，障害のある子どもの学力向上についての学校の説明責
任を義務付ける基準は含まれていない。2014年までに，すべての子どもの数学
と読解テストが「習熟」以上になることを目指すこの法律は，確かに「落ちこ
ぼれ防止」という理念に沿うものであった。しかし，その成果測定をテストの
みで行い，目標に達しなかった学校に在籍する生徒には転校を勧めるなど，学

(5)　サリー・トムリンソン著，本間桃里訳「第3章　特殊教育・インクルーシブ教育の誕生——米
　　国」同著，古田弘子・伊藤駿監訳『特殊教育・インクルーシブ教育の社会学』明石書店，2022年。
(6)　Sarika S Gupta, William R. Henninger, Megan E. Vinh, *First Steps to Preschool Inclusion*,
　　Brookes, 2014.

校選択の原理を極端に採用した方法や，連続して目標未達の学校は閉校する，などの罰則的性格は，教師や学校を振り回した。たとえば，「習熟」のボーダーラインにいる生徒を引き上げることに指導の焦点を合わせたり，平均を下げる生徒を排除したり受け入れない，という学校も出てきた。テスト結果を過度に重視することで，狭い学力観でのカリキュラムが組まれるようになり，体育や美術の時間が削られたり，テスト対策中心の授業となるなど，多くの弊害を生み出すこととなった。

　2004年の個別障害者教育法は，落ちこぼれ防止法と密接に対応し，障害のある子どもに対して可能な限り通常の学級で，通常のカリキュラムに沿った教育を受けさせることを目指した。障害のある子どもの学力目標は，州が定める適正年次学力向上目標（Adequate Yearly Progress [AYP]）と同じものであり，学力測定プログラムに参加すること，個別教育計画に示された個別対応（accommodation）や代替の学力測定を受けることを求めた。また，これまでの「個別教育計画自体が障害児のアカウンタビリティの仕組みになっている」という考えに対して，個別教育計画自体を標準化しようという試みも見られるようになった。落ちこぼれ防止法は，2015年に「すべての生徒が成功するための教育法」（Every Students Succeeds Act [ESSA]）として再認可され，①経済的に不利な子ども，②人種・民族グループ，③障害のある子ども，④英語学習者と併記され，障害のある子どもも，不利な立場に置かれた子どもとして教育格差是正や教育機会均等の対象グループとなった。

　個別教育計画は，障害のある子どもが通常教育にアクセスし包摂されることを想定している。しかし，アメリカの教育に急激に入り込んできた標準化（スタンダード）の流れを受け入れることで，再び通常教室という包摂の場から排除されるという二面性を持っている。たとえば，障害のある子どもが学力測定の対象となることで，アカウンタビリティ・システムから除外されることなく，与えられるべき学習上の注意が払われ，学習資源を受けることができる，と見ることができる。重度の障害のある子どもの親にとって，通知表は教育可能性を示すものであり，平等に扱われているという感覚を与えることもある。[7]しかし，「学力」という指標の標準化を進めることで，一人ひとりの存在をあるが

---

(7)　河合隆平「重症心身障害児の生存と教育」三時眞貴子他編著『教育支援と排除の比較社会史──「生存」をめぐる家族・労働・福祉』昭和堂，2016年，170〜203頁，191頁。

ままに受け止めようとする福祉的な視点が失
われる危険性もある。

多文化教育

　アメリカのインクルーシブ教育を考える上
で，もう一つのテーマである多文化教育につ
いても少しだけ触れておこう。硬貨などの裏
に刻印されている「e pluribus unum」（多数
から一つへ）というラテン語は，当初は複数

図9-1　5セント硬貨

の州からなる国家を意味していたが，次第に多くの民族や人種，宗教，言語が
一つの国家と国民を形成する，という意味でとらえられるようになった。アメ
リカの歴史は移民たちの歴史ともとらえることができるが，移民の文化や言葉
に寛容であり続けたわけではない。たとえば，17世紀ではドイツ系移民の多い
地区では公立学校でドイツ語による教育が許されていたが，第一次・第二次世
界大戦のときは，学校における教授言語は英語に限定された。キューバ革命後
にスペイン語話者が多数渡米するようになったことから，1968年にバイリンガ
ル教育法案が実施され，多様な言語や文化との共生を目指す政策へ転換した。
しかし，1980年代にスペイン語系やアジア系移民が激増すると，財政負担を背
景にバイリンガル予算が削られ，2001年には英語公用化法案を成立させる州が
出てきた[8]。また，先住民族であるネイティブ・アメリカンに対しての迫害の歴
史も忘れてはならない。

　1960年代から，公民権運動を背景として，主流文化へ溶け込むことを強制す
る「同化主義」（assimilationism）に対抗し，文化の多様性を価値あるものとし
て尊重する「多文化主義」（multiculturalism）の教育が展開された。多文化教育
では，すべての子どもの学力保障や，自文化の学習の保障が目指された。その
背景にはヘッドスタートなどの補償教育プログラムが主流文化を前提としてい
るという文化剥奪論に基づく見直しや，授業で扱われる人種や民族に関する情
報にステレオタイプや誤りがあることを明らかにした教科書分析の研究などが
あった。しかし，1980年代に入ると，文化的多様性を推進することで，伝統的

---

(8)　島田和幸「移民教育政策（Immigrant Education Policy）」アメリカ教育学会編『現代アメリカ
　　教育ハンドブック』東信堂，2010年，10〜11頁。

価値や秩序を壊し，アメリカを分裂に導くという批判が出てきた。[9]

　多文化教育の第一人者であるバンクス（James A. Banks）は，教育課程の改革が少数民族の問題だけでなく，女性や障害のある人などの弱い立場にある人々の集団や，貧困地域の生徒集団の問題まで拡大される段階を，多民族教育から多文化教育に移行した段階と位置付けている。また，教育人類学者のオグブ（John Uzo Ogbu）は，少数民族の子どもたちが学力不振に陥る要因として，子どものアイデンティティの拠り所である彼らの文化などへの配慮が欠けていること，多文化教育はそうした少数民族の文化を正当に配慮する教育であると述べている。[10]

　このように，たとえば，スペイン語も学校内での正当な言葉であり，文化であるとする考えが根付くことは，学校内で用いられる手話に対する見方にも変化を生じさせた。すなわち，手話も一つの言語であり，文化であるという見方である。既存の学校文化や社会的に構築されたカテゴリーの付与に対抗するための文化を構築すること，そのために教育にできることを模索してきたという点で，多文化教育とインクルーシブ教育は多くの重なりや共通の課題を有している。

3　インクルーシブ教育の実際

ある教室の風景

　障害のある子どもが一日すべてを通常学級で過ごす場合は「フルインクルージョン」と呼ばれ，1日5時間のうち1時間未満の通級指導教室への通級は，通常学級で過ごしたこととされる。通常学級では，担任の指導を受けながら，補助教師の個別支援を受ける。1時間から3時間程度，通級指導教室に通っている生徒も，一日の始まりは通常学級で始まり，通常学級籍とされる。ただし，通級指導教室担当の教師が通常学級でも付き添うことで，子ども同士の交流の壁になってしまうことや，集団学習に馴染みづらい自閉症児が通常学級で学び

(9)　松尾知明『アメリカ多文化教育の再構築──文化多元主義から多文化主義へ』明石書店，2007年。

(10)　江渕一公「第一章　多民族社会の発展と多文化教育」小林哲也・江渕一公編『多文化教育の比較研究　教育における文化的同化と多様化』九州大学出版会，1997年，3～28頁，19～22頁。

づらいなどの課題もみられる。その成否を握るのは通常教育を担う人々の意識や理解である。⑾　1日5時間のうち3時間以上を特別学級で指導を受ける場合は，（固定式）特別学級（self-contained）と呼ばれる。5〜10人程度の少人数の一人ひとりに目が届くクラス規模で，特別支援教育の資格を持つ専門の教員と専門職助手が配置され，その学級だけで独自に教育できる。ただし，1970年代には分離された教育への批判や，本来は知的障害でないにも関わらず，貧困家庭やマイノリティ生徒の子どもが措置されることへの批判も寄せられた。また，「落ちこぼれ防止法」以後は，クラスの平均点を下げないために，通常教室から子どもたちを分ける学校が増えた，という声もある。

　ここで紹介するのは，これまでに見てきたインクルーシブ教育の理想的な実態を示すものではない。マクドナルドさえない貧困地域の学校で，障害のある子どもたちが，他の子どもたちとどのように過ごしているのかをイメージしてもらうためのエピソードである。筆者が2014年に訪問したノースカロライナ州の中学校では，知的障害や自閉傾向のある子ども20名ほどが通級指導教室で授業を受けており，3名程度のグループに対して1人の教員がついて，読みの指導など異なる活動をしていた。

　特別学級は，活動場所を分け，目で見てそれぞれの生徒の予定がわかる工夫がされていた。ノースカロライナ州は，自閉症当事者や家族が地域で生活するための支援プログラム（Treatment and Education of Autistic and related Communication-handicapped Children [TEACCH]）で有名であり，その影響も見られる。帰りのスクールバスを待つ時間に，生徒は大きなバランスボールやソファなどに座り，1日を振り返り，自分の感情をコントロールできたかなどを自己評価表に記入していた。目標の8割を達成できていれば，タブレットを使って自由に遊べた。そうでない場合は，担当教員がそばに座り，うまくいかなかった授業ではどのようなことがあったのか，その時にどのような気持ちであったのか，明日からはどうすれば良いと思うのか，などを聞き，生徒自身が気づけるような支援がされた。

　重度の障害を持つ生徒たちのいる特別教室では，ヘッドギアをつけ，車いすに座ったまま動かない生徒が，スクリーンに映されたYouTubeを見ていた。

⑾　安藤，2001年，77〜94頁。

教室には４人の生徒と，４人の教員がいた。筆者が教室に入ると，教員から「その子の近くにいくとパニックになるから距離をおいてね」と注意された。ロッカーを開け閉めする女子生徒に対し，教員は「ああ，そろそろ食堂に行く時間ね。みんな用意しましょうか」と，無表情に見える生徒の目線や動作から要求や感情を推察していた。午後は，重度の障害を持つ生徒と通常教室の生徒たちが体育館に集まり，ペアになってキックベースのようなゲームをした。

　筆者もゲームに混じり，車椅子を押して次のベースまで進むなど一緒に楽しむ中で，思った。確かに，生徒たちは別々の教室で過ごすことが多い。さまざまな生徒が常に通常教室で授業を受ける「フルインクルージョン」は，この中学校では見られなかった。そこには，さまざまな要因があるだろう。たとえば，教育委員会や学校がそうした考えを持っていなかった，保護者から「フルインクルージョン」の要求がされていなかった，「フルインクルージョン」を実現するための資源が十分になかった，などである。一方で，このコミュニティには，重度の障害を持つ生徒がいけるような特別支援学校が近くにはない。隣の郡まで車で１時間以上かかるようなこのコミュニティにおいて，障害のある子どもが日中に唯一過ごせるのは，この校舎内だけである。そこには，生徒のことを考えられた教室環境が用意され，心優しく専門性のあるスタッフがついている。目の前で見ているのは，そこで日々を一生懸命に暮らしている子どもや教員，毎日車で送り迎えをする保護者が悩みながらも出した一つの形であり，各州で定められた「最少」制約環境の実態であるということだ。次は，学齢期に入る前の幼児教育におけるインクルージョンについて見てみよう。

インクルーシブ保育

　ノースカロライナ州の中心地ローリーから車で20分ほど行った住宅街にホワイトプレーンズ子どもセンター（White Plains Childcare center）という早期教育プログラムを提供する保育施設がある。非営利組織の運営する施設で1982年に創立されてから40年以上続き，州が行う評価では最高の５つ星である。州の教育委員会とは良い協力関係にあり，個別教育計画などのデータを共有している。元々は３歳から５歳を対象としていたが，入園したいという子どもが多いため，１歳から受け入れをしている。年齢に応じて５クラスあり，全体で52人いる。以下，筆者が2023年２月に訪問した際の様子を見てみよう。

　4歳から5歳の子どもがいるクラスでは，子ども16人に教員3人がつく。おおよそ半分の子どもに社会情動的・言語的・認知的・身体的な特別ニーズがある。自閉症やダウン症，発達の遅れ，人間関係の難しさがある子どもも多いと園長先生は言う。言語聴覚士や理学療法士などさまざまなスタッフが，視覚障害や食事を喉から取れない子どもを支援し，特別支援コーディネーターが個別教育計画に基づいて子どものアセスメントを行う。園長先生は，「私たちのところでは，社会情動的スキルを育むという点においてはうまく行ってると思うわ。自閉症であろうが，人工肛門がはみ出ていようが，誰も気にせずに，遊ぼうよ，と誘ってるし，休んでいる子どもにはクラスみんなが気にかけてメッセージを書いてくれます」と言う。個別支援と小グループを使い，クラスで家族のような雰囲気を感じられることを意識しており，先生が子ども一人にかかりっきりというよりは，子どもたちがお互いに協力できるような関わりをしている。

　保育室には鏡があるが，その周りには感情を表すアイコンがいくつかあり，子どもは自分を鏡で見て，自分がいまどのような表情で，どのような感情なのかを客観的に見ることで自己認識ができるようになっている。また，チョイスボードを使って，自分がこれから何をしたいかをカードで選び，自分で生活の見通しが持てるようになっている。テクノロジーも積極的に使われており，ボタンに読み上げた言葉を録音することで，トイレに行きたい時などはそれを押して伝える。言葉を覚えることが苦手な子どもが多い中で，どうすれば自分で意思表示し，コミュニケーションを図ることができるかを工夫した結果である。サークルタイムという，輪になって話をするスペースでは，ラグが敷かれて座れるようになっているが，椅子が1脚だけ置かれている。自閉症の子どもは空に浮かんでいる凧のような感覚になるため，椅子につかまることで安心できるようにという配慮だ。

　保育室の制作スペースには，子どものイニシャルごとに「真似ができる」「4インチごとに切り分けられる」などの個別教育計画の目標が貼られている。先生が代わって遊びに関わっても，その目標を意識して関わることができるようにするためだ。子どもを保育室から取り出して，週に3時間訓練するという方法でなく，みんなと一緒に生活する部屋の中で，一人ひとりに必要なことを意識して，遊びを通してその力をつけるなど，生活と練習を関連づけて行うことが重視されている。トイレの横にはソーシャル・ストーリーというファイル

図 9 - 2　感情のコントロールが難しくなっ
た時にいくスペース
　奥には，自分の感情を表すイラストボー
ドが掛けられている。別の保育室では，音
に敏感な子どものためにヘッドセットが置
かれていた。
出所：筆者撮影。

図 9 - 3　サークルタイムの時に，落ち
着いてクラスの輪の中に居れ
るための椅子
出所：筆者撮影。

が貼られ，「あなたが小学校に行ったら」という書き出しで，小学校でトイレ
に行くまでの手順が写真付きで紹介されており，子どもはトイレに行くたびに，
自立的に生活するために必要なことを物語を通して学べるようになっている。

　2004年の個別障害者教育法は，落ちこぼれ防止法と関連づけられることで，
通常のカリキュラムにアクセスできるようになった一方でテストがついて回っ
ていた。しかし，ここでは就学前の組織であるためテストを気にする必要もな
い。園長先生は，就学前の方がインクルーシブはしやすく，年を重ねるほど難
しいという。ただし，インクルーシブ保育が機能するためには，小さい規模で，
十分なスタッフがいて，という条件が必要になるとつけ加えた。「なぜ，障害
の有無に関わらず，こんなに多くの保護者が入園を希望するのですか？」と聞
いたところ，「小規模であること，保育の質が高いこと，家族を中心に保育を
考える，という方針が良いのかしら」「子ども同士で学び合うというところが
良いの，という母親もいたわ。一人ひとりの子どもを教えることができるなら，
誰でも教えられる，という考えを大事にしているの。たとえば，ここに手話の
ボードがあるけれど，これは，耳が不自由な子どもにとってだけでなく，学校
に行く前の子どもなら誰にでも役に立つでしょ。先生にとってもね」という答

えが返ってきた。

　園を紹介してくれた，ジャ
ニ・コズロウスキー（Jani Ko-
zlowski）先生は，保育室を一緒
に回りながら次のように説明し
てくれた。「インクルーシブ保
育を行うことで，障害のある子
もない子も，エンパシーやリー
ダーシップ，社会情動的スキル
が高まると指摘する研究もあり
ます。この園は，さまざまな工
夫を保育室に散りばめています。

図9-4　保育室で用いられる手話ボード
出所：筆者撮影。

たとえば，この玩具をしまう棚のケースも，目で見てわかるように写真を貼っ
て，子どもが自分でどこに片付ければいいかわかるようになっていますし，こ
の時計も，5分間という長さを目で見てわかるようになっています。このよう
に，生活や遊びの中で，子どもたちが自分たちで気づき，考え，動けるような
工夫がされています」。

　ホワイトプレーンズ子どもセンターを訪問して感じるのは，子ども一人ひと
りに「こう育ってほしい」というねらいを埋め込んだ環境構成を行うこと，家
庭的な雰囲気のクラスづくりを行い，遊びや生活の中で，子どもたち同士のつ
ながりの中で育ちが芽生えるような関わりをすることが大切と言うことだ。そ
のためには，小規模のクラスであること，保育の質を高める意識を持って工夫
し続けること，それらを保障する財源や人材を確保することも必要である。

4　アメリカから何を学ぶのか

　本章では，一人ひとりの権利の実現を目指した公民権運動を手がかりとして，
アメリカのインクルーシブ教育や保育を見てきた。市民として生活するための
権利として教育はとらえられてきた。それは，しばしば個々の権利保障を求め
る裁判がきっかけとなっていた。こうしたアメリカの歴史は，個人の権利保障
と公的な制度が実は密接に関係し得る，ということを改めて教えてくれる。ア

メリカのフェミニズム運動では，「個人的なことは政治的なこと」をスローガンに展開した。「それはあなた個人のことでしょ」として個人の訴えを退けることは避けるべきであり，「私一人が我慢すれば良い」と自分の思いを伝えないことも皆のためにならない。しかし，個人がそれぞれに異なるからこそ，公の制度をどうすべきかは難しい問題である。アメリカでのフルインクルージョンの要求も，一人ひとりで異なる。これまで教育的に排除されてきた知的障害のある子どもは通常教室へのアクセスを求めてきた。一方で，通常教育環境で一定の教育機会を付与されてきた学習障害のある子どもや，高い専門性と独自性に支えられた視覚障害や聴覚障害では，求めるサービスの要求も異なる。したがって，「フルインクルージョンを求める」と声を挙げても，一人ひとりの要求が異なるため，どのような制度が良いのかは必ずしも一致しない。そのため，「最少」制約環境と言う言葉のもとで，さまざまな実態が生まれていく。

　また，「落ちこぼれ防止法」を中心として，教育政策の理念は，教育成果の標準化や，競争的・罰則的な性格により歪められる危険性があることについても見てきた。1960年代に人種間で学力格差があることを早くから認識し，その解消に取り組んできた歴史があるにも関わらず，学校や学区の人口構成を考慮せずに一律に学力テストの結果で評価してしまうというアメリカの取り組みは，歴史から学び実践することが困難であることを物語っている。筆者は，2008年から2010年にかけて，「落ちこぼれ防止法」が学校現場にどのような影響を及ぼしているかの現地調査を行ってきたが，そこで出会った小学校の先生の言葉が忘れられない。その先生は，「私の担当しているクラスの子は，ボタン一つを押すのにとても時間がかかるの。だから，テストを受けるだけで3時間もかかってしまう」と，自筆で回答することが難しいため，選択肢問題を，ボタンを押して回答する生徒がいることを教えてくれた。同じ3時間があれば，目の前の子どもと一緒にどれだけのことができただろうか，テストで授業時間を奪われてしまったその先生のつぶやきからは，そうした思いが伝わってきた。財政的支援を受けるためには，テストなどの「客観的」な資料を根拠として自分たちの取り組みを示す必要があるが，それが子どもたちを苦しめるという矛盾が生まれることは，インクルーシブ教育を保障する制度づくりを進める上で留意する必要がある。インクルーシブな教育とスタンダードに基づく改革を考える一つの手がかりとして，すべての子どもにとって意味のある成果を考えるこ

と，最も脆弱な立場にある子どもに悪い結果をもたらさないようにすることが大切である。

　アメリカの教育や保育を考えるときは，日本にどのような点を取り入れることができるか，という視点を持つことが多いが，その際，日米のそもそもの文化や制度の違いを踏まえて考える必要がある。ノースカロライナ大学チャペルヒル校のフランク・ポーター・グラハム研究所で行われたグローバル教育をテーマとした授業に参加した際，国際比較調査を通じて，環境構成や子どもが居場所と感じられるクラスづくりなどの項目の調査結果を検討し，「高い質のインクルーシブなクラスとはどのようなものか？」が議論された。授業の最後には，その国の文化によりインクルーシブの定義は変わる，国が違うからそれで良いということではなく，他の国のことを学んで，自分の国に足りないことが何かを考えることが大切，というまとめで授業はおわった。本章を通じて，日本でこれから変えていくべきことは何かについて皆さんが考えたことをぜひ話し合ってみてほしい。

文献ガイド

ジェームス・M・バーダマン著，水谷八也訳『黒人差別とアメリカ公民権運動——名もなき人々の戦いの記録』集英社新書，2018年。

　本章で最初に取り上げた公民権運動がどのような経緯で生まれてきたのかが克明に，わかりやすく書かれている。迫害される恐怖と闘いながら歩みを止めなかったその歴史は，映画「ギヴァー」でネルソン・マンデラが映される1シーンのように，私たちに勇気を与えてくれる。エピローグに書かれた一言は，過ちの歴史から，私たちはどのように歩むことができるのかを教えてくれる。

赤木和重『アメリカの教室に入ってみた——貧困地区の公立学校から超インクルーシブ教育まで』ひとなる書房，2018年。

　特別支援教育を専門とする著者が，実際にアメリカに行った時のことを書いたもので，まるで自分もその教室に入ったような感覚となる。そもそも隣の人とは「違う」ことを前提とし個人に着目するアメリカと，周りの人と「一緒」であることや集団に着目する日本ではインクルーシブ教育のスタート地点も変わるという考えや，「イン

クルーシブ」という形式でなく，子どもの学ぶ権利を保障し，教育や発達の本質をみるべき，という指摘に共感できる。同じ著者による『「気になる子」と言わない保育』『キミヤーズの教材・教具』もすすめたい。

Jani Kozlowski, *Every Child Can Fly: An Early Childhood Educator's Guide to Inclusion*, Gryphon House, 2022

　本章で紹介したホワイトプレーンズ子どもセンターでの詳しい様子が書かれている。施設内の様子がよくわかる写真がたくさんあり，英語が苦手な人でも，保育室の様子がよくわかる。初学者用の本であり，アメリカのインクルーシブ保育の基本的なことを理解する上でも役立つ。

第10章

イタリア

大 内 紀 彦

1 イタリアのフルインクルーシブ教育の特徴と歴史的展開

フルインクルージョンを原則とするイタリアの教育

　イタリアの教育の最大の特徴は,「フルインクルージョン」を原則としていることである。特別学校や特別学級といった分離された場ではなく,通常の教育システムのなかに,あらゆる多様な子どもたちを「完全」に包摂する,こうした理念を大原則として行われているのがイタリアの教育である。

　実際に統計データを見てみると,SEN(特別な教育的ニーズ)が認定されている生徒の実に99%以上(調査対象の EU 諸国では最も高い割合)が,地域の通常の学校で教育を受けている。このことを踏まえれば,イタリアではフルインクルージョンの原則が全土に適用され,その原則がほぼ実現されていることがわかる。それゆえ,本章では,イタリアの教育をあえて「フルインクルージョン」の教育と形容し,日本も含めて,特定の地域や学校でのみインクルーシブ教育が実践されている国々の教育と明確に区別して論じることとする。

　今日ではフルインクルージョンの教育を実践しているイタリアだが,以前は,障害のある子どもたちのために,特別学校や特別学級といった場を設けて分離教育を行っていた。そのイタリアが,現在のフルインクルージョンの教育体制へと大々的に方向転換をはかったのは,早くも1970年代のことだった。以下では,イタリアの教育史において時代を画すことになった主要な教育法規や国際条約をとりあげながら,今日までのイタリアの教育改革の展開を跡づけてみることにしよう。

---

(1)　European Agency「The EASIE 2018 dataset cross-country analysis」入手先〈https://www.european-agency.org/resources/publications/european-agency-statistics-inclusive-education-2018-dataset-cross-country〉(参照2023-03-31)

(2)　European Agency「European Agency Statistics on Inclusive Education(EASIE)」入手先〈https://www.european-agency.org/activities/data〉(参照2023-03-31)

159

分離教育から統合教育へ──1977年立法令第517号

　イタリアの教育が，分離教育から統合教育へと方向を変更する端緒となったのは，ファルクッチ（Franka Falcucci）を委員長とする委員会がまとめ，1975年に公表された「ファルクッチ文書」である。そこでは，特別学校や特別学級を段階的に廃止していく方針が示されるとともに，抜本的な学校改革を通じて，通常の学校にすべての障害児を受け容れる統合教育への道筋が提案された。

　そして，ファルクッチ文書を土台にして，そのわずか2年後には法令第517号が法制化された。今日では，同法は，イタリア社会を根本から変えた「真の文化的な革命」と評されるほど，記念碑的な法令とされている。法令第517号には「特別学級の廃止」，「義務教育段階の地域の学校への就学保障」のほか，「支援教師の配置」，「学級定数の規定」，「数値的な成績評価の廃止」など，障害児をめぐる実際の学校運営に関わる具体的な内容が数多く含まれていた。イタリアは，この法令によって分離教育を止め，将来のインクルーシブ教育にむけて，その初期段階である統合教育へとはじめの一歩を踏みだした。

統合教育からインクルーシブ教育へ──1992年立法令第104号

　1992年に成立したのが，「ハンディキャップ者の援助，社会的統合および諸権利に関する基本法」という名称の法令第104号である。「教育権と学習権」を規定した第12条では，幼稚園や大学を含めたあらゆる学校段階で，障害児が通常の学校で教育を受ける権利が保障されることになった。1977年の法令第517号では，障害児が教育を受ける権利の保障は，義務教育段階に限られていたが，法令第104号では，その対象がすべての学校段階に拡大された。また，同法を通じて，障害児の学校教育における「包摂」のためのプロセスが明確化され，さらに学校内の教育・支援体制の強化や，学校と地域の関係機関との連携の整備などが示されたことにより，イタリアの教育は統合教育からインクルーシブ教育へと，さらに歩みを進めていくことになった。

2009年障害者の権利に関する条約の批准

　2006年，国連総会では，障害者の権利に関する条約（以下では，略称障害者権利条約で表記）が採択された。2009年，イタリアは同条約に署名・批准したうえで，この条約をそのまま国の法令として位置づけた。インクルーシブ教育に

関わる条項として，同条約には第24条１項に「障害者を包容（包摂）するあらゆる段階の教育制度及び生涯学習を確保する」，第２項には「障害者が障害に基づいて一般的な教育制度（通常の教育制度）から排除されない」と記されている。障害者権利条約に記載された障害者の権利やそれを実現するための具体的な措置は，イタリアの障害者施策を方向づける基本的な枠組みとして，ここに改めて確認された。

　とはいえ，1970年代に分離教育を廃止して以来，イタリアは通常の教育システムのなかにあらゆる多様な生徒たちを包摂するフルインクルージョンの教育を長きにわたって実践してきていた。障害者権利条約の起草にも関わったイタリア代表団の一員グリッフォ（Giampiero Griffo）は，障害者権利条約の教育に関する第24条は，「イタリア代表団がイニシアティブをとった成果でもあった。代表団は，イタリアの完全なインクルーシブな教育モデルを大いに推奨した」と述べている。[3] イタリアが1970年代から行ってきたフルインクルーシブな教育の取り組みは，障害者権利条約の第24条のなかに，実例を踏まえた理念として継承されたといえる。

ICF の導入による医学モデルからの脱却──2017年立法令第66号

　2017年法令第66号は，障害のある生徒たちの学校教育におけるインクルージョンを促進するための法令である。その第５条では，通常の学校で障害児に教育を行うにあたっては，WHO が2001年に採択した ICF（国際生活機能分類）のモデルにしたがって，「機能プロフィール」（P.F）と「個別教育計画」（P.E.I）の両文書を作成することが規定された。ちなみに，イタリアは2000年代の初頭から，教育分野における ICF 導入の試行実験を続けてきていた。ICF モデルは，従来のいわゆる「医学モデル」と「社会モデル」を統合した「相互作用モデル」といわれるものであり，イタリアの障害児をめぐる教育は，2017年立法令第66号をもって，これまでの「医学モデル」からの脱却を果たすことになったといえる。

---

(3)　ムーラ，A 著，大内進監修，大内紀彦訳『イタリアのフルインクルーシブ教育──障害児の学校を無くした教育の歴史・課題・理念』明石書店，2022年。

ICFの活用範囲の拡大と個別教育計画の新様式
──2019年立法令第96号と2020年省令第182号

　立法令第96号と省令第182号は，前述の2017立法令第66号を補完し，かつそれを具体化するものである。立法令第96号では，発達障害のある生徒たちの実態評価にもICFの考え方を採用することが追記されており，ICFの活用範囲がさらに拡大されたといえる。

　また，省令第182号で重要なのは，教育現場における個別教育計画の作成に関係する諸基準が，改めて明確にされたことである。さらに，省令第182号の公布に付随して，ICFの理念が反映された新たな個別教育計画が公開されており，現在では，この様式がイタリア全土に共通する標準的な様式となっている。[4]

2　通常の学校に障害児を受け容れる仕組み

障害の認定──1992年立法令第104号

　イタリアの教育における障害の認定は，1992年立法令第104号等の法令に基づいて行われる。特別学校や特別学級を設置することなく教育を行っているイタリアでは，障害のある生徒に対して，通常の学校でインクルーシブな教育を受ける権利を保障するために，障害の認定が行われていることが重要である。

　立法令第104号の「障害の認定」に関する第4条では，「障害，困難，恒常的な支援の必要性」の認定は，地域保健機構（AUSL）が行うとされている。また「教育権と学習権」を規定した第12条5項では，障害の認定に基づいて「機能診断」が行われ，次に「動態―機能プロフィール」が準備され，最後に「動態―機能プロフィール」をふまえて「個別教育計画」（P.E.I）が作成されるという一連のプロセスが明確に示された。

機能プロフィール（P.F）と多職種評価ユニット（U.V.M）

　障害認定の後に作成されることになるのが「機能プロフィール」（P.F）である。これは，2017年立法令第66号により，先述の「機能診断」と「動態―機能プロフィール」が統合されたものである。この「機能プロフィール」（P.F）は，

---

(4)　Ministero dell'Istruzione e del Merito "Il Decreto interministeriale" 入手先〈https://www.is-truzione.it/inclusione-e-nuovo-pei/decreto-interministeriale.html〉（参照2023-03-31）

「個別教育計画」(P.E.I) を作成するときの基盤となるもので，多職種評価ユニット (U.V.M) と呼ばれる専門職チームによって作成される。このユニットは，医師，小児神経精神科医，PT（理学療法士），OT（作業療法士），ST（言語聴覚士）などのリハビリを専門とする各セラピスト，社会福祉士など地域保健機構 (AUSL) に所属する職員が中心となって構成される。また，同文書の作成には，障害児の保護者も参加することになっている。

　機能プロフィールは，アセスメントの後に，ICF の「機能と障害と健康」に関する国際分類に基づいて作成される。機能プロフィールには，障害児の「機能の状態」に関するあらゆる情報が記されるほか，機能の状態を踏まえて，地域の学校でインクルーシブな教育を実践するにあたって必要となる専門家たちのスキル，包摂のための取り組み，推奨される構造的資源などが記載されることになる。

個別教育計画（P.E.I）とオペレーティング・グループ（G.L.O）

　「個別教育計画」(P.E.I) は，「機能プロフィール」(P.F) に基づいて作成される。1992年立法令第104号では，個別教育計画は，「教育と学習の権利を実現するために，特定の期間において，ハンディキャップのある生徒のために準備される教育的介入を記述した文書」と定義されている。これは，障害児に対する学校でのインクルージョンを促進するための教育計画であり，あらゆる学校段階において，各年度の初めに作成されて更新されていくものである。

　個別教育計画の作成に関与するのは，オペレーティング・グループ（G.L.O）と呼ばれる専門職チームである。このグループは，各教科の教師および支援教師，そして対象となる生徒の障害の実態に応じて，医師や各セラピストなど医療分野の専門職，教育士や自律とコミュニケーション・アシスタントといった教育・福祉分野の専門職，そして障害児の保護者で構成されることになる。

　「機能プロフィール」と同様に，「個別教育計画」もまた ICF の考え方にしたがって作成される。標準様式を見ると，例えば小学校用の様式は A4判で全12頁にもおよんでいる。そこには，生徒の実態や各教科の学習目標などが記載されるだけでなく，オペレーティング・グループの構成メンバーからはじまって，教育活動をめぐる生徒への配慮や支援措置，インクルーシブな学習環境の構築のための分析や配慮事項，個々に設定される時間割とそこに配置される専

SCUOLA PRIMARIA

[INTESTAZIONE DELLA SCUOLA]

PIANO EDUCATIVO INDIVIDUALIZZATO

(ART. 7, D. LGS. 13 APRILE 2017, N. 66 e s.m.i.)

Anno Scolastico _____

ALUNNO/A _____

codice sostitutivo personale _____

Classe _____   Plesso o sede_____

ACCERTAMENTO DELLA CONDIZIONE DI DISABILITÀ IN ETÀ EVOLUTIVA AI FINI DELL'INCLUSIONE
SCOLASTICA rilasciato in data _____
Data scadenza o rivedibilità: [_____] Non indicata

PROFILO DI FUNZIONAMENTO redatto in data _____

Nella fase transitoria:

☐ PROFILO DI FUNZIONAMENTO NON DISPONIBILE
   DIAGNOSI FUNZIONALE redatta in data _____
   PROFILO DINAMICO FUNZIONALE IN VIGORE approvato in data _____

PROGETTO INDIVIDUALE ☐ redatto in data _____ ☐ non redatto

PEI PROVVISORIO	DATA _____ VERBALE ALLEGATO N. _____	FIRMA DEL DIRIGENTE SCOLASTICO[i] .... ( ).
APPROVAZIONE DEL PEI E PRIMA SOTTOSCRIZIONE	DATA _____ VERBALE ALLEGATO N. 1	FIRMA DEL DIRIGENTE SCOLASTICO[i] .... ( ).
VERIFICA INTERMEDIA	DATA _____ VERBALE ALLEGATO N. _____	FIRMA DEL DIRIGENTE SCOLASTICO[i] .... ( ).
VERIFICA FINALE E PROPOSTE PER L'A.S. SUCCESSIVO	DATA _____ VERBALE ALLEGATO N. _____	FIRMA DEL DIRIGENTE SCOLASTICO[i] .... ( ).

(i) o suo delegato

Composizione del GLO - Gruppo di Lavoro Operativo per l'inclusione

Art. 15, commi 10 e 11 della L. 104/1992 (come modif. dal D.Lgs 96/2019)

Nome e Cognome	*specificare a quale titolo ciascun componente interviene al GLO
1.	

図10-1　イタリアの個別教育計画

門職の人的資源，さらに，学校と校外の関係機関との連携についても記述されることになっており，きわめて詳細で包括的な教育・支援計画だといえる（図10−1）。

特別な教育的ニーズ（B.E.S）のある生徒への対応──2010年法令第170号

2010年法令第170号は，学習障害（D.S.A）をはじめとした特別な教育的ニーズ（B.E.S）のある生徒への教育的措置を規定した法令である。この法令が出される以前は，障害認定にあたっては1992年立法令第104号のみが適用されており，障害認定の対象となるケースは限定的だった。それゆえ，障害の認定には至らないが，特別な教育的ニーズは有しているという生徒に対しては，必ずしも適切な支援が行えない状況があった。しかし，この法令第170号の成立により，発達障害のある生徒だけでなく，社会的・文化的に不利益を抱えている生徒，あるいは言語的な障壁を抱えている外国人生徒などをふくめて，多様な課題への対応が可能になった。また，こうした教育的ニーズのある生徒に教育活動を行うにあたっては，学校と家庭との連携，あるいは，必要とされる支援によっては多様な専門職との連携のもと，教育計画である「個別指導計画」（P.D.P）が作成されることになった。

ICF（国際生活機能分類）の活用──生徒の実態把握と個別教育計画（P.E.I）

2017年立法令第66号を皮切りに，イタリアの教育の世界には，ICF（国際生活機能分類）が本格的に導入された。また，イタリアの学校教育における障害児の受け容れのプロセスでは，「機能プロフィール」（P.F）と「個別教育計画」（P.E.I）が不可欠な役割を果たしているが，この両文書の作成が，ICFの考え方に基づいていることは先に述べた通りである。

良く知られているように，ICFのモデル図は（図10−2），「健康状態」，3つの「生活機能」（心身機能・身体構造，活動，参加），2つの「背景因子」（環境因子，個人因子）から構成されている。これらの様々な要素や要因が，互いに影響をおよぼし合った結果として，対象者の「生きることの全体像」を捉えようとするのがICFの考え方である。イタリアでは，ICFの「相互作用モデル」の考え方に基づくことで，障害のある生徒の実態が，多角的な視点から総合的に捉えられるようになった。

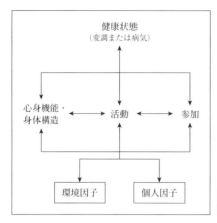

図10-2　ICF モデル図①
出所：ICF のモデルをもとに筆者作成。

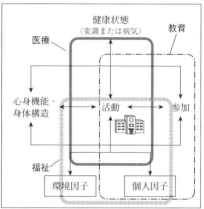

図10-3　ICF モデル図②

　次に，ICF のモデル図のなかの「活動」と「参加」の中間に学校を置き，そのうえに教育・医療・福祉分野の専門職の活動領域を重ねあわせた概念図を見てみよう（図10-3）。学校を中心とすると，大まかに言って，モデル図の右側中央に関わるのが教育の専門職，左側上に関わるのが医療の専門職，中央下に関わるのが福祉の専門職ということになる。「相互作用モデル」である ICF を活用することにより，障害のある生徒の実態は，教育・医療・福祉を統合した領域横断的な視点から把握できるようになる。裏を返せば，学校での実際の教育・支援活動には，各分野の専門職が連携して組織的に取り組んでいく必要があるということが，ICF の活用を通じて，再確認されたともいえる。

　ICF の考え方に基づいた生徒の実態把握，そして，この実態把握に裏づけられた専門職の連携による教育・支援活動は，個別教育計画の内容にも色濃く反映されている。もっとも重要な点は，生徒の実態や生徒が置かれている状況が，さまざまな要素や要因が相互に影響をおよぼしあっている「関係性」のなかで捉えられていることである。たとえば，生徒と支援者との関係性，生徒とクラスメイトとの関係性，生徒と周囲の環境との関係性，生徒と家庭や地域生活との関係性といったものである。イタリアの個別教育計画には，「全体状況についての所見：阻害因子と促進因子」，「インクルーシブな学習環境を実現するための全体状況への措置」，「インクルージョンの計画の全体的な仕組みと資源の

活用」などの項目がある。生徒の実態を，生徒を取り巻く「関係性」に注目して把握し，その関係性に専門職チームが組織的に働きかけをすることにより，インクルーシブな学習環境を構築し，インクルーシブな教育の実現を目指すのが，イタリアの実践の大きな特徴の一つだといえる。

3　フルインクルーシブ教育を支える学校の仕組み

学級編成

　イタリアの教育は，フルインクルージョンへと方向を転換して以来，通常の学校ですべての障害のある子どもたちを受け容れるべく，さまざまな改革や組織の再編を行ってきた。そのなかで，分離教育からインクルーシブ教育へと移行する初期段階に着手された改革の一つが学級編成である。1977年立法令第517号の第7条では，「障害のある生徒を受け容れる学級は，最大20名の生徒で構成される」と明記されている。

　現在のイタリアの学校の学級編成はというと，小学校で最小15名かつ最大で26名，中学校で最小18名かつ最大で27名，高等学校で最小27名とされている。障害児のいる学級の最大定員は，現在でも変わらず20名であり，1学級に在籍する障害児は2名程度までとされている。ただし，筆者が実際にイタリアで見聞したところでは，障害児が在籍する学級であっても，わずかではあるが20名を超える学級があったり，1学級に2名を超える障害児が在籍したりするケースも見受けられており，法的な規定の順守が課題だといえるだろう。

イタリアの教育実践を担う主要な人材

　イタリアの学校において，とりわけ障害児のいる学級の授業実践に携わる主要な人材は，①教師（各教科担当の教師および支援教師），②教育士（エドゥカトーレ），③自律とコミュニケーション・アシスタントの3つの専門職である。これらの専門職のうち，担任を兼ねている各教科担当の教師以外は，障害児の実態に応じて「加配」として配置されるため，必ずしもすべての授業に参加するわけではない。そして，これらの専門職が，実際に加配される時間数や対象授業は，支援の対象となる生徒の「個別教育計画」（P.E.I）の時間割の欄に記載されることになっている。

①　教師（各教科担当の教師および支援教師）

イタリアの教育現場で活躍する教師は，各教科の教師と支援教師である。イタリアでは，教科担当制が基本となっている（小学校では，1人の教師が複数の教科を担当）。現在では，すべての教師の養成が大学で行われており，現状では，幼児学校・小学校の免許取得には5年間，中学校・高等学校の免許取得には6年間，支援教師の免許取得には7年間を要することになっている。

　教員免許を有する教師のうち，フルインクルーシブ教育の実践においてキーパーソンとなるのは，「支援教師」の存在である。支援教師の免許を取得するには，基礎単位の取得のうえに，専科コースの履修および現場実習が加わることになっており，より専門的な知識と技能が要求される専門職だといえる。

　前述のように，支援教師は障害児が在籍する学級に「加配」として配置されるため，期待される役割の一つは，もちろん障害児の教育・支援ということになる。しかし同時に，支援教師は学級全体の運営にも責任を負っており，障害児が学級集団の一人として包摂されるように，インクルーシブな環境づくりのイニシアティブを執ることが期待されている。さらに，支援教師は，専門職間の支援ネットワークを円滑にするための「調整役」としての任務も担っている。

②　教育士（社会・教育分野）
　　　エドゥカトーレ

　社会・教育分野の教育士は，大学の教育学部等で養成される。教育士が学校教育の現場に派遣される場合は，社会的協同組合を介した派遣となっており，障害のある生徒の社会性の向上と人間間の相互関係のプロセスを手助けすることを目的とした支援に関わることになる。保健・医療分野にも教育士という専門職がおり，この分野の教育士の養成は，大学の医学部等で行われている。この分野の教育士が学校教育の現場に派遣される場合は，地域保健機構（AUSL）を通じての派遣となっている。

③　自律とコミュニケーション・アシスタント

　学校現場での教育実践を支える最後の専門職が，自律とコミュニケーション・アシスタントである。アシスタントの養成は，大学や専門学校に設置された課程で行われている。2017年立法令第66号によって仕組みが整備され，近年になって配置が進んでいる専門職であり，イタリア全土で5万7,000人以上が学校職員として働いているというデータが示されている。自律とコミュニケーション・アシスタントは，学校現場には社会的協同組合を介して派遣されてお

り，日常生活の自律支援やコミュニケーションのサポートを行うとされている。

また上記の３つの専門職に加えて，イタリアの学校では，たとえばスポーツや，音楽，アート，演劇などの特別活動が行われる際に，しばしば専門的な技能を持った外部講師が校外から招かれることがあることも注目される。

インクルーシブな教育と多様な学習形態

イタリアの教育学者ムーラ（Antonello Mura）は，学校を「社会的な機関」と定義したうえで，「学校は，文化や価値を作り上げる場所であり，そこには民主的な性質と，人間の成長の大切な意味を探求できる力が備わっているので，学校は，誰もが排除されることなく，将来に向けた人間形成のための経験ができる場となっている」と述べている。言い換えれば，民主的で，誰もが排除されないインクルーシブな学習環境を構築することにより，生徒一人ひとりの人間的・社会的な成長を促す教育を行うことが，イタリアの学校に求められているといえる。

イタリアの教育現場の実践の特徴として指摘できるのが，教育課程を柔軟に編成していることと，一つの授業で複数の教科にまたがる内容を扱う合科的な授業を多用していることである。イタリアの学習指導要領に当たる『教育課程のための国の教育指針』[(5)]は，日本の学習指導要領とは異なり，教科ごとに特定の学年段階で特定の内容を扱うといった指示が示されていないため，学校ごとに柔軟に教育課程を編成することが容易になっている。そこで，イタリアの学校では，個々の生徒の発達段階に柔軟に対応できる活動で，しかも教科の枠組みを超えた合科的な活動として，日本の学校の「特別活動」に相当するような活動や，演劇プロジェクト，音楽プロジェクト，ワークショップなど，一定の期間を費やして集団でおこなう活動に多くの時間が割かれている。これらの活動で目指されているのは，多様性を包摂するインクルーシブな学習環境を構築し，そうした環境のなかで，生徒たちが有意義な人間関係を形成していくことである。

筆者が実際にイタリアの学校を訪問して参観を行った際にも，同校の責任者

(5) Ministro dell'Istruzione dell'Universita' e della ricerca「Indicazioni nazionali per il curricolo della scuola dell'infanzia e del primo ciclo d'istruzione」入手先〈https://www.miur.gov.it/documents/20182/51310/DM+254_2012.pdf〉（参照2023-03-31）

より，「学校では子どもたちがお互いの存在を認識しあい，それぞれの間で関係性を築きながら，共に生きることを学ぶことがもっとも大切である」という基本的な理念が示されるとともに，生徒同士が多種多様な人間関係を構築すること，そして，生徒たちの学習意欲の維持を目的として，同一年度内に複数回，学年のクラス編成をし直したり，指導者の配置を入れ替えたりしているということが説明された。ここからも，イタリアの学校では，生徒間の人間関係作りに非常に配慮がされていることがうかがわれた。イタリアの学校では，子どもたちが「何を学ぶか」，「どのように自律性を高めるか」，「どのように社会性を身に付けるか」という主に3つの観点から，教師が授業づくりを行っているが，そのなかで最も重視されているのが社会性の獲得であり，それが具体的に意味しているのが生徒同士の適切な人間関係作りである。

　その一方で，イタリアの学校で取り入れられている多様な学習形態にも注目したい。イタリアのとりわけ小学校や中学校では，教師が主導しておこなう全体学習の授業は比較的少なく，その代わりに，教師が活動のテーマを提示したうえで，クラスを生徒同士のペアや4〜5人程度の小集団に分けて活動する授業が多用されている。また，障害児や多様なニーズを持つ生徒の実態に対応するべく，必要に応じて，リソースルームなどで教師と1対1で行う個別学習が設けられたり（あくまでクラスの活動に参加するための補助的な活動として位置づけられている），クラス全体の学習目標とは別に，特別な学習目標を個々の生徒ごとに設定することで，クラスの活動への参加を促すといった工夫がなされたりしている。

　多様な生徒たちの「包摂」を目的とした「インクルーシブな教育」と，個々の教育的なニーズに基づいた「個別化・個性化された教育」という一見したところベクトルが異なるかのように見える2つの教育を並行して実践すること，誰もが排除されないイタリアのフルインクルーシブな教育は，こうした両輪の教育によって支えられている。

4　フルインクルーシブ教育を支える仕組み——校外の関係機関との連携

地域保健機構（AUSL）

　地域保健機関（AUSL）は，すべての住民に国民保健サービス（SSN）を提供

するための機関であり，イタリア全土の地域に設置されている。同機関には，医師をはじめ看護師，PT，OT，ST，心理職，SW（ソーシャルワーカー），教育士（保健・医療分野）など，医療・福祉分野を網羅する専門職が所属しており，障害者に対しては，障害発生時から生涯にわたって，総合的な支援を行うことになっている。

　障害児への教育・支援活動を展開するにあたって，学校が連携する校外の関係機関のなかで，もっとも重要な役割を果たしているのが地域保健機構である。第2節で詳述したが，通常の学校に障害児を受け容れるための「障害の認定」→「機能プロフィール」（P.F）の作成→「個別教育計画」（P.E.I）の作成という一連のプロセスにも，地域保健機構に所属する多職種の専門家チームが直接的に関わることになっている。その意味でも，地域保健機構は，イタリアのフルインクルージョン体制を支えるために，不可欠な機能を担っている機関だといえる。

盲人協会・視覚障害教育相談センターおよび旧盲学校・聾学校

　イタリアでは，特定の障害領域のサポートを行う機関として，障害者団体などが運営する機関がある。その一つが，盲人協会の運営による視覚障害教育相談センターである。この機関は，点字や歩行などの指導を行う専門家を学校に派遣したり，触覚教材や拡大教材を提供したりしている。あるいは，学校としての機能を廃止した旧盲・聾学校が，地域の支援センターとなったり，健常の子どもたちを受け容れてインクルーシブな教育を行う学校に姿を変えたりして存続しているケースもある。これらの機関は，視覚障害や聴覚障害に特有の課題への対応や，特別な指導を行うための機能を有しており，学校が連携できる専門的な外部機関となっている。

地域支援センター（CTS），インクルージョン地域センター（CTI）

　地域支援センター（CTS）は，教育省の「新たなテクノロジーと障害」というプロジェクトでの合意に基づいて，自治体単位で運営されている機関である。特別な教育的ニーズ（BES）がある子どもたちの完全なインクルージョンの実現を目的として，学校間や学校とサービスを繋げるネットワークを構築し，地域内で活用できる資源を効率的に管理・提供したり，教師，保護者，生徒の相

談に応じたりするための機関となっている。

インクルージョン地域センター（CTI）は，障害のある子どもたちの教科学習を支えるために，各学校で取り組まれた指導実践事例などの情報を収集，蓄積，保存し，情報ネットワークを通じて，学校や家庭に提供する機関として設立されている。地域内で地域支援センター（CTS）との連携も行っている。

社会的協同組合

社会的協同組合は，協同組合の一種で，社会的・保健的・教育的なサービスを運営する A 型と，不利な立場にある人々の労働参加を目的としたさまざまな経済活動を行う B 型の 2 種類に大別することができる。社会的協同組合には，医療・福祉分野にまたがる専門職（医師，看護師，PT，OT，ST，心理職，SW，教育士，自律とコミュニケーション・アシスタント）などが所属しており，学校などの教育現場に専門職を派遣することもある。また，イタリアの社会的協同組合の B 型は，従業員の少なくとも30％が，社会的に不利な立場にある人々（精神障害者を主としたさまざまな障害者，移民などを含めた失業者，薬物依存者など）で構成される必要があるとされており，障害のある人々が，いわゆる健常者とともに働くための職場として，非常に重要な役割を果たしている。

5　ICF の活用から見るイタリアのフルインクルーシブ教育の特徴
——日本の教育との比較から

本章では，イタリアの教育における ICF の活用にたびたび言及してきた。近年の ICF の本格的な導入が，イタリアが行ってきたさまざまな教育実践の理論的な裏づけとなると同時に，新たに獲得された理論的な支柱が，イタリアのフルインクルーシブな教育の今後の展開と発展に大きく寄与することになるだろうというのが筆者の見立てである。そこで，ここでは日本の教育との比較を念頭に置きながら，ICF の活用から見るイタリアの教育の特徴を示しておくことにしよう。

教育・支援活動の学際的な広がり

イタリアのフルインクルーシブな教育の特徴として，まず挙げられるのが教育・支援活動の学際的な広がりである。生徒の実態把握や実際に展開される教

育・支援活動において，ICF の活用を明確に位置づけているイタリアでは，ICF の「共通言語」としての機能を介して，教育・医療・福祉などの領域が緊密な連携関係を築いている。日本の学校教育では，近接領域にあたる医療や福祉との連携が限定的であるのに対して，イタリアでは，「機能プロフィール」(P.F) や「個別教育計画」(P.E.I) といった文書の作成に，多職種にわたる専門職が直接的に関与したり，教育現場の実践にもさまざまな分野の専門職が積極的に参加したりするなど，学際的な広がりをもった教育・支援活動が展開されているといえる。

教育・支援活動の空間的な広がり

　イタリアのフルインクルーシブな教育・支援活動は，地域保健機構（AUSL）に代表される地域の専門機関との連携によって支えられている。学校という空間で教育活動を展開するにあたっては，多様な専門職が教育現場に派遣されるだけでなく，障害のある子どもたちは，授業のある日中にも，校外にある専門機関を積極的に活用して適切な治療やリハビリを受けられるようになっている。専門知や専門技能の活用に関するこうした空間的な横断性の高さは，イタリアの教育の大きな特徴の一つといえる。

　また，イタリアの教育の空間的な広がりに関しては，日本の障害児教育との比較から見えてくる重要な側面があることを指摘しておきたい。それは，イタリアの学校における教育・支援活動が，子どもたちが実際に暮らしている地域社会に開かれた連続した空間のなかで展開されていることである。日本の特別支援学校には，多くの生徒たちが，スクールバスなどを用いて広い地域から通学している。そのため，必然的に自分たちの暮らしのある地域社会とは空間的に切り離された場所で，教育活動が展開されることになる。しかし，地域の通常の学校ですべての障害児を受け容れているイタリアでは，子どもたちの日々の暮らしが根ざした地域生活と学校との連続性のなかで，教育や支援を行うことが可能になっている。

教育・支援活動の時間的な広がり

　イタリアの教育・支援活動の空間的な連続性は，地域保健機構（AUSL）に代表される地域の専門機関がもっている学校生活と地域生活を連結する機能に

よって支えられている。それと同時に，障害のある生徒に対するサポートの時
間的な広がりを保障しているのも地域保健機構の存在である。前述の通り，出
生時あるいは障害発生時に「障害の認定」を行うのは，地域保健機構に課せら
れた役割だが，そこから始まって，地域保健機構は，障害児への支援を生涯に
わたって行う任務を負っている。したがって，学校教育期間における障害のあ
る生徒への教育・支援活動は，地域保健機構による生涯にわたるサポートのな
かの一定の期間内に展開される活動として，一生涯にわたる継続的な支援のな
かに位置づけられている。

6　イタリアの教育の課題

イタリアのインクルーシブ教育の課題──イタリア統計局（ISTAT）2021/2022 年度の調査報告から

　イタリアではインクルーシブ教育の実施状況について，イタリア統計局が年
次調査を行っている[6]。近年の調査でしばしば指摘されているのは，イタリアの
インクルーシブ教育のキーパーソンともいえる「支援教師」の養成に関わる問
題である。最新の調査によれば，全国レベルで見てみると，支援教師が対応す
る障害児の数は，支援教師1人に対して約1.5人となっている。これは，2007
年の法令第244号で規定された，支援教師1人に対して2人とする基準を十分
に満たしている。しかし，内実を詳細に見てみると，支援教師の不足を補填す
るために，専門的な研修を受けることなく，各教科担当の教師が支援教師とし
て採用される割合が高まっており（イタリア北部で42％，南部で19％）大きな課
題となっている。筆者がこれまでにイタリアで実施してきた聞き取り調査によ
ると，希望する教科担当の教師になるためのいわば「近道」として，一時的に
支援教師の職に就くというケースが，イタリア全土を通じて多く見受けられる
ようである。

　また，とりわけイタリアの南部で不足が指摘されているのが，自律とコミュ
ニケーション・アシスタントである。全国レベルでは，アシスタント1人が対

---

(6)　Istat "L'INCLUSIONE SCOLASTICA DEGLI ALUNNI CON DISABILITÀ | A.S. 2021–2022"
　　　入手先〈https://www.istat.it/it/files//2022/12/Alunni-con-disabilita-AS-2021-2022.pdf〉（参照2023-
　　　03-31)

応する生徒は4.5人だが，たとえばリボリのあるカンパーニャ州では，その比率が１人に対して12人まで上昇していることが課題として指摘されている。

　さらに，最新の調査を見てみると，遠隔教育（DAD），ICT の活用，コンピューター端末の整備，バリアフリー，アクセシビリティ，特別な教育的ニーズの多様化などに関わるさまざまな問題が，改善が待たれる課題として挙げられている。⁽⁷⁾

残された特別な学校

　イタリアでは，障害のある子どもたちの99％以上が，地域の学校で教育を受けている。しかし，フルインクルージョンを大原則としながらも，実際には「例外なくすべて」の障害児が通常の学校で教育を受ける状況にいたっていない。それは，障害のある子どもたちのための「特別な学校」が，特例として各地に残されているからである。イタリアに残された特別な学校には，盲学校や聾学校，そして知的障害や肢体不自由の子どもたちを受け容れている学校がある。これらのうち盲学校と聾学校については，イタリア教育省が，北はミラノから南はシチリアまで18校の学校リストを公開しているが，⁽⁸⁾それ以外の学校の総数や詳細なデータは公開されておらず，不明な点が多いままである。

　しかし，筆者が実際に行った聞き取り調査からは，以下のことが明らかになっている。すなわち，北イタリアの都市ミラノのあるロンバルディア州などを中心に，イタリア全土で数十校の特別な学校が残されていること，それらの学校のほとんどは，在校生が数十人程度の小規模な学校で，大半の在校生には重度の障害があること，そして，これらの学校の多くは，病院やリハビリテーション施設に併設されていることなどである。

　フルインクルージョンを原則としながら，障害を持つ当事者やその家族からあえて「特別な学校」が選択されているという事実は，地域の通常の学校が抱えているさまざまな課題を改めて浮き彫りにするものであるといえる。たとえば，通常の学校では，重度の障害児への専門性の高い教育が確保できていない

---

(7)　Istat, "L'INCLUSIONE SCOLASTICA DEGLI ALUNNI CON DISABILITÀ A. S. 2021-2022"

(8)　Ministero dell'Istruzione e del Merito「Elenco scuole speciali 2019/20」入手先〈https://www.miur.gov.it/documents/20182/2182293/Elenco+scuole+speciali+201920.pdf/b03f205a-1e71-f2ea-0691-82ee5b706a4a?t=1562764085863〉（参照2023-03-31）

こと，看護師や各セラピストなどの医療分野の専門職が十分に配置されず，専門的な医療ケアやリハビリが行われていないこと，さらに専門的な医療設備などが整備されていないことなど，これまでの調査からは，通常の学校が抱える多くの課題が指摘されている。とはいえ，「特別な学校」であっても，フルインクルーシブの原則から除外されているわけではない。これらの学校に健常の子どもたちを受け容れることによって，いかにインクルーシブな学習環境を構築し，インクルーシブな教育を実現するかといったことが，各学校で検討されていることも最後に付言しておきたい。

文献ガイド

ムーラ，A著，大内進監修，大内紀彦訳『イタリアのフルインクルーシブ教育——障害児の学校を無くした教育の歴史・課題・理念』明石書店，2022年。

　現段階では，イタリアのペダゴジア・スペチャーレ（特別な教育）を体系的に知ることができる唯一の日本語文献である。紀元前からはじまって，障害児教育の起源としてのフランスの教育，さらにイタリアの教育の礎を築いたモンテッソーリを経て現代にいたるまで，イタリアの教育の歴史的な流れを概観できるようになっている。また，本書の冒頭近くには，日本語版監修者による現代の教育現場の制度説明や統計データも付載されている。

石川政孝ほか『イタリアのインクルーシブ教育における教師の資質と専門性に関する調査研究』国立特別教育総合研究所，2005年。

　イタリアのインクルーシブ教育に関わるさまざまな資料，データが紹介されているほか，1920年代から1990年代までの主要な教育関連法規が訳出されており，貴重な文献である。とはいえ，更新されるべき資料やデータも多く含まれており確認が必要である。同資料はインターネット上で入手できる。（独立行政法人国立特殊教育総合研究所〈https://www.nise.go.jp/kenshuka/josa/kankobutsu/pub_f/F-129.html〉）

第11章

スコットランド

伊 藤　駿

1　なぜスコットランドに注目するのか

　スコットランドは英国を構成する一地域である。しかし，独立した議会を有し，教育についても独自の制度で運用されている。また近年では独立選挙が行われたり，英国が離脱を表明したEUに独自に加盟しようしたりするなど，その独自性が顕著なものとなっている。

　一方で，英国，特にイングランドの特別教育（Special Education）や特別な教育的ニーズ（Special Educational Needs），そしてインクルーシブ教育は日本の特別支援教育やインクルーシブ教育に対しても大きな影響を与えてきた。しかしながら，同時にイングランドの特別教育・インクルーシブ教育政策はしばしば痛烈な批判がなされてきたことも事実である。たとえば教育社会学者であるトムリンソン（Sally Tomlinson）はイングランドの特別教育・インクルーシブ教育政策の成立過程を整理し，その関心が特別教育を受けた人や低学力の子どもを通常の学校から追い出すことにあったと述べている。[1]すなわち，イングランドのインクルーシブ教育は排除を伴うインクルージョンであり，それを称揚することの危険性を指摘したのである。そうした中，スコットランドはイングランドとの差別化という狙いもあり，先の指摘を乗り越えようとインクルーシブ教育政策を展開していると指摘されている。[2]こうした状況を踏まえ，本章ではスコットランドにおけるインクルーシブ教育について概観する。

　以下では，まず第2節において英国4地域におけるインクルーシブ教育の実態に注目しスコットランドの位置付けを統計データから示す。続いて第3節に

(1)　サリー・トムリンソン著，古田弘子・伊藤駿監訳『特殊教育・インクルーシブ教育の社会学』明石書店，2022年。
(2)　Riddell, S. and Weedon, E. "Changing legislation and its effects on inclusive and special education: Scotland" British Journal of Special Education, 41(4), 2015.

177

おいてスコットランドのインクルーシブ教育に関する制度について述べる。その後，スコットランドのインクルーシブ教育において核となる「付加的な支援のニーズ」（Additional Support Needs［ASN］）に注目し，その実態を明らかにする（第4節）。第5節においては，ある学校でのインクルーシブ教育の実践の様相を紹介する。その上で今後のスコットランドにおけるインクルーシブ教育研究を展望する（第6節）。

2　スコットランドの位置付け

　では英国4地域におけるスコットランドの障害児教育の位置付けを明らかにしていこう。本章では，欧州インクルーシブ教育統計局（European Agency Statistics on Inclusive Education［EASIE]）による「特別な教育的ニーズと教育の場に関する統計データ」の二次分析をもとに，先の位置付けを明らかにする。EASIE は2014年から2年ごとに調査を行なっており，筆者は2014年，16年，18年の3時点データのうち，初等学校の状況を分析した。これら3時点での調査参加国は27カ国である。

　このデータを用いる理由は，インクルーシブ教育を検討していく上で，「どこで」教育を行うのかということは重要な論点の一つであるということにある。さらに英国4地域以外の地域も対象となっており，それぞれの地域の特徴を把握するのに適していると考えられるためである。なお，特別な教育的ニーズという概念は障害概念と比して広範囲の子どもたちを対象としたものであり，その点については注意を要する。

　それでは分析結果を見ていこう。各時点での結果を図11-1〜3としてまとめた。

　いずれの図を見ても，イングランド，北アイルランド，ウェールズと比して，スコットランドの状況が特徴的であることがわかる。具体的には，スコットランドを除く3地域がSENの判定を受ける子どもの割合およびその子どもたちが通常学級で学ぶ割合が平均的であるのに対して，スコットランドはそのどちらもが著しく高い水準にある。すなわち，多くの子どもたちの特別な教育的ニーズに応答しようとしており，かつその応答を通常学級で実現しようとしていると考えられる。さらに3時点での変化を見ていくと，スコットランドが同

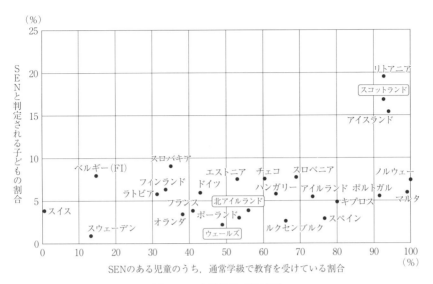

図11−1　初等学校（2014年）

出所：EASIE のデータをもとに筆者作成。

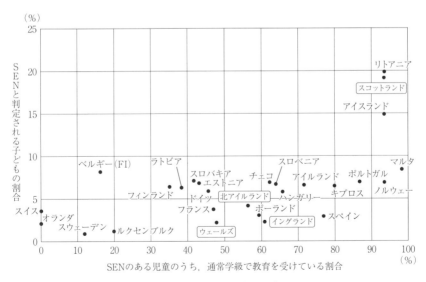

図11−2　初等学校（2016年）

出所：EASIE のデータをもとに筆者作成。

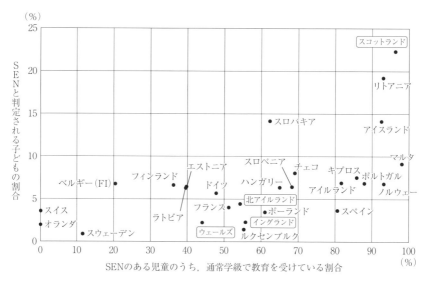

図11-3　初等学校（2018年）

出所：EASIE のデータをもとに筆者作成。

様の志向性を高めていることは明らかである。

　ここまでの議論を踏まえれば，スコットランドは他の3地域，そしてヨーロッパ諸国と比較しても特徴的なインクルーシブ教育実践を展開しており，かつその独自性が続いていることが示唆されていると言えるだろう。ではこうした独自性をいかにして作り上げていったのだろうか。次節においてはまずスコットランドの障害のある子どもへの教育がいかに作り上げられていったのかということを見ていこう。

3　スコットランドにおけるインクルーシブ教育制度

　先述の通り，スコットランドでは特に1999年の議会発足以降，教育についても独自の動きを見せるようになっている。そこで本節では議会発足後のスコットランドのインクルーシブ教育に関する制度を確認していこう。なお，議会発足以前からもその独自性は存在していたことには注意を要する。

　議会発足以降，スコットランドでは，いかにしてすべての子どもの教育を通常学校で実現させることができるのかということがインクルーシブ教育政策の

表11-1　インクルーシブ教育に関連する法制度

法制度名	公布年	本章での表記
Scotland's Schools etc. Act 2000	2000年	2000年教育法
Education (Disability Strategies and Pupils' Educational Records) (Scotland) Act 2002	2002年	2002年教育法
Education (Additional Support for Learning) (Scotland) Act 2004	2004年	2004年教育法
Education (Additional Support for Learning) (Scotland) Act 2009	2009年	2009年教育法
Equality Act 2010	2010年	2010年平等法
Children and Young People Act 2014	2014年	2014年教育法
the Natioanal Improvement Framework in the education (Scotland) Act 2016	2016年	2016年教育法

出所：Scottish Government "Consultation on Excellence and Eguity for All：Guidance on the Presumption of Mainstreaming" をもとに筆者作成。

中心課題として認識されてきた[3]。その結果として，特別学校の在籍者割合は増加を続けるイングランドに対して，スコットランドでは減少傾向にある。

　では，いかにして，特別学校在籍者割合を減少させてきたのか。スコットランド政府は，議会発足以降のインクルーシブ教育政策に影響を与えた法制度について，表11-1を挙げている[4]。以下ではその内容を簡潔に見ていこう。

　1999年にスコットランド議会が成立し，その直後スコットランド政府が交付したのが2000年教育法である。その15条においては，それまで通常学校ではなく特別学校で教育を受けることが適しているとされた子どもも含めて，すべての子どもを通常学校で教育する方針が示された。また，その実現に向けて，学習上の困難を抱えた子どもたちが学習できる環境を学校内につくっていくことの必要性が明示された。

　ただし，以下の3点に該当する場合は，特別学校に通うことが許容された（15条3項）。第一に子どもの資質・能力および適性を考慮すると特別学校という選択肢しかないと考えられる場合，第二に他の子どもたちと共に受ける教育という形式そのものが本人のニーズに応答できないとき，第三に対象となる子どもを受け入れるための整備のために莫大な資金が必要であるとき，である。そして，この3点に該当しない場合は，原則として通常学校への就学を推進す

---

(3)　Allan, J. "Inclusion for All?" in Bryce, T., Humes, W., Gillies, D., and Kennedy, A., eds., SCOTTISH EDUCATION FORTH EDITION, Edinburgh University Press, 2014.

(4)　Scottish Government "Consultation on Excellence and Equity for All: Guidance on the Presumption of Mainstreaming" 入手先〈https://consult.gov.scot/supporting-learners/presumption-of-mainstreaming/user_uploads/sct04173422181.pdf〉（参照2022-05-01）

181

る方針が明確に示されている。他方で，障害児やその保護者は自身が学校教育から排除されていると感じている場合，それを表明し，是正を求める権利が保障されていた（41条）。

　また2002年に，2000年教育法を踏まえて，その内容を推進していくため，2002年教育法が公布された。まず１条において障害のある子どもの学校教育へのアクセシビリティを高めるための戦略が具体例とともに示されている。また障害のある子どもが学校という場に物理的にアクセスできるという場の統合だけでなく，周囲の子どもや教師とのコミュニケーションを双方向的に行えるように配慮を行うなど，いうなれば関係性の保障についての言及もなされている（２条）。ただし，いかなる配慮を行っていくのかということは，学校の置かれている文脈や障害をはじめとする子どもの教育的ニーズに依存することは言うまでもない。そのため，それぞれの学校が障害のある子どもたちの教育へのアクセスをいかに保障していくのかという戦略を先のさまざまな条件も含めて示すことが要求された。また，子どもたちの状況や時間の経過も踏まえて適宜修正をしていくことも求められている（１条および３条）。

　こうした展開を受け，子どもの「ニーズ」を的確に把握していくことの必要性が学校現場でも叫ばれるようになった。特に当時のスコットランドは，全英で導入されていた「特別な教育的ニーズ」概念を用いていたが，それでは十分にニーズを捉えられていないという指摘が学校現場でもなされており，より広範囲のニーズを判定できる概念が求められていた[5]。こうした流れを受け，2004年にスコットランドは，2004年教育法を制定する。本法では，インクルーシブ教育を実現するために，学校現場で教育に十全にアクセスできていない子どものニーズを ASN として捉えることを試みている。この ASN についてはスコットランドの障害のある子どもの教育を検討していく上で核となる概念であることからその実態については次節で述べることとする。

　また2004年教育法はすべての子どもについての学習プランを検討することを要求している。その中でも特に個別的な支援が必要だと判断された子どもについてはコーディネートされた支援計画（Co-ordinated Support Plans ［CSP］）の策

---

(5)　Moscardini, L. "Additional Support Needs" Bryce, T., Humes, W., Gillies, D., and Kennedy, A. eds., SCOTTISH EDUCATION FORTH EDITION: REFERENDUM, Edinburgh University Press, 2014.

定を学校に求めた（2条）。つまり2004年教育法の制定は，ASNとCSPという2つを基軸にインクルーシブ教育を推進していくことが想定されていたと考えられる。その上で，この2004年教育法の内容をより精査し修正した2009年教育法が発行される。本法には，2004年教育法で導入されたASNの普及を受け，その内容をより実状に応じたものへと修正が加えられた。すなわち，ASNの普及をより推進していこうとしていたのである。

2004年教育法および2009年教育法によるASN等の導入により英国内においてもその独自性を際立たせていったスコットランドであるが，その後もインクルーシブ教育に関連する動向が見られる。まず2009年教育法の発表直後，2010年平等法が発表される。本法はスコットランドだけでなく英国全土で導入されたものであるため，ここではスコットランドに特徴的な内容かつ教育に関連する部分のみに注目する。

まず2010年平等法では障害だけでなく，妊娠歴，民族，宗教や信念，性別および性自認に対する差別を一切禁止した（4条）。その上で特に障害の問題については，必要とされる配慮がなされなかったり，提供されていたとしてもその配慮が権利保障のために機能しなかったりした場合も差別と認定されると明示した（6条）。たとえば，スコットランド政府によるEquality and Human Rights Commission[6]は，それぞれの子どもが抱えている背景や属性を理由に，学習に対する参加度に差が出たり，排除されたりすることが差別であると述べている。そして，特定の背景に起因するニーズに積極的に応答し，学習への参加度合いを高めるための「特別扱い」（Positive Action）の必要性を指摘している。

その後，子どもや若者の権利保障について重点的に扱っている2014年教育法が発行される。2014年教育法では，1条においてスコットランドの教育大臣の義務として，子どもの権利条約の要求事項に応答できるように，効果的な方策を検討し，その内容を実行し続けることが示された。そのために，ASNのある子どもだけでなく，すべての子どもに対する教育計画を策定すること，その中でも特にニーズがあると考えられた場合にはその子どもに独自の教育計画（Child's Plan）を作成することが学校に求められた（33条）。なお，この独自の教育計画が策定されるのは，第一に子どもがウェルビーイングを達成するため

---

(6) Eguality and Human Right Commission, Technical Guidance for Schools in Scotland, 2014.

のニーズを有する場合，第二に子どものニーズが従来の対応では満たされていない場合という2つのケースが想定されている。なお，公的機関が教育計画に基づいた支援を行わないと決定した際には，その理由を書面で示すことが求められた（34条3項）。

　2014年教育法ののちに公布されたのが2016年教育法である。本法では国定の改善に向けたフレームワーク（National Improvement Framework）が導入された（2条）。これ以降，学校教育に関する報告書をこのフレームワークに基づいて教育大臣が発行することが義務化された。また，教育機関には，このフレームワークに基づいた教育の改善や報告が要求され，その応答が求められることとなった。

4　スコットランドの特徴——付加的な支援のニーズ

ASN を取り巻く状況

　続いてスコットランドの障害のある子どもの教育を支える ASN についてその実態を確認していきたい。ここではまず ASN の概念が導入された2004年教育法に関する報告書からその定義を確認していこう。

　　学習への付加的な支援の法制度は，子どもおよび若者がスコットランドにおいて教育を受けることや，その家族を支援する制度を支える枠組みを提供するものである。この枠組のアプローチは包摂的であり，付加的な支援のニーズに基づいたものである。付加的な支援のニーズとは，いかなる理由であれ，期間を問わず，教育を最大限に享受するために付加的な支援を要する子どもおよび若者に用いるものである。[7]

　すなわち，ASN は子どもたちがいかなる障害を有しているのかということに注目するのではなく，むしろ「教育を最大限に享受する」ために何が必要なのかということに注目している概念であると考えられる。他方で ASN を有する子どもたちがどれだけいるのかという公開情報を確認すると障害種別での情

---

(7)　Scottish Government "Supporting Children's and Young People's Learning," 2012.

報を確認することができる。ここでは，2013年から２年ごとの状況に注目して
実態を確認していこう（図11‐4）。

　まず図11‐4の上部を見ると，ASN があると判定された子どもの数は増加
の一途を辿っていることが分かる。さらに障害のある子どもについて注目して
いくと，学習障害，盲ろう者は減少傾向にあり，ディスレクシア，その他の特
定の学習に対する困難，その他の中程度の学習に対する困難，言語もしくは口
話の障害，自閉症スペクトラム，情緒や行動における困難，身体的な健康問題，
精神的な健康問題については増加傾向にあることがわかる。また視覚障害，聴
覚障害，身体もしくは運動機能の障害については横ばいの状況が続いていると
言えるだろう。

　こうした傾向は，簡潔に述べれば発達障害とされる子どもたちの数は増加傾
向にあり，他方でそれ以外の障害のある子どもは横ばいもしくは減少傾向にあ
ると言い換えることができる。そして，先の定義に基づけば，発達障害の子ど
もたちが「教育を最大限に享受する」ことに困難が生じるケースが多く見られ
るようになったと解釈することができるだろう。

　では，こうした子どもたちはどこで教育を受けているのだろうか。2021年度
のデータを確認すると，ASN を有する子どものうち，約93％の子どもは通常
学級で学んでいる。他方で全ての時間を通常学級以外で過ごしている子どもた
ちも約５％存在している。すなわち，障害のある子どもも含めた ASN を有す
る子どもたちの多くは通常学級で学んでいるが，他方でまったく通常学級で教
育を受けていない子どもたちもまた存在しているということである。それでは，
実際に ASN を有する子どもたちはどのような支援を学校現場で受けているの
だろうか。その内容を続いて見ていきたい。

ASN を有する子どもへの支援

　ここでは，ある一人の子どもに対する支援を紹介する。初等学校４年生に在
籍している男児であり，書字に著しい困難があり，また集中力が持続せず短期
記憶が弱いという診断を受けている。この子どもが在籍する学級では，ASN
のある子どもがこの子どもだけであった。

　この子どもに対する支援は主に，学級全体に対して行われるもの，より個別
的な支援として行われるものの２つに分けられる。まず前者については，「学

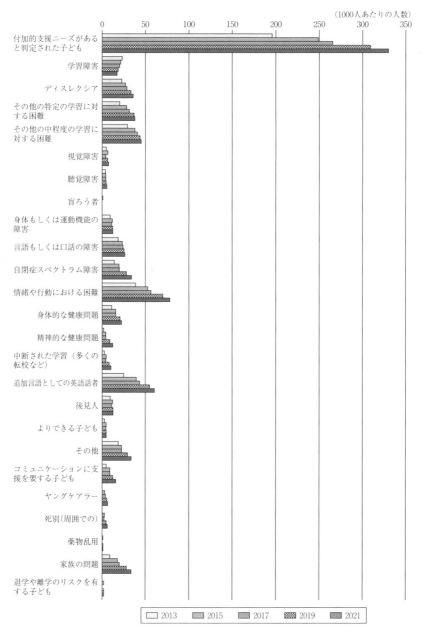

図11-4　ASN を有する子どもの推移
　出所：スコットランド政府の公開データをもとに筆者作成。

級内で喧嘩が起こった場合は，できるだけ平易でかつ仲直りができる言葉遣い
をする」「言葉だけで説明するのではなく，視覚的な目印を使って話をする」
といったことが共有されている。もちろん喧嘩をするのは当該児童に限らない
が，他の子どもたちが落ち着かないと，集中力に困難のある当該児童も落ち着
かなくなっていくという見立てのもと，支援内容として示されているのである。

　他方で，後者の個別的な支援について見ていくと，たとえば「差異化された
資源を使用する。特に他の子どもたちと比較して『大きい』ものを使用する」
「短時間でできる作業を示す」「両手でできることは，両手で行う」といった支
援が行われている。実際に筆者が当該児童のいる学級で参与観察を行った際に
は，こうした方針は担任教師はもちろんのこと，パートタイムの支援員などに
も共有されていた。

　ただし ASN はあくまで特定の背景を有する子どもたちが学校で困難を抱え
ているか否かという観点で判定される故に，ある学校では ASN があると判定
された子どもであっても，他の学校では判定されないというケースも存在して
いる。先に紹介した児童についても，彼が在籍する学級には ASN があると判
定されている子どもが 1 人であったために，彼の有する困難を捉えられたとい
うこともまた考えられるのである。実際の調査においても，SEN よりも広範
囲のニーズを捉えている ASN でも支援を要する子どもたちを十分に捉えられ
ていないという指摘もなされている。(8) こうしたことを踏まえれば，スコットラ
ンドにおける障害のある子どもたちの教育が ASN 概念を中心に展開され，そ
の適用範囲は拡大しているが未だ十分とは考えられていないという状況にある
と言えるだろう。

5　ある学校の事例──差異化の実践

　続いてスコットランドにおけるインクルーシブ教育の姿をある学校での事例
をもとに紹介していこう。ここで紹介するのはスコットランドの中でも特に貧
困状態にある地域に位置している学校の事例である。スコットランドではイン
クルーシブ教育を実現するために「差異化」(Differentiation) の実践に取り組

---

(8)　伊藤駿「スコットランドにおける付加的な支援のニーズの実態と現場での活用」『日英教育研
　究フォーラム』23，2019年。

んでいる。差異化とはたとえば同じ授業の中であっても，それぞれのニーズに応答できるように様々な手立てを用意することを意味している。本節ではこの差異化の取り組みについて，特に学校全体の次元で行われるものと，学級の次元で行われるものを取り上げる。

学校全体での差異化

　この学校では子どもたちの差異に応答するために学校全体での工夫がなされている。たとえば読み書きの授業（リテラシー）において，1年生から4年生までの子どもたちが，学年ではなくそれぞれの習熟度合いなどを踏まえてクラス分けされて授業を受ける。これはスコットランドにおいても移民の子どもたちをはじめ英語を母語としなかったり，文化が異なったりする子どもたちが共に学んでいるということによる。以下では実際に筆者が行った調査でのノーツを引用する。

　　休み時間が終わり，子どもたちが一旦教室に帰ってくる。その後，それぞれがリテラシーのクラスに移動していく。この教室の多くは，4年生の子どもたちであり，数名の3年生の子どもたちがやってくるという感じである。

　　　　　　　　　　　　　　　　　　　　　　　　　　　　（フィールドノーツ）

　しかし，同レベルの集団においても，全くもって同じレベルの子どもたちが集まっているわけではなく，クラスの中でも差異は存在する。そこで，この学校ではクラス分けの上でさらに子どもたちの差異に応じた支援や学習内容の調節が試みられている。

　　今日の授業は前回の続きで，映画のトレーラーを見て，そのトレーラーに関する問いに答えていくというものである。しかし，全員が同じ問いに答えるわけではないという。子どもたちの机の上には，プリントが置いてある。そのプリントは9マスに分けられており，様々なレベルの問題が用意されている（図11-5）。この中から自分が解くことのできる問いを選んで，ノートに答えを書くようだ。

　　　　　　　　　　　　　　　　　　　　　　　　　　　　（フィールドノーツ）

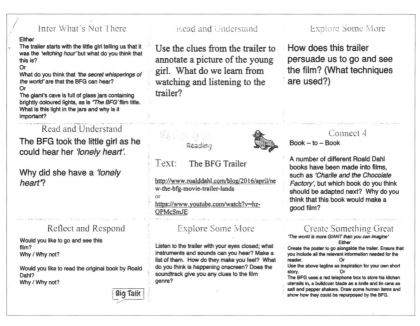

Inter What's Not There

Either
The trailer starts with the little girl telling us that it was 'witching hour' but what do you think that this is?
Or
What do you think that 'the secret whisperings of the world' are that the BFG can hear?
Or
The giant's cave is full of glass jars containing brightly coloured lights, as is 'The BFG' film title. What is this light in the jars and why is it important?

Read and Understand

Use the clues from the trailer to annotate a picture of the young girl. What do we learn from watching and listening to the trailer?

Explore Some More

How does this trailer persuade us to go and see the film? (What techniques are used?)

Read and Understand

The BFG took the little girl as he could hear her 'lonely heart'.

Why did she have a 'lonely heart'?

Reading

Text:　The BFG Trailer

http://www.roalddahl.com/blog/2016/april/new-the-bfg-movie-trailer-lands
or
https://www.youtube.com/watch?v=hz-QPMcSmJE

Connect 4

Book – to – Book

A number of different Roald Dahl books have been made into films, such as 'Charlie and the Chocolate Factory', but which book do you think should be adapted next? Why do you think that this book would make a good film?

Reflect and Respond

Would you like to go and see this film?
Why / Why not?

Would you like to read the original book by Roald Dahl?
Why / Why not?

Big Talk

Explore Some More

Listen to the trailer with your eyes closed; what instruments and sounds can you hear? Make a list of them. How do they make you feel? What do you think is happening onscreen? Does the soundtrack give you any clues to the film genre?

Create Something Great

'The world is more GIANT than you can imagine'
Either
Create the poster to go alongside the trailer. Ensure that you include all the relevant information needed for the reader.
Or
Use the above tagline as inspiration for your own short story.
Or
The BFG uses a red telephone box to store his kitchen utensils in, a bulldozer blade as a knife and tin cans as salt and pepper shakers. Draw some human items and show how they could be repurposed by the BFG.

図11-5　トレーラーを見ての課題

出所：フィールドワーク先の学校より提供。

　この図の中にはこの映画を見たことがあるか，というものから，トレーラーの中から読み取ったり自分の意見で書いたりするものがある。このように同じテーマを扱っていたとしても，その理解度には大きな差があることを認識し，さまざまなレベルの問いが与えられているのである。

学級でのインクルージョン

　先ほど見てきたのは，複数の学年を跨いでのインクルージョンの実践である。しかし母語か否かをはじめさまざまな理由で達成度が異なるリテラシーの授業とは異なり，学年段階に応じて学習を進めていく教科も多くある。そうした場合は学年という単位で学習を進めていきながら，その内容を差異化していくことが求められる。以下では，算数（計算）の授業を事例に学級内でのインクルージョンの様相を見ていくこととする。

　差異化をしていく上で，まず必要なのは子どもたちの実態把握とそれに対してどのような支援が可能なのか（＝アセスメント）ということである。スコット

ランドの学校現場においては，定期的にこのアセスメントがなされている。た
とえば，筆者が訪問している間では，算数の時間にアセスメントがなされてい
た。まず，その様子を引用したい。なお，アセスメントで用いられている問題
は図11 - 6の通りである。

　今日の算数の時間はアセスメントをするという。その様子を見ていると，8
　人ずつ呼び出されて，担任の先生の前で問題を解いていくようである。なお，
　その間，他の子どもたちは暗算のプリントをやっている。(中略) アセスメ
　ントの様子を見ると，サイコロなどを使って解いている子どももいるが，解
　き方について担任の先生は何もいわずにそのまま進んでいく。

　　　　　　　　　　　　　　　　　　　　　　　　　　　(フィールドノーツ)

　問題を解ければ，何をしても良い，ということではないだろうが，問題を解
いていくプロセスには差異があっても良いと担任の先生は筆者に語る。ただし
他の子どもたちに聞くということは許容されていないようであった。8人ずつ
丁寧に見ていくため，一斉にテストをするより何倍もの時間がかかる。しかし，
先のリテラシーでも見たように，学習内容を決めていく必要があるため，どう
してもそこは丁寧にやっていく必要があるという。
　こうしたアセスメントの結果，子どもたちはいくつかのグループに分けられ
ることになる。それでは，このアセスメントの結果に基づいて，どのような差
異化が図られているのか，具体的に見ていこう。

　朝，学校につくと先生が教室で机を並び替えたり，机の上に教材を用意した
　りしている。一番前の机だけにはコインを置かず，他の机にはコインを置い
　ていく。一番前の机はUpperの子どもたちが座るから，といい教科書を置
　いていく。(中略) コインが置いてある席に先生が座り，その机の子どもた
　ちに指示を出していく。その間，同じ机に座っているある子どもは違う問題
　を解いている。
　　　　　　　　　　　　　　　　　　　　　　　　　　　(フィールドノーツ)

　この授業では，全員がお金の計算の学習をするのだが，すでに暗算でできる
子どもたちには教科書を渡し計算の学習を進めるが，そうでない子どもたちに

Name:　　　　　　　　　　　　　Date:

Level 1　　Assenssment

Round 41 to the nearest 10 (41を四捨五入して10の倍数にしましょう)	Round 57 to the nearest 10 (57を四捨五入して10の倍数にしましょう)	Round 90 to the nearest 10 (90を四捨五入して10の倍数にしましょう)
Round 65 to the nearest 100 (65を四捨五入して100の倍数にしましょう)	Round 206 to the nearest 100 (206を四捨五入して100の倍数にしましょう)	Round 550 to the nearest 100 (550を四捨五入して100の倍数にしましょう)
Write three hundred and six in numbers (three hundred and six) (数字で306を書きましょう)	Write eight hundred and seventy in numbers (eight hundred and seventy) (数字で870を書きましょう)	Write nine hundred and five in numbers (nine hundred and five) (数字で905を書きましょう)
Partition 909 (909の約数を書きましょう)	Partition 376 (376の約数を書きましょう)	Partition 999 (999の約数を書きましょう)
Count forwards in 5s to 100 (100までの数を5ずつ数えましょう)	Count backwards in 10s starting at 100 (100から10ずつ減らしてカウントしましょう)	Count in 100s to 1000 (100から1000までの数を100ずつ数えましょう)
Write the numbers fact family 7+3=10 (下に出てくる3つの数字を使うことのできる計算式を作りましょう。7+3=10)	Write the numbers fact family 2×8=16 (下に出てくる3つの数字を使うことのできる計算式を作りましょう。2×8=16)	I have 102 cake. Jane has 110 cakes. How many cakes is that altogether? (私は102個ケーキを持っています。ジェーンは110個ケーキを持っています。合わせていくつありますか?)
I have 306 cars. Jane has 370 cars. How many cars do we have in total? (私は306台自動車を持っています。ジェーンは370台持っています。合計でいくつありますか?)	I have 900 sweets. Bill has 300 sweets. How many more do I have? (私は900個のアメを持っています。ビルは300個持っています。私はいくつ多く持っていますか?)	I have spent £222 on clothes. I had £444 to spend. What change will be given? (私は222ポンドの服を買いました。また私は444ポンド持っていました。お釣りはいくらでしょう?)
I have 200 cakes. I have to share them between 5 children. How many cakes will each child get? (私は200個ケーキを持っています。これを5人の子どもで分けたいと思います。それぞれの子どもはいくつもらうことができますか?)	Divide 36 by 6 (36÷6は?)	Divide 45 by 10 (45÷10は?)
Multiply 20 by 3 (20×3は?)	Double 61 (61の倍は?)	Double 201 (201の2倍は?)

図11-6　アセスメントシート(算数)

出所:フィールドワークをもとに筆者作成,翻訳。

は実物を見せながら計算してみるというようにそれぞれのレベルに分かれた指導がなされる。また中にはスコットランドに来て間もない子どももおりその場合はお金の種類（ポンドとペニーなど）を学習するところから始めていた。

　また事例の最後に，ICT を活用した差異化の実践を取り上げたい。この学校では，オンラインサービスを使って個々のレベルに合わせた教材を作成し，子どもたちが取り組めるようになっている。

　10時過ぎまでウォーミングアップ（運動）をし，その後はいつもの計算プリントという感じで授業が進んでいく。計算プリントをそれぞれに配ったあと，それぞれが取り組むレベルごとに呼び出して，子どもたちにモニターを使って問題を解かせている。10題程度の問題を短時間で出し，それにすぐに答えられるようにする，といったものである。　　　　　　　　（フィールドノーツ）

　ICT による個別最適化の実践は日本においても行われているが，スコットランドにおいてもインクルージョンのための戦略として積極的に用いられている。それぞれの達成度に応じて学習内容を差異化するということを，もし担任教員 1 人で行うとなればその負担はとてつもなく大きいものであることに間違いない。

6　スコットランドから何を学ぶのか

　ここまで，スコットランドにおけるインクルーシブ教育を取り上げてきた。ではこうした実践から私たちは何を学ぶことができるだろうか。もちろん他章でも言及されているように，他国・他地域の教育実践をそのまま日本に輸入することはできない。しかし，少なくとも分離を前提とする教育を脱し，通常学校への全員就学をインクルーシブ教育として推進するにあたりどのような制度が必要であったのか，またどのような実践でそれを実現しようとしているのかという点については学ぶことができるだろう。

　まず第 3 節で見てきた通り，これは当然のことではあるが，スコットランドのインクルーシブ教育も一朝一夕で成立してきたわけではないということである。イングランドから独立した議会を有するようになり，その直後から通常学

校への全員就学を目指してきた。たとえば，それまでに導入されてきた特別な教育的ニーズの概念を脱し，ASN を導入し，その効果が得られていると考えるとその範囲をより広げていた。インクルーシブ教育とは，その完成形はなく通常の教育システムで全ての子どものニーズに応答するために，システム自体を変えていくプロセスのことを意味している。[9]ここまで見てきたスコットランドのインクルーシブ教育はまさにそのプロセスを示すものであり，日本におけるインクルーシブ教育を考えていく上でも試行錯誤を繰り返していくことの大切さを伝えてくれると筆者は考えている。

　また，より具体的な示唆として，第5節で見てきた差異化の実践からは，日本における一斉指導の限界もまた示されているのではないだろうか。日本においては，学習指導要領に基づいた指導計画が策定され，基本的に同一の学級において同一内容を学ぶことが前提であることに疑いの余地はないだろう。しかし，スコットランドの差異化の実践は学校や学級の中で，子どもたちの差異に注目し，その差異に応じた指導を提供しようとしていた。そのために，時に学年をも超えた集団を形成し，子どもたちのニーズに応答しようとしていることは注目に値するだろう。また同一の学級においても全員が同じことを行うのではなく，学習内容の多様性が認められていた。もし，日本で同様の実践を行おうとするのであれば，ほとんどの学校で行われている，いわゆる一斉指導のあり方を手放し，子どもたちの差異に応じた指導を実現するためのシステム構築が求められる。

　最後にスコットランドにおけるインクルーシブ教育の課題についても述べておきたい。その一つに対人関係に起因する困難を抱えている子どもたちが挙げられる。スコットランドにおいては通常学校への全員就学を志向するがゆえに，特別学校の数も減少傾向にあり，対人関係に困難を抱えていたとしても他の子どもたちと同様に通常の学校に通わざるを得ない状況がある。こうした子どもたちへのインクルージョンはどうあるべきか，スコットランドの学校現場でも議論は続いている。[10]

(9) 野口晃菜「インクルーシブ教育を実践するための学校づくり・学級づくり」青山新吾『インクルーシブ教育ってどんな教育？』学事出版，2016年，14〜28頁。
(10) 伊藤駿「通常学校への全員就学をインクルーシブ教育として志向することに伴う困難——スコットランドにおける ACEs を有する子どもたちの事例から」『比較教育学研究』59，2019年，2〜22頁。

〈付記〉

　本章は科研費（22K02375および23H00986）の成果の一部である。また，本章の内容は伊藤駿「スコットランドにおける障害のある子どもの教育——その特徴とコロナ禍による変容に注目して」『比較教育学研究』65，2022年，23〜40頁，の内容を加筆修正したものである。

文献ガイド

ハリー・ダニエルズ，フィリップ・ガーナー著，中村満紀男・窪田眞二監訳『世界のインクルーシブ教育』明石書店，2006年。

　　本書は世界の様々な国や地域で行われているインクルーシブ教育の実態を紹介したものである。残念ながらスコットランドは紹介されていないものの，本章で見てきたスコットランドや自身の学校経験と比較することで，インクルーシブ教育の多様性を実感することができるだろう。ただし，日本の章からも明らかな通り，現在では制度の変更などもなされている可能性があるため，その点には注意が必要である。

ラニ・フロリアン編著，倉石一郎・佐藤貴宣・伊藤駿・渋谷亮・濱元伸彦監訳『インクルーシブ教育ハンドブック』北大路書房，2023年。

　　スコットランドのインクルーシブ教育政策に多大な影響を与えた，フロリアン氏によって編まれたインクルーシブ教育論集である。本書も様々な国を取り上げており，その中にスコットランドも含まれている。またインクルーシブ教育の論点を網羅的に取り上げており，まずは自分の関心のある章から読み進めることを推奨したい。

サリー・トムリンソン著，古田弘子・伊藤駿監訳『特殊教育・インクルーシブ教育の社会学』明石書店，2022年。

　　本章でも取り上げたが，インクルーシブ教育政策を批判的に検討した書籍である。掲載されている事例はイングランドや米国，ドイツなどであるが，日本のインクルーシブ教育政策にも通底する点が多くあると筆者は考えている。インクルーシブ教育や特殊教育（特別支援教育）に違和感を持っている人やインクルーシブ教育を社会学的に検討したいと考えている人におすすめの一冊である。

第12章

オーストラリア

原田琢也・竹内慶至・濱元伸彦

　本章では，オーストラリアにおけるインクルーシブ教育を取り上げる。オーストラリアは連邦制国家であり，教育制度の内容や運用は各州（正確には州および準州，首都特別地域）に大きな権限が与えられている。本章ではオーストラリアの中でも特にクイーンズランド州（QLD 州）のインクルーシブ教育に焦点を当て，議論を進めていく。

　本章の構成について記しておく。第1節では，国家としてのオーストラリア連邦がどのような社会状況のなかでインクルーシブ教育を進めているのかについて概観する。そして，そのような教育政策の背景にある政治動向についても述べていく。第2節以下では，クイーンズランド州におけるインクルーシブ教育に焦点を絞り，そこでの教育政策および教育実践についてみていく。第2節ではクイーンズランド州のインクルーシブ教育政策と教育制度について述べる。第3節および第4節においては教育実践に焦点を移す。第3節ではクイーンズランド州立の A 小学校，第4節では同じく州立の B 中等学校における教育実践について記述する。最後に第5節で全体のまとめを行い，新自由主義が台頭する中でインクルーシブ教育を推進することをどう考えるべきかについて考察する。なお，本章において「子ども」を表す語として初等教育・中等教育を区別することなく「生徒」を用いることにする。

1　オーストラリアにおけるインクルーシブ教育政策と新自由主義

白豪主義からの決別と「多文化主義」

　現代社会において，オーストラリアはカナダと並び「多文化社会」（Multicultural Society），あるいは「多文化主義」（Multiculturalism）政策を採用している国家として知られている。多文化主義——すなわち，さまざまな文化を尊重し，排除や差別を行うことなく，多様な人々と共に平和で安心・安全な社会を構築していく——そのような理念とイメージに多くの人は共感するのではないだろ

うか。だが，事はそう単純ではない。

　オーストラリアの歴史と政治過程を辿っていくと，オーストラリアはかつて，「白豪主義」（White Australia Policy）と呼ばれる白人優先の社会体制を採用し，非常に排除的で人種差別的な国家であったことがわかる。具体的に白豪主義とは1901年に制定された移住規制法案（Immigration Restriction Act 1901）による有色人種の移住制限，公民権の制限を指す。その後，オーストラリアが白豪主義から脱却し「多文化主義」へと舵を切ったのは1970年代の後半であった。オーストラリアが「多文化主義」を採用するに至ったのは，白豪主義的な政策が「不都合なもの」⁽¹⁾となったからである。つまり，オーストラリアが従来の英国依存の国家から「アジア・太平洋国家」としてさらなる発展を求めた際に，足かせとなったということである。さらに，その当時の，非英語系ヨーロッパ系住民の増加という現実，米国での公民権獲得のための大衆運動による刺激，増加したヨーロッパ系移住民のヨーロッパへの帰還の動きなどの理由によって，白豪主義政策を捨て去ることとなった。⁽²⁾

　要するに，オーストラリアは国家としてその生き残りをかけて「多文化主義」政策を採用したのである。もちろん，たとえ「不純な」動機であったとしても，結果が良ければそれでよいのではないか，という考え方もある。だが，一般に言われるほど，「多文化主義」政策は手放しで喜べるものではない。オーストラリアで採用された「多文化主義」はあくまでも「国家の都合」によって採用されたものであり，しかもそれは「経済優先」の多文化主義政策であった。

　オーストラリアにおいて「多文化主義」政策が国家政策として採用された後も，「多文化主義」に対する批判や逆風は続いた。その結果，「多文化共生的多文化主義」から「多文化競生的多文化主義」とでも言うようなかたちで，経済優先の色彩が強まった。つまり，マイノリティを包摂し共に共存していこうという「共生」（＝多文化共生的多文化主義）から，さまざまな人の属性による差別を無くし各人固有の能力を基盤に競争的な環境を作っていこうとする「競生」（多文化競生的多文化主義）へという変化である。

（1）　関根政美「白豪主義終焉からシティズンシップ・テスト導入まで——多文化社会オーストラリアのガバナンス」『法學研究：法律・政治・社会』83(2)，2010年，8頁。
（2）　同上，8頁。

　さらに近年では，そもそも「多文化主義」という言葉を使用せずに，「シティズンシップ」（citizenship）という表現を重用するようになってきているということが指摘されている。[3]これはある意味「多文化主義」の「脱色」であると言えよう。このように見てくると，実は「多文化主義」というもの自体が新自由主義的な経済政策とことのほか親和的であったということがわかる。オーストラリアではこれまで述べてきたような基盤のうえに現在の教育政策や障害者政策が打ち出されているということに注意を向ける必要があるだろう。

オーストラリアにおけるインクルーシブ教育

　オーストラリアは教育政策に関して，各州が責任をもって実施することになっており，州によって教育内容も異なっている。それゆえ，ひとつの国家として教育制度や教育内容の「統一化」「共通化」を推し進めようという動きがあった。[4]その結果，2008年には「メルボルン宣言」（Melbourne Declaration）が出され，「オーストラリアン・カリキュラム」（Australian Curriculum［AC］）と呼ばれるナショナル・カリキュラムの導入が決定された。その後，順次統一した教育カリキュラムが各州で採用され，現在ではすべての州で運用されている。

　重要なのは，この AC が，「すべてのオーストラリアの生徒のため」に設計され，障害のある生徒や特別な才能のある（ギフテッド／タレンティッド）生徒だけでなく，英語が付加的な言語あるいは方言である生徒などもその対象として想定された，「インクルーシブなカリキュラム」として計画が立てられているということである。[5]そのような前提のもと，支援が必要な生徒，たとえば障害のある生徒に対しては，合理的調整（reasonable adjustments）と個別ニーズ（individual needs）に応じた教育戦略を策定することによって同世代の生徒達と「同じ基準」で教育を受けられるようにすることが求められている。[6]

　この AC は，「1992年障害者差別禁止法」（Disability Discrimination Act 1992）

(3)　関根政美「白豪主義終焉からシティズンシップ・テスト導入まで——多文化社会オーストラリアのガバナンス」『法學研究：法律・政治・社会』83(2)，2010年。

(4)　青木麻衣子・浮田真弓「『オーストラリアン・カリキュラム』を読む」『日本語・国際教育研究紀要』24，2021年。

(5)　Australian Curriculum, Assessment and Reporting Authority（ACARA）ウェブサイト，入手先〈https://www.australiancurriculum.edu.au/〉（参照2023-03-09）

(6)　同上。

およびそれに基づいた「2005年教育のための障害基準」(Disability Standards for Education 2005) にのっとり教育を提供することを謳っている[7]。

　さらに，このようなインクルーシブな教育システムが適切に運用されているかについて継続的にモニタリングするためのシステムとして「障害のある学校生徒に関する全国統一情報収集」(Nationally Consistent Collection of Data on School Students with Disability [NCCD]) が構築され，オーストラリア全土で「調整」(adjustments) を受けている障害のある生徒の情報が収集，提供されている。NCCD を用いることで，障害のある生徒へのサポートについて継続的に振り返り，修正を加え，より良いサポートの提供につなげられていくことになっている[8]。この NCCD システム整備の背景には，オーストラリアが2008年に批准した「障害者権利条約」に関する障害者権利委員会からの勧告において「合理的配慮の提供」および「各州での障害基準実施範囲についての調査」の必要性が指摘されたことがあるという[9]。

　また，障害のある生徒に限った話ではないが，オーストラリアでは「ナプラン」(National Assessment Program [NAPLAN]) と呼ばれる全国学力テストが2008年から導入され，さらに「マイ・スクール」(My School) という全国の学校に関する情報を一元的に検索・閲覧できる情報システムが整備されている。このような生徒―学校―教育行政に関する一元的な教育情報システムの整備によって，「不可視化」されがちな教育現場の状況が「可視化」されるという利点，あるいはシステムがない場合「不可視化」されるがゆえに劣悪な教育環境に留め置かれるという状況が改善される可能性が生じるという意味では歓迎すべき面もある。しかし，一方で，好もうと好まざるとに関わらず競争的状況にすべての人々が参入させられていく可能性もある。

　このように，オーストラリアにおいては，国家レベルで教育の「統一化」「共通化」が進み，その前提として，すべての生徒が学校教育に「平等な市民予備軍」として参加するという「インクルーシブ教育」が組み込まれている。

(7)　ACARA ウェブサイト。

(8)　Nationally Consistent Collection of Data on School Students with Disability (NCCD) ウェブサイト〈https://www.nccd.edu.au/〉(参照2023-03-09)

(9)　山中冴子「オーストラリアにおけるインクルーシブ教育システム構築に関する動向」『埼玉大学紀要 教育学部』70(1)，2021年。

2　クイーンズランド州のインクルーシブ教育政策

クイーンズランド州の概要

　オーストラリアの中で，本章で注目するクイーンズランド州は，同国の北東部に位置する人口約510万人の州である（図12-1参照）。近年，クイーンズランド州は，国内の他州や海外からの人口流入が急速に進み，民族的背景においても多様性が増している。2021年国勢調査によれば，人口のうち約3割が海外生まれであり，欧米圏の国々

ケアンズ

クイーンズランド州

州都・ブリスベン

図12-1　オーストラリアの地図

のほか，インドや中国，アフリカからの移民が増えている。また，民族的な多様性という点で見逃すことができないのが，全人口の約1割を占める先住民の存在である。先住民のうち特に多いのがアボリジナルおよびトレス海峡諸島出身の住民（約24万人）であり，かれら独自の言語と文化をもっている。

「インクルーシブ教育声明」と「ターゲット・グループ」

　障害児の教育をめぐる国際的な動向を受け，クイーンズランド州は，1980年代より統合教育やメインストリーミングの推進に力を入れるようになり，この取り組みを通して，特別学校（日本でいうところの特別支援学校）の多くが閉校となった。さらに，1990年代以降は「包摂」「社会的公正の追求」を公共政策のテーマとして位置づけるようになる。この流れの中で，2005年にクイーンズランド州は「インクルーシブ教育声明」（Inclusive Education Statement）を発表した。この声明では，「すべての子どもの学習のバリアを取り除き，不平等を是正すること」「すべての生徒に平等かつ適切な教育の機会を提供し，教育成果を最大限に高めること」が目標として掲げられた。特に，連邦政府が「ターゲット・グループ」と呼ぶ，教育において排除されがちな背景をもつ生徒の教

育支援の充実が目指された。ここでいう「ターゲット・グループ」には，障害のある生徒，学習困難および情緒面や態度・行動面で問題を有する生徒，先住民生徒，英語を母語としない生徒，社会経済的に低い階層の生徒，遠隔地に住む生徒，学校を中退する可能性のある生徒などが含まれる[10]。2010年代に入ると，「インクルーシブ教育声明」の目標を全ての子どもに対して実現するための教育戦略が作られ，そこでは「全ての生徒の成功」（Every Student Succeeding）がキーワードとして位置づけられた。

「教育的調整プログラム」

　この2005年のインクルーシブ教育声明以降の取り組みをみると，クイーンズランド州では，障害のみに限定しない，「多元的なインクルーシブ教育」を実現しようとしていることがわかる。しかし，州として障害の問題を軽視していたわけではなく，連邦政府の「障害者差別禁止法」（1992年）やクイーンズランド州の「差別禁止法」（1991年）を根拠として，インクルーシブ教育実現の柱として，学校における障害のある生徒の教育支援も強化されてきた。特に2000年代半ばからは，クイーンズランド州独自の障害生徒のニーズのアセスメントおよび学習への参加にむけた合理的調整を提供する仕組みとして「教育的調整プログラム」（Educational Adjustment Program［EAP］）が導入された。EAPは，州が取り決めた6つの障害カテゴリー（自閉症スペクトラム，聴覚障害，知的障害，身体障害，言語障害，視覚障害）に対して，州統一のシステムで付加的支援に必要なリソースの配分を決める仕組みである。公立（州立）・私立を問わずすべての学校は，この6つの障害カテゴリーにおいて支援を要する生徒について，学校内でのアセスメントや専門諸機関による診断等の情報を整理して州政府に提出し，州政府の認証に基づいて障害のレベルに応じた付加的支援が決定される。この全州統一の仕組みをもつことで，学校間・地域間の資源の不公平をなくすことができ，また，合理的調整の考え方にねざした支援の普及にもつながっている。

---

(10)　本柳とみ子『オーストラリアの教員養成とグローバリズム──多様性と公共性の保証に向けて』東信堂，2013年。

新自由主義と「インクルーシブ教育政策声明」

　このように州としてインクルーシブ教育の推進が目指されてきたクイーンズランド州であったが，学校現場でそれがスムーズに実現されてきたかというと，そうともいえない。現実には，前節で述べた新自由主義的な教育の考え方も強まる中，一人ひとりの生徒の学力向上が重視され，障害のある生徒が学校内の特別教育ユニットなど分離的な環境で学ぶ割合も増えてきたという。また，学校現場の教員たちにはインクルーシブ教育の理解が十分浸透しておらず，インクルーシブ教育はもっぱら障害のある生徒の教育の充実だと認識されがちであった。

　以上のような状況を受け，クイーンズランド州政府は2010年代半ばより，インクルーシブ教育の政策の仕切り直しに踏み切っている。この仕切り直しのきっかけの一つに，国連・障害者権利委員会がインクルーシブ教育推進の手引きとして一般的意見第４号を発表したこともある。クイーンズランド州政府は，この一般的意見第４号の内容を取り入れながら，2019年には先の声明の改訂版となる「インクルーシブ教育政策声明」(Inclusive Education Policy Statement)を策定した。この新たな声明の冒頭では，声明のねらいを「我々の共通のビジョンは，クイーンズランド州の学校において全ての生徒が成功できること，その学校コミュニティに帰属し，学習に目的をもって参加し，学業的な成功を修めるのに必要なサポートを得られることである」と明記している。

　同声明は，インクルーシブ教育の目標として，州の教育関係者に，全ての子どもや若者に対して次の４点を保障するとしている。

①　自分の地域の州の学校（ないしは教育センター）に通学し，学べること。

②　質の高い教育にアクセスかつ参加でき，同年齢の仲間とともにカリキュラムに十分に取り組めること。

③　いじめや差別，ハラスメントのない安全で支持的な環境の中で学べること。

④　それぞれの学習ニーズに合わせた合理的配慮や支援により，学業的にも社会的にも自分を伸ばせること。

　これら４点は，あくまでクイーンズランド州独自のインクルーシブ教育の目標であるが，障害者権利条約の考え方にねざした，普遍性のあるインクルーシブ教育の捉え方であると言える。

　また，同声明は，生徒がもつ背景やアイデンティティが異なれば，それぞれ

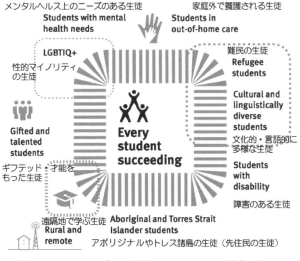

図12 - 2　クイーンズランド州のインクルーシブ教育のイメージ図

出所：INclusive Education Policy Statement Booklet, 2018.
注：図中の日本語の語句説明は筆者が加筆。

が学習への参加にあたり異なったニーズやバリアをもつと述べている。こうした認識に立ち，図12 - 2のイラスト（インクルーシブ教育政策宣言を紹介するブックレットに表示）で示されるように，特にニーズやバリアが大きいと考えられる多様なマイノリティ・グループに焦点を当てることが明記されている。ここで挙げられているマイノリティ・グループには，障害のある生徒以外にも，アボリジナルやトレス海峡諸島の生徒，性的マイノリティの生徒，家庭外で擁護される生徒，難民の生徒など，さまざまなカテゴリーの生徒が含まれている。このように，クイーンズランド州のインクルーシブ教育政策声明は，同州のインクルーシブ教育の視点をさらに拡張するものである。そして，インクルーシブ教育について障害だけではなく先住民や難民など，教育上さまざまな不利をもつ生徒をターゲットにした取り組みとして教育関係者が捉え実践することを目指すものである。

　以上，クイーンズランド州が示す包括的かつ多元的なインクルーシブ教育の考え方について述べてきたが，それはどのように学校の中で実践されているの

であろうか。次節では，同州の都市ケアンズに位置する２つの州立学校の事例をもとにみていきたい。

3　A小学校のインクルーシブ教育実践

A小学校の概要

A州立小学校（以下，「A小学校」と略記）は，プレップ（Preparatory Year [Prep] 日本の幼稚園の年長児にあたる）から６年生までの生徒約420人が在籍する小学校である。約60％の児童が先住民であり，52％が英語以外を背景に持つ。児童の国籍は39カ国にまたがっている。EAPの対象は23人である。社会経済指標である「コミュニティ社会教育的アドバンテージ指数」（Index of Community Socio-Educational Advantage [ICSEA]）は約800（1,000が標準）ときわめて低く，学力面でも厳しい状況に置かれた生徒が多数いる。教員数は約30人，その他スタッフも約25人所属している。

副校長の話によれば，この学校は，2014年時点では問題が多く，評判のよくない学校であったという。しかし，学校改革の取り組みを継続させ，出席率を84％から89％にまで向上させ，２度にわたって州政府から学校表彰を受けたという。学校改革の取り組みは，①出席率向上，②問題行動の抑止，③学力保障の３段階で積み重ねられてきており，現在はそれらが同時に展開されているところである。

出席率の向上

A小学校における最大の教育課題は，出席率を向上させることである。学校中のありとあらゆる場所に，出席状況を表す掲示物が貼られていた。たとえば図12 - 3 は，「アテンダンス・チェイン」（Attendance Chain）と呼ばれる教室の掲示物の一つである。色紙でつくった鎖であるが，学級の全員が出席した日に１つずつ輪を足していくことになっている。また，出席率上位者の顔写真を張り出している学級もあった。

出席率向上の取り組みは，「エブリデイ・カウンツ」（Everyday Counts）と呼ばれるクイーンズランド州全体の教育施策の中で展開されており，そこには，地域の民間企業が協賛していた。その一環として行われている取り組みの中か

図12-3　アテンダンス・チェイン

ら，「トライ・フォー・ファイブ」「朝食プログラム」「スチューデント・サービス・オフィサー」による家庭訪問の取り組みについて紹介する。

「トライ・フォー・ファイブ」（TRY FOR 5）は，週5日登校した生徒にインセンティブ（報酬）を与え，登校意欲を喚起する取り組みである。「学校に5日間登校することを目指そう」という趣旨からその名前が付けられている。地元のプロ・フットボール・チームが協賛しており，キャンペーンのポスターにはスター選手の写真が掲載されている。筆者たちが訪問した日は「トライ・フォー・ファイブの日」ということで，校長以下教員たちは皆，背中に「TRY FOR 5!」というロゴが入ったポロシャツを着用していた。

「朝食プログラム」は，毎朝，学校スタッフが生徒の朝食を準備する取り組みである。食材は地域の団体から提供されている。筆者らが訪問した日は，校長自らトーストを焼き，ふるまっていた。30人ほどがきており，校長は一人ひとり話しかけながら，食べ物を手渡していた。食べ物は，トーストの他に，イチゴやオレンジといった果物も用意されていた。

「スチューデント・サービス・オフィサー」（Students Services Officer）は，生徒の学籍や出席状況を管理する役職であるが，この学校では，欠席が続いた生徒の家庭を訪問することも仕事の一つとなっていた。生徒が欠席した場合，1回目はメールで，2回目は電話とメールで，3回目は家庭訪問で状況を把握し，親に登校を促すことになっていた。筆者らは，ある公営住宅地域への家庭訪問に同行することができた。この地域には，50から60戸ほどの生徒の世帯があり，全校生徒の約70%がこの地域から来ているという。筆者らは欠席が続いている生徒の家庭を数軒訪問したが，生徒らの背景にある地域や家庭の厳しさを実感することになった。オフィサーの教員の話によれば，家庭訪問ではコミュニケーションがうまくとれないことや，時には親との対立が生じ暴言を吐かれることもあるという。しかし，生徒を少しでも学校に来させるために，何を言わ

れても気にしないふりをして家庭訪問を続けるとのことだった。

　生徒の出席率を向上させるためには家庭の経済的基盤を支える必要があるが，その面では学校・教師ができることには限界があると言わねばならない。しかし，この学校には，「スミス・ファミリー」(Smith Family) という貧困家庭を支援するチャリティが校舎内に事務所を構えており，困難を抱えている家庭を支えていた。

問題行動の抑止

　出席率が向上し学校へ登校してくる生徒が増えてくると，次に立ち現れる課題は問題行動であった。生徒同士の喧嘩や教員とのトラブルが多発し，出席停止（suspension）が多く出されることになってしまった。そこで，「ポジティブな行動支援」(positive behavior program) を導入したという。生徒がとるべき行動面での目標とルールが定められ，教員・スタッフの組織的・計画的な指導体制が整えられた。それによって，年間70件あった出席停止を約3分の1にまで減少させることができたという。さらに，「怒りのコントロール」(anger management) に関する授業も開始されていた。自分の感情の変化を省察する能力を高め，感情をコントロールできるようになるためのトレーニングであった。

学力保障の推進

　ナプラン（全国学テ）の結果，A小学校の生徒には特に読解力に顕著な課題があることが明らかになった。A小学校では，すべての生徒を学習活動に取り込み，基礎学力を保障するために，さまざまな手立てが講じられていた。

　「明瞭な教授」(Explicit Teaching) もその一つである。この方法は「I do, We do , You do」という授業実践に関する枠組を用いて，まず，教師が見本を見せ，それを生徒が模倣し，最後に個々の生徒がそれを内面化し，課題解決に至る方法である。教授・習得のプロセスを可視化・明示化させることにねらいがある。

　授業では，「ルーチン」が多用されていた。たとえば，観察した2年生の授業では，教師が "Eyes on me!" と言えば，生徒は "Eyes on you" と言って，教員の方に視線を集中させていた。授業中に一斉に同じ所作をさせることで，教

師の指示に注目させ，学習活動に集中させるねらいがあると思われる。

　「強化」（consolidation）と呼ばれる反復練習が強力に取り組まれていることも，特徴の一つである。「英語」「算数」「読解」の３教科で毎日１回は行われることになっており，１週間（５日間）で合計15回行われることになっていた。

　特別なニーズのある生徒に対しては，「ワン・オン・ワン」と呼ばれる，１対１の「取り出し」による介入が展開されていた。たとえば，プレップのクラスにおいては，メインストリームの集団から特定の生徒が呼び出され，同じ教室内の別の場所で，個別指導に近い形で指導が行われていた。

4　Ｂ中等学校のインクルーシブ教育実践

Ｂ中等学校の概要

　Ｂ州立中等学校（以下，「Ｂ中等学校」と略記）は，1960年に開校されたケアンズ郊外にある公立中高一貫校である。生徒数は７年生から12年生までを合わせると約1,600人で，その背景はきわめて多様である。校区には，先住民が多く住む住宅エリアが複数あり，生徒集団の中に先住民生徒が占める割合が32％と高いのが特徴である。また，英語を母語としない生徒も生徒全体の43％に及ぶ。同校全体で，約140人の難民生徒が在籍している。以上のように社会経済的背景が厳しい生徒が多く通学していることから，生徒集団の家庭の社会経済的水準を示すICSEAは914と低い。

　しかしながら，学校のデータによれば，社会経済的背景が厳しい生徒の読解能力や計算能力の下支えにおいて成果が発揮されていることがわかる。Ｂ中等学校の紹介パンフレットには，学校はインクルーシブ教育の推進を学校教育の柱の一つに置いており，多様な文化的・社会経済的背景の生徒や障害のある生徒の支援に力を入れていることが明記されている。

「SWAT」

　本校のインクルージョン施策の「要」の役割を果たしているのは，「生徒のウェルビーイングと出席チーム」（Student Wellbeing and Attendance Team ［SWAT］）である。SWATは，生徒のウェルビーイングおよび出席に関して課題のある生徒を把握し，学校内外の専門スタッフによる支援につなげるように

取り組んでいる。SWAT に属する専門スタッフは心理士，各種カウンセラー，ケースワーカー，看護師，警察官，牧師など多岐にわたる。さまざまな専門職がそれぞれの専門性を活かしつつ，協働して生徒の支援に携わっている。SWAT のメンバーそれぞれが，直接，生徒の対応や担当する領域の教育プログラムに取り組むが，このチームの週1回の会議では，対応が必要な生徒のケースが議題にのぼり，共に対応を協議する。SWAT の長を担う心理指導員（Guidance Officer）へのインタビューによれば，議題にのぼる生徒の問題（たとえば，学校不適応やいじめなど）の背景には，離婚，DV，ネグレクト，虐待など家庭のさまざまな問題が関与しているという。生徒やその保護者に対して，学校内のスタッフがカウンセリング等を行うことが基本であるが，地域にある外部エージェントにつなぐケースも多いという。特に，家庭で虐待を受けている生徒のケースについては，警察などの外部機関と連携して，「子どもの保護」（child protection）を慎重に進めなければならないと話した。

障害のある生徒の支援

　この学校のキャンパスの中には，スペシャル・ユニット（special unit）と呼ばれる2棟からなる特別教育プログラムを担う部署がある。そこには，7人の専任教員と10人の支援員（teacher aid ［TA］）が常駐し，84人の何らかの障害のある生徒に対して教育・支援活動を行っている。

　生徒の障害は，第2節で述べた EAP の6つの障害種とニーズの度合いを表すクォータイル（Quartile：4分位数）で把握されていた。クォータイルの数が高くなるにつれてニーズも高くなっているが，クォータイル3，4のレベルの生徒は，英語（＝国語），数学，科学などのアカデミック科目では，「取り出し」での TA による1対1のサポートや小グループ指導を受けることが多いが，他の科目では，メインストリームクラスの中での TA による「入り込み」支援を受けることが多い。クォータイル3，4でもたとえば聴覚障害のある生徒の場合は，手話通訳をつけることで，すべての科目についてメインストリームクラスで授業を受けることになる。クォータイル1，2のレベルでは，通常は TA が付けられることなく，メインストリームクラスの授業を受けている。

先住民生徒の支援

クイーンズランド州では，第3節でも述べたように，先住民教育（Indigenous education）もインクルーシブ教育の重要な柱の一つとなっている。学校には，2人のコミュニティ教育カウンセラー（Community Education Counsellor）が常駐しており，先住民生徒の支援やスタッフ・生徒への啓発活動に従事していた。カウンセラーの仕事は，一つは先住民生徒に自信をつけさせること，もう一つは他の生徒や教職員の先住民に対する理解を促進することである。

しかし，先住民生徒の生活を支えるという意味では，クロンターフ財団（The Clontarf Foundation）というエージェントの事業が果たす役割が大きいと思われた。このエージェントは，学校内にアカデミーと呼ばれる独自の建物を構え，8人のフルタイムのスタッフで，245人の先住民男子生徒の支援を行っていた。対象が男子生徒に限定されていることに関しては，男子生徒に課題が集中しているからだと説明された。

スタッフは毎朝6時から3台の大型のミニバンで生徒の家庭をまわり，7時には生徒たちを学校に連れてくる。学校に着けば，朝食を食べさせ，フットボールなどのスポーツの指導を行う。学校の授業中に何らかの問題が発生すれば，生徒を引き取りに行きアカデミーで課題をさせたり，逆に，学校の教室に入り込んで教員をサポートしたりもしている。放課後は，再び，スポーツの指導をしたり，生徒の相談に乗ったり，勉強を教えたり，就職のための履歴書作成をサポートしたりと，さまざまな支援を行っている。そして，夕方になるとまた3台の車で家まで送っていくのである。

難民生徒の支援

この学校には140人の難民生徒が在籍していた。訪問時には，翌月に国連を通して新たに90人の難民生徒がやってくると，担当者は話していた。学校で難民や移民の子どもの支援を担うのは，EAL/D（English as an additional language or dialect）担当である。スタッフは教師5人とTA3人であり，決して多いとは言えない。また，資金面も潤沢とは言えない。障害や先住民部門と違い，ここ数年予算は右肩下がりに削減されてきているという。

難民生徒の支援は，言語面だけではなく，子ども全体・家族全体（Whole child, Whole family）に及ぶ。再定住プログラム（Resettlement Program）と呼ば

れる学習活動を展開し，たとえば，警察官は決して敵ではないことや救急車の呼び方までも指導しているという。また，難民生徒の中には，戦争体験からトラウマを持っている者も多く，情緒面のケアも重要であることや，異文化適応力（Cultural Competency）を高めることが重要であることが語られた。この点に関しては，特に教員の側のそれを高めることの重要性が強調されたことは印象的であった。数少ないスタッフと脆弱な資金の中で，このように多くの支援ができるのは，学校外部のエージェントと深くつながっているからだと説明された。

5　新自由主義の潮流の中でのインクルーシブ教育の推進

　本章では，オーストラリア，とりわけクイーンズランド州のインクルーシブ教育制度と実践を概観してきた。第2節でも詳述したように，オーストラリアで多文化主義やインクルージョンが推進されてきた背景として，新自由主義的な経済・政治的潮流の影響が大きいことを指摘できる。新自由主義とは，自己責任を基本とし，規制緩和を通して公的領域に民間セクターを積極的に導入し，競争を活性化させることで状況を改善させていこうとする政治的手法である。デヴィッド・ハーヴェイ（David Harvey）は，新自由主義の帰結を次のような言葉で表現している。「市場制度の外部に取り残された打ち捨てられた人々──社会的保護や支えとなる社会制度を奪われた使い捨て労働者の膨大な貯水池──にとって，新自由主義から得ることができるのは，貧困，飢餓，疾病，絶望だけである」。新自由主義には，社会の不平等を拡大させ，社会的排除を進めてしまう可能性がある。一方，「インクルーシブ教育」という概念が示すところは，「社会的弱者を学校に包摂し，共生社会をつくること」である。両者は真逆の指向性を持っているように見える。従って，新自由主義の文脈の中で展開されるインクルーシブ教育実践は，時折，アンビバレントな様相を示すことになる。

　たとえば，第1節でとりあげた，「障害のある学校生徒に関する全国統一情報収集」（NCCD），「マイ・スクール」と呼ばれる生徒の情報を集めたデータ

---

(11)　デヴィッド・ハーヴェイ著，渡辺治・森田成也・木下ちがや・大屋定晴・中村好孝訳『新自由主義──その歴史的展開と現在』作品社，2007年，258頁。

ベース，「ナプラン」と呼ばれる全国学力テストの実施と結果の開示，第2節で述べたクイーンズランド州の「教育的調整プログラム」（EAP）については，二面性が指摘された。それらは，一方で，さまざまな生徒のデータを一元的に管理し可視化させることによって，すべての生徒に対して，くまなく，かつ，平等に支援を行き渡らせる上で有効である。しかし，他方においては，一元的に管理し可視化することは競争に拍車をかけることにつながるリスクも併せ持つ。

　第3節では，A小学校において，ルーチンや反復練習が重視されていることが紹介された。これについても，一方では，すべての生徒の基礎学力を向上させ，インクルージョンを推進するための有効な手立てであると捉えることもできる。しかし，他方においては，全国学力テストであるナプランで少しでも良い結果を出し，学校間競争において優位な位置につけるための対策と捉えることもできる。

　第3節・第4節においては，学校が「エージェント」と呼ばれる学校の外部機関と協働しながら，社会的に不利な状況にある生徒を支援している状況が描かれた。クイーンズランド州の学校が，限られた人的・物的資源で，これほどまでに多くの障害，先住民，難民の生徒を支えることができているのは，外部エージェントの力を借りることができているからであることは間違いない。しかし，このような外部エージェントへの依存は，新自由主義的傾向にますます拍車をかけることにつながるのかもしれない。

　ところで，倉石一郎は，「排除と包摂の入れ子構造」という言葉で，排除と包摂を二項対立図式で把握することの限界を指摘している。排除を伴わない包摂も，包摂を伴わない排除もあり得ないのであり，両者は常にコインの表裏のように不即不離に解きがたく結びついている[12]。大切なことは，その両面を常に意識し，排除の側面を少しでも減じ，包摂の側面をより多く引き出すための努力であると思われる。

　今述べようとしていることは，医者が病気を治療するために薬を用いることとよく似ている。どんな薬にも副作用が必ずある。副作用があるからこそ，医者はさまざまな専門的知識を総動員して，患者の病状を診断し，薬の特性を検

(12)　倉石一郎「包摂／排除論から読み解く日本のマイノリティ教育」稲垣恭子編著『教育における包摂と排除──もうひとつの若者論』明石書店，2012年。

討し，当該患者に対してどの薬をどれくらい投与するかを慎重に判断するのである。教育に関わる政策立案者や実践者にも，同じことが求められているのではないだろうか。

　そのような視点から，オーストラリア，クイーンズランド州の制度と実践を見たとき，新自由主義的教育改革のただ中にある日本の教育界が学ぶことができることは多くあるように思われる。とりわけ，筆者らが注目しているのは，EAP とエージェントとの協働である。これらについては，さらなる調査が必要であると考えている。

文献ガイド

塩原良和『分断するコミュニティ——オーストラリアの移民・先住民族政策』法政大学出版局，2017年。

　本文でも触れたようにオーストラリア社会は，先住民族，難民，移民など，多様な背景を持つ人々で構成されている。オーストラリアでは，多文化主義が掲げられ，さまざまな人々が互いの立場を理解し，共生社会を築いていくことが目指されてきた。しかし，その理念は，新自由主義が台頭する中で，徐々に変質を迫られてきている。本書は，特に，「コミュニティ」という言葉の使われ方に注目している。「背景が違えどもコミュニティの一員である」という論理は，一見したところ，インクルーシブな印象を与えるかもしれない。しかし，それは背景の違いを不問にすること，すなわち，「脱色化」を進めるための論理ともなり得る。「みんな同じ市民」と位置づけられることにより，失敗の責任を個人に帰着させることができるようになり，ますます市場主義に拍車がかかることが懸念されるのである。本書は，長年の調査で得られた詳細なデータに基づき，効率性を追求する新自由主義的政策の問題点を鋭くえぐり出している。

本柳とみ子『オーストラリアの教員養成とグローバリズム——多様性と公平性の保証に向けて』東信堂，2013年。

　本書においては，オーストラリアの学校教育が，社会的公正を実現するために多文化教育やインクルーシブ教育をどのように推進し，教員に対していかなる資質・能力を必要としてきたかが述べられている。オーストラリアの多文化主義は公平性（equi-

ty）を重視し，文化的背景に関わりなくだれもが平等な権利を得られることを原則と
してきたが，1990年代以降は「包摂」が多文化主義の新たな目標として位置づけられ
てきた。本書では，膨大な政府関係資料や文献をもとに，その発展の過程を丁寧にわ
かりやすく説明している。特に後半は，大学における教員養成教育に焦点が当てられ
ている。オーストラリアでは，過去には学校現場で教員養成が行われていたこともあ
り，現在でも教育実習に膨大な時間をかけ，大学での講義も教育実習を中心に構成さ
れている。日本の教員養成課程のカリキュラムについて考えるうえでも，示唆的であ
る。

濱元伸彦・原田琢也編著『新自由主義的な教育改革と学校文化──大阪の改革
に関する批判的教育研究』明石書店，2018年。

　　本書は，オーストラリアのことを扱っているわけではない。本書をここに紹介した
のは，新自由主義的な教育政策と，その中で行われる教育実践との関係について考察
する上で，示唆に富むと考えたからである。大阪では，近年，急進的な新自由主義的
教育改革が進められてきた。たとえば，全国学力テストの結果公開，高校入試制度改
革，学校選択制，内申点を調整するチャレンジテストの導入などである。本書では，
それらの政策の問題点が指摘され，その中で疲弊しつつある教員の姿が描き出されて
いる。しかし，他方において，本書には，同時期の大阪において，他地域に類を見な
いインクルーシブな教育実践が生みだされていたことも描かれている。教育実践が政
治的な動向の影響を免れないことは否定しがたい事実であるが，学校現場には学校文
化の自律的な空間があり，教員らはその文化の指向性に沿って実践を繰り出している
面があることもまた事実である。新自由主義とインクルージョンの関係を考える上で
参考になる。

第Ⅳ部

インクルーシブな教育と社会をめざして

第13章

インクルーシブな授業づくり

堤　英俊

1　教師のなり手が不足する時代に

　ある小学校の4年生の教室にて，国語の授業が行われている。36名の子ども
が教室の空間いっぱいに机を並べ，20代女性の担任教師が，黒板の前でめいっ
ぱい声を張り上げながら，なんとか時間内に教科書の所定の箇所まで進めきろ
うと努めている。多くの日本の学校で見られる，教師が口頭で説明し，子ども
が板書を写すことを中心にした，オーソドックスな一斉教授型の授業である。
必然的に，その教室にいる子どもたちには，授業参加にあたって，教師の説明
を正確に聞き取る力と，黒板に板書された内容を正確かつ素早く書き取る力が
求められている。

　教師主導で淡々と進んでいく授業の流れに乗っていけているように見える子
どもは全体の3分の2に満たない程度で，残りの子どもは，はじめからもしく
は途中から授業を降り，思い思いの過ごし方をしている。

　たとえば，ある子は頻繁に顔を横や後ろに向けてゲームやYouTubeなどの
話を周囲に持ちかけ，ある子は下を向いて自作のマンガ描きに没頭し，たまに
立ち歩いては遠い席の友人にでき具合を見せに行っている。またある子はハサ
ミで消しゴムを細かく切ってそれを特定の子に投げつけて反応を見ている。
「学習意欲が低い」という一言で片付けてしまうのではもったいない，なんと
もしたたかな各々のたたずまいである。

　そうした子らの座席は，担任の教師によって，授業に集中したい子らの学び
を阻害しないように，はたまた，集結して反乱を起こさないように，分散して
配置されている。それでも，教室全体の雰囲気はザワザワして落ち着かず，時
折，教師から「静かにしなさい」という注意の声が飛ぶ。しかし，肝心の騒が
しくしている子らの耳には届かない。

教師のリアルとインクルーシブ教育

　実はその教師は，筆者のゼミの卒業生で，大学にてインクルーシブ教育の意義と方法を学んでそれに関わるテーマで卒業論文を書き，理想を持って教職に就いた人物である。そんな彼女から，担任する学級の窮状を聞き，当該校に参観にうかがった際に目にした光景が上記である。学級には，発達障害の診断を有している子やそれが疑われる子，特別支援学級から交流に来ている子，家庭背景が複雑で幼児期に十分に愛着が形成できなかった子，不登校の子，外国にルーツのある子など，多様な子どもが在籍し，子ども間には重大ないじめも発生していた。

　参観後に話をする中で，彼女から発せられたのは，個々の授業のあり方・やり方以前の学級の秩序形成・維持に関する悩みであり，吐露されたのは，「堤先生には申し訳ありませんが，大学時代に学んだインクルーシブ教育どころではありません」という本音であった。彼女は，心身共に疲弊し，こういう学級状況でも特別支援教育支援員の配置や特別支援学級の教師からの助力がないこと，そして病院で発達障害の診断が出ても保護者が特別支援学級への転籍を頑なに拒否し続けていることを心の底から嘆いていた。

　学校現場に足を運ぶとき，こうした光景に出会うことはめずらしいことではない。筆者自身，インクルーシブ教育の理想を手放したくないとは思いながらも，教え子である彼女をはじめとして，通常学級の現場で余裕なく一生懸命に働いている教師と直に顔を突き合わせるとき，かれらに届くインクルーシブ教育論ははたしてあるのだろうか，とふと考え込んでしまう。山田哲也が指摘するとおり，「教室の秩序をうまく維持できないと，授業の成立が困難になるだけでなく『押さえがきかない』と同僚からも不信の目を向けられかねない」のであり，教師にとっては，「学校の日常を生き抜く課題がまずあって，それを果たしたうえで，はじめて『理想の教育』の実現に向けた戦略を行使できる」のである[(1)]。

　本章では，現場の教師が過度の無理なく取り組めることを念頭に置きながら，小・中・高校の通常学級におけるインクルーシブな授業づくりのあり方・やり方について試論を述べることにしたい。

---

(1)　山田哲也「教師という職業——教職の困難さと可能性」石戸教嗣編『新版 教育社会学を学ぶ人のために』世界思想社，2013年，167頁。

2　インクルーシブな学級づくりにおける授業実践の位置

　あらためて，インクルーシブ教育とは，エクスクルーシブ教育（排除的教育）の対概念で，障害に限らず，人種，国籍，言語，宗教，虐待，いじめ，貧困といった多様な理由により社会的に周縁化されやすい子どもとそうでない子どもとが地域の学校で「共に学ぶ」教育のことである。それは「インクルーシブな社会」の形成を念頭に置いた未来志向の教育であり，学齢期においてメインストリームをなす通常学級を「社会の縮図」と見なして，その共同体を差異・多様性を尊重するインクルーシブなもの（包摂性の高いもの）にしていこうという学校改革の運動として捉えられる。

　そして，本章で検討していくインクルーシブな授業づくりは，インクルーシブな学級づくりの一環をなす最重要のアクションに位置づけられる。インクルーシブ教育の実践では，学級づくりの方向性と授業づくりの方向性とに一貫性が求められるのである。

　したがって，この節では，簡単にではあるが，インクルーシブな授業づくりを検討するにあたって前提となる，インクルーシブな学級づくりのイメージについて押さえておきたい。

日本でつくられがちなエクスクルーシブな学級

　日本の小・中・高校には，つくられがちな学級の形があり，それは現場で脈々と受け継がれる学校文化（学校の雰囲気や空気を産出する独特の生活様式）に根差すものである。

　志水宏吉は，国際比較調査の結果を踏まえて，日本の学校文化の特徴として，「形式的平等主義（『平等＝横ならび，同じに扱う』という構成員間の平等意識）」と「強い同調圧力」の2つを挙げている。生活・家庭背景の差異を踏まえない「形式的平等主義」と，相互に空気を読み合って忖度し合い，一律の行動が求められる「強い同調圧力」とが掛け合わされることによって一人ひとりの子どもが強力に均質化され，同質性と集団性の高い学級共同体が形成されることに

---

(2)　志水宏吉『学校にできること――一人称の教育社会学』角川選書，2010年。

なる。

　そもそも，日本の学校教育システムでは，同年齢・同学年主義と健常／障害の分離主義とが明確な形で貫かれているがゆえに，通常学級に在籍する子どもの身体的均質性が高い水準にある。こうした状況下にあっては，学校文化は，通常学級に在籍する子どもの均質化を一層後押しする方向に働き，教師主導で行われる口語・書字中心の一斉教授型の授業は，子どもの均質化を推し進めるにあたっての効果性の高い方法として機能している。

　均質化は，結果として，不可避にはみ出る子どもの異質性を目立たせて学級内の序列化を進め，時折，はみ出るかれらを「自主転出」のような装いで学級の外へと押し出す。紛れもなく不適応者・逸脱者の排除であるが，教師間の暗黙の了解事項として，通常学級の担任教師が身を粉にし，心を砕きながら取り組む学級の秩序形成・維持のためには「致し方ない」とされる。このように，日本の学校文化に根差す通常学級は，そもそも，エクスクルーシブさ（排他性）を内に含んでいると考えられる。

　構造的な位置として，押し出される子どもを受け止める役割を担っているのが，通級指導教室，日本語教室，適応指導教室，特別支援学級，特別支援学校といった特別な教育の場である。これらの場が学級の外に程よく配置され，逸脱する子どもの指導が特別な教育の場の教師に外注されることによって通常学級の教師の心身が守られているという実際的な状況があることは否定できない。

インクルーシブな学級のイメージ

　日本におけるインクルーシブな学級づくりは，結局のところ，「形式的平等主義」や「強い同調圧力」といった学校文化をどう変革し，いかに異質な存在を通常学級の外に排除する力（押し出す力）を弱めていくかという話に集約される。

　変革の方向性としては，同調圧力が強く働く学級を近代的な個人主義の論理で克服しつつも，共同体的枠組み自体は放棄せずに，内部のリノベーションを考えていくようなものになる。すなわち，学級の運営を「教師中心」から「子ども中心」に切り替えて，民主的な自治を基盤にしつつ，これまで「異質的なもの」としてしか見られてこなかった要素を積極的に取り入れ，学級をさまざまな異質性が出会い，ぶつかり合うことによって新しいものを共創していくよ

うな多文化主義的学級へと変革していく方向性である。

　それは，ある種の冗長性，すなわち一人ひとりが明に暗に抱く弱さ（わから
なさやできなさを含む）や多少の失敗を互いに許容し，いちいち言葉づかいや行
動などに細かく気を使わなくても互いに意味を了解できるような「ゆるさ」の
ある共同体で，イメージとしては，「混成，即興，協働，伝統，あるいは，永
遠の変化などの言葉にあるように，さまざまな相容れない異質な音楽的要素が
きわめてダイナミックな形で演奏の場において出会い，新たな絶妙の混成とし
てのまとまりを創り出していく」ような「ジャズる」学級である。こうした学
級においては，教師は，ジャズライブハウスの店長あるいは演出家のような立
ち位置で，「教えること」から，子どもたちの関わり合いの促進者として「場
を調整すること」へと注力の重心を移すことになる。

　ただし，「見た目の多様性」が乏しく，単一民族色の強い日本の学校では，
「多文化主義」という共同体のイメージが上滑りしかねない。筆者自身は，現
時点では，小学校教師の古屋和久が，教育学者である佐藤学の「学びの共同
体」論に学びつつ，授業での学びの生成にこだわって，子どもたちと共につく
り上げてきた「聴き合いの学級」「学び合いの学級」に日本でのインクルーシ
ブな通常学級の展開の一つのあり様を見出しているのであるが，それは決して
規範的・固定的に捉えられるべきものではない。

　インクルーシブな学級づくりは，年度初めから一程度の時間を経て，結果と
して，「ジャズる」光景が教室で観られるようになってきたときにはじめてう
まく進行していると評価されるものであり，そこに至るルートはさまざまであ
る。そうであるがゆえに，インクルーシブな学級の具体像を明確に提示しにく
いところが最大の難点である。

高度情報社会に生きる子どもの心性──異質なものの圏外化

　さらに，それ以上に，向き合わなければならない現実が，社会の高度情報化
（および高度消費化）である。すなわち，スマートフォンが流通し，いつどこに

---

(3)　松尾知明『アメリカ多文化教育の再構築──文化多元主義から多文化主義へ』明石書店，2007
　　年，46頁。
(4)　古屋和久『「学び合う教室文化」をすべての教室に──子どもたちと共に創る教室文化』世織
　　書房，2018年。
(5)　佐藤学『教師たちの挑戦』小学館，2003年。

いても，自分がつながりたい相手や情報・知識と即座に簡単につながることができるようになったことで，近年の子どもには，自分にとって不都合なヒト・モノ・コトを目に触れる世界から追い出して，認知の対象とすらしない「世界の狭小化」「異質なものの圏外化」の傾向が強まってきているとされる(6)。さらには，コストパフォーマンスやタイムパフォーマンスにこだわり，効率性を重視する傾向も強まってきている。

　実際，インクルーシブな学級（多文化主義的学級）がイメージするような，他者との「出会い」「ぶつかり合い」といった対面交流を可能な限り回避しようとし，互いの内面に深入りすることを忌避するような子どもたちが，学級内の多数派を形成してきている。もちろん，かれらにとって，同調圧力が強く，集団行動が強制される学級は，決して居心地の良い場所ではない。しかし，同級生同士で連帯してその場を改革しようというようなエネルギーの使い方をする者は少数で，大半は，「あくまでも数年の期限付きの場」として達観し，遅刻・欠席戦略を含む個人での「やりすごし術」を純化させてきている。

　異質なものを圏外化する心性は，無意識のうちに悪気のない排除を生み出す。とりわけ空気を読まず，予定調和の関係や適度な距離を無視して強引に個人の内面に働きかけてくるような存在は，排除される対象になりやすい。そして，そうした存在は，近年，「発達障害」と結び付けられて解釈され，往々にして，学級外の特別な教育の場へと押し出される。

　このように，インクルーシブな学級づくりを進めていく上では，学級（日本の学校文化）における排他性の克服のみならず，現代社会に生きる一人ひとりの子どもの心性における排他性の克服をも併せて考えていく必要がある。こうした変革は一朝一夕に進むものではなく，学校の日常において過度の無理なく時間をかけて取り組んでいくことが不可欠である。それゆえに，学校生活の中で多くの時間を占め，学級共同体の様態や子どもの心性に強い影響力を持つ授業実践のあり方・やり方の変革が，インクルーシブな学級づくりにおいての鍵となってくるのである。

---

(6)　土井隆義『キャラ化する／される子どもたち——排除型社会における新たな人間像』岩波ブックレット，2009年。

3　インクルーシブな授業づくりの方法

　言うまでもなく，授業実践で目指すのは学級に在籍するすべての子どもの学びの保障であり，多様な子どもが，単に一緒の教室空間に統合されただけで放置され，一人ひとりの学びが保障されない状況はインクルーシブであるとは言えない。もちろん，ここで言う「すべての子ども」には，特別支援学級からの交流で通常学級に参加している子どもも含まれる。では，インクルーシブな授業をつくっていくには，どのような方法が考えられるのだろうか。

インクルーシブな授業づくりの基本の方向性

　現行の通常学級において，1人の教師が25人以上の子どもたちと対峙して，ほぼ毎時間連続で授業を担当している状況や特別支援教育支援員（や授業補助に入る教師）の配置や助力を安定して求められない状況，さらには，各教科の授業が国の定める学習指導要領（教科書）や同学年他学級との進度の足並み揃えに強力に規定されている状況を考えるとき，共通の教育内容・教材（個人の認知特性を踏まえた特別教材の準備はできるにしても）で授業を展開すること自体を変更することは相当にハードルが高い。したがって，通常学級におけるインクルーシブな授業では，共通の教育内容・教材を前提にしながらも，目標を多様化し，子ども一人ひとりの多元的な参加を保障することを目指すというのが現実的な方向性となってくるだろう。

　もちろん，学級の状況によっては，特定の子ども向けに，他の学級メンバーが向き合う共通の教育内容・教材とは文脈の異なる個別内容の教材（たとえば，ドリル的な漢字・計算プリントや学習アプリの入ったタブレットなど）を用意して自主学習的に取り組ませ，教室空間や学びの雰囲気のみを共有するという方法も考えられなくはない。ただ，教科学習への参加は普遍的な文化的価値への参加を意味し，学級への帰属意識や共同的な意識の芽生えとも直接的に関係している[7]。その意味で，教師がインクルーシブな授業づくりに取り組むにあたっては，「状況に応じて個別内容の学習に取り組むのもあり（あるいは，部分的な参加やリ

---

(7)　森博俊「教科教育のあらたな発展を求めて」森博俊＋障害児の教科教育研究会編『障害児のわかる力と授業づくり』ひとなる書房，1993年。

モートでの参加もあり）」とするようなゆるさを担保しつつも，とりあえずは，共通の教育内容・教材の使用をゆるやかな前提として，あれやこれや試行錯誤してみるというのが，基本的な努力の方向性になってくるだろう。

　こうしたことを踏まえ，以下では，インクルーシブな授業をつくっていくために必要と考えられる2つの取り組みについて述べることにしたい。

「授業のユニバーサルデザイン」の充実

　第一の取り組みとして考えられるのが，在籍する子どもの認知・情報処理のあり方の個別的な違いを踏まえて，授業への「飛び込みやすさ，参加のしやすさ」を念頭に置いた合理的配慮を追求することである。近年，「ニューロダイバーシティ」という言葉で語られることが多いが，発達障害か否かに関わらず，一人ひとりの脳神経の構造にはそもそも多様性があり，このことは，インクルーシブな授業づくりにおいて無視できないポイントであるといえる。

　その典型的な取り組みが，「授業のユニバーサルデザイン」である。これは，アメリカのRTI（Response to Intervention）モデルの第1段階を参考にしながら，「見ればわかる，視覚化・構造化」をコンセプトとしたもので，通常学級において「時間の構造化」「場の構造化」「刺激量の調整」「ルールの明確化」「クラス内の理解促進」などを通して，「わかりやすい」授業づくりに取り組もうとするものである。(8) とりわけ，視覚優位の発達障害のある子どもの授業への参加保障が念頭にあり，「発達障害のある子どもがわかりやすい授業は，すべての子どもにとってわかりやすい」という発想に基づいている。

　そもそも，実物や写真，絵カード等を活用するような視覚化は，アメリカのノースカロライナ州で行われてきた自閉スペクトラム症の人たちを対象にした「TEACCHプログラム」のアイデアを取り入れたもので，その方法は，かれらの多くが，耳でインプットされた情報よりも，目で見た情報の方が受け取りやすい認知特性を有していることを踏まえた配慮である。

　「授業のユニバーサルデザイン」という名称と，視覚化・構造化のモデル実践は，各種教育委員会による法定研修や校内研修などを通して，ずいぶんと国内の学校現場へ普及が進んできている。授業内容に集中できるように教室前方

---

(8)　小貫悟「授業のユニバーサルデザインとは」小貫悟・桂聖『授業のユニバーサルデザイン入門
　　──どの子も楽しく「わかる・できる」授業のつくり方』東洋館出版社，2014年。

の掲示を少なくしたり、プロジェクターや大型テレビを使用して視覚的な提示を増やしたりするなどの試みは、今や、どこの学校に足を運んでも見られるようになってきた。授業のユニバーサルデザインは、学級全体で「横並び」を維持したまま、授業づくりを行うにあたっての目安とする対象基準を健常の子どもから発達障害のある子どもにずらすという発想であるため、既存の学校文化における「形式的平等主義」には抵触しない。この点からも、日本の学校現場に受け入れられやすいのだろうと考えられる。

　一方で、気になるのが、ストップウォッチの過剰使用をはじめとして、授業のユニバーサルデザインが、子どもの学びの促進を超えて、教師主導の授業を円滑に進めるための道具と化してしまっているケースである。授業において教師主導が行き過ぎると、子どもを「お客様」役に閉じ込め、子ども一人ひとりが自らの頭を使って考える機会や試行錯誤する機会、つまりは肝心の「学び」の機会を奪ってしまうことにもなりかねない。子どもの学びにこだわるならば、授業のユニバーサルデザインでは、「わかりやすさ」を、授業への「飛び込みやすさ、参加のしやすさ」のレベルに留める努力が必要とされる。

　さらに、視覚化・構造化の授業のユニバーサルデザインを一歩前進させて、描画・造形・劇・サイン言語（音声言語と手話の同時提示）などを取り入れて授業の「動作化」を進めることも有効な方法として考えられる。動作化が進むことで、授業の中で使用されるコミュニケーション手段の幅が広がり、日本の学校で主流をなしている授業の「口語・書字中心」をゆるめることができる。

　たとえば、視聴覚教材が増え、板書の書き写しが減り、教科授業のプロセスに造形的な作業の機会が増えてくると、通常学級に在籍するにあたって子どもに求められる能力基準が下がり、そうなれば、通常学級から門前払いされる子どもや排除される子どもの数がもっと減ってくるように考えられる。また、視覚化や動作化は、単に情報伝達の工夫という次元にとどまらず、イメージを現前させ、臨場感をもたせ、情動を触発するための工夫としても捉えることができ、主体的な授業参加の起爆剤となる可能性を秘めているといえる。[9]

　ここまで授業のユニバーサルデザインの充実について述べてきたが、インクルーシブな授業づくりはこの取り組みだけでは十分ではない。前述したとおり、

（9）　新井英靖「発達障害児などの学習困難児に対する教科指導の方法論」日本教育方法学会編『教師の専門的力量と教育実践の課題』図書文化、2013年。

授業のユニバーサルデザインは既存の学校文化における「形式的平等主義」に抵触しない取り組みであり，つまりは，それを変革することを視野に入れた取り組みではないと言うことができる。新井英靖が指摘するとおり，授業のユニバーサルデザインは，子どもを既存の同調圧力の強い学校文化に客体的に適応させようとする方向の『『一斉教授』をより効果的に提供するための単なるテクニック集として位置づくにとどまってしまう危険性」を内包しているといえる。[10]

　繰り返すようだが，インクルーシブな授業づくり（学級づくり）には既存の学校文化を変革する視点が欠かせない。にもかかわらず，学校現場には，授業のユニバーサルデザインの浸透とともに，「自分の学級・授業では『授業のユニバーサルデザイン』を取り入れているのだからインクルーシブの面では十分」というような誤解もセットで広まってきていて，これは憂慮されるべき事態である。繰り返すが，授業のユニバーサルデザインは，子どもの認知・情報処理の多様性（ニューロダイバーシティ）に応じた授業参加を担保するにあたって欠かせない取り組みであることは間違いないのだが，本質的な部分で，この取り組みだけではインクルーシブな授業にはならないのである。

「主体的・対話的で深い学び」の実質化

　そこで重要なのが，より積極的に既存の学校文化を変革する方向で教師主導の一斉教授型の授業を変革し，学級を構成する子ども個々が，同級生との対話・協働を通して，狭く固まった「わたし」の世界（＝異質なものを圏外化する心性）をゆるめ，伸縮可能な柔らかさを持ちえるような教育的働きかけに取り組むことである。これが，第二の取り組みとなる。すでに述べたように，学校文化の変革と子どもの無意識の心性の変容促進とに同時的に取り組んでいかなければ，インクルーシブな学級への道は拓かれない。

　このことは，田中智志の言う「みずからわかりたいと思い，他者とともに活動しつつ，自分を反照し，新しい自分を創造する」ような，自身の世界を拡げ深める「学び」を各教科の授業の中心に明確に位置づけることを意味する。[11]意外に思えるかもしれないが，インクルーシブな授業づくりには，現行の

⑽　新井英靖「インクルーシブ教育とユニバーサル・デザインの授業づくり」渡邉健治編『特別支援教育からインクルーシブ教育への展望』クリエイツかもがわ，2012年，184頁。

（2017・2018・2019年に改訂された）学習指導要領の目玉の１つである「主体的・対話的で深い学び」を実質化する作業が欠かせないのである。

　そして，ここでいう「自己創出・自己変成的な学び」は，「主体的」「対話的」「深い」が連続性を持つものとして捉えられることによってはじめて意味を成す。したがって，近年多くの学校現場で開催されている「主体的・対話的で深い学び」の公開研究授業等で散見される，３つの要素を「主体的学び」「対話的学び」「深い学び」へと形式的に切り分けて，授業の中に散りばめて機械的に網羅するような実践は，実質的なものとは言えず，インクルーシブな学級づくりにはつながらない。

　現状，先に取り上げた「『授業のユニバーサルデザイン』の充実」は主として特別支援教育の領域で，「『主体的・対話的で深い学び』の実質化」は主として通常教育（教育方法）の領域で別個に議論されがちであるが，ことインクルーシブな授業づくりの観点からは，両者をセットで考え，相補的なものとして取り組んでいくことがはなはだ重要である。

子どもの生活世界と教科の教育内容の世界の切り結び

　「主体的・対話的で深い学び」を追求する授業を展開するには，教師には，子ども一人ひとりの「わたし」の世界の輪郭を揺さぶるような働きかけや仕掛け（教材・教具の工夫など）が求められてくる。具体的には，学校内外に広がり今やインターネットにも及ぶ子どもの生活世界（子どもが成育してきた生活で経験を通して獲得したものの見方・感じ方・考え方など）を重視し，それと教科の教育内容の世界とを丁寧に切り結ぶ作業が必要になってくる。たとえ抽象的な教科の教育内容であっても，自分の生活世界とシンクロする授業であれば，参加の意欲が促進されるし，「自分の私的領域に沈潜したままの状態から一歩抜け出し，私的領域の一部へと注意を払い，それを冷静に省察」するといった展開を期待することもできる。[12]

　たとえば，ファンタジーの世界に浸りやすい発達障害のある子どもが学級に

⑾　田中智志「学びを支える活動へ──存在論の深みから」田中智志編『学びを支える活動へ──存在論の深みから』東信堂，2010年，5頁。

⑿　田端健人「子どものケアと学校教育──教室の〈空気〉と〈光〉の現象学」西平直編著『ケアと人間──心理・教育・宗教』ミネルヴァ書房，2013年，181頁。

在籍しているとして，そのかれが普段からつぶやいている言葉やその背景など
を，授業の中に無理のない流れで過度にならない範囲で盛り込むと，当人の授
業への参加意欲を喚起できる可能性がある。何より，このような姿勢でアクセ
スしようとしなければ，かれの入口の狭い「わたし」の世界に働きかけること
は難しいかもしれない。

　一方で，子どもの生活世界を扱うことは，心的トラウマを呼び起こしてしま
うなどの危険性を内包しているため，教師の光の当て方に加減が必要である。
授業においては，子どもの生活世界は，私情に共感してもらうためではなく，
教科の教育内容の世界の理解を深める材料として扱われるべきで，教師は，過
度にプライバシーに侵入しすぎないように最大限の注意を払わなければならな
い。

　何より，インクルーシブな授業づくりと関連して，子どもの生活世界を重視
することの利点は，そのコンテクストから必然的に現れてくる「差異」につい
てである。前節で述べたように，単一民族色の強い日本の学校において「多文
化主義」という共同体のイメージは上滑りしかねず，したがって，インクルー
シブな学級をつくっていくには，潜在している差異・多様性を掘り起こすこと，
つまり，教師がそうした差異・多様性に目を向け，教育実践の前提を単一文化
的なものから多文化的なものに変更することが大切である。子どもの生活世界
と教科の教育内容の世界とを切り結ぶ「主体的・対話的で深い学び」を通して，
相互の差異の承認が行われ，学級に差異・異質性を尊重する色調がつくられて
いくことが期待できる。

協同学習の可能性

　「主体的・対話的で深い学び」において，ある種の典型的な実践といえるの
が協同学習である。協同学習は，対話・協働的なコミュニケーションを通して，
共通の課題に従事する探究的な学習のことで，ただ単に小グループに分けて学
習させることを意味するのではない。また，教師が子どもたちを特定の方向へ
と導くことを目指すわけでもない。教師主導の一斉教授型の授業に代替する方
法として，子どもたちが多様な意見を響き合わせ，探究し合いながら，統一し
た見解や価値を構築していくような対話・協働のプロセスを大切にする学習で
ある。協同学習には，自分が取り組まないと他の子どもの学びが成立しないと

いう互恵的な人間関係が組み込まれていて，その学習は，授業を通して人間関係や社会性，対話力を育む効用を含んでいる。

　協同学習は，アメリカでは，1980年代半ばから，ピア・チュータリングといった「ピア媒介法」の一つとして，障害のある子どもが在籍する通常学級におけるインクルーシブな授業方法として積極的に活用されてきている。協同学習による授業では，一斉教授型の授業に取り組む時と比べて，教師が前方の黒板前に陣取って話をする時間が減り，机間指導がしやすくなる。それにより，授業中に教師が子どもの様子をじっくり観察したり，子ども同士の対話に耳を澄ませたりする時間を多く確保することができ，気になる子どもの近くに行って個別の支援を行ったり，つぶやきやノンバーバルな表現を拾ったりすることも可能になる。先行研究では，子ども同士の関わりの中で学習することは，障害のある子どもの学業に対する動機づけを高めるとも指摘されている[13]。そして，協同学習は，授業を通して子ども間の固定化した関係性をゆるめて，共生的な関係性へと再構築できる可能性も拓く。

　しかしながら，障害の中でも，発達障害の場合には，抽象的な理解に困難が見られることも多く，口語での話し合いを中心にした授業展開に参加することの困難さや抵抗感が見られたり，心理的な負担が表明されたりすることも少なくない。全員に当てはまるわけではないが，かれらの中には，抽象的・言語的なレベルで対話・協働が進行してしまうと，話の文脈を掴んだり，自分の意見と対比させたりすることに困難を抱える者が一定数存在する。

　こうした特性を踏まえるとき，授業において，抽象的・言語的なレベルでの対話・協働以前の，感情的・感覚的なレベルで感じたことの共有，すなわち，より身体の次元の「感覚合わせ」や「感覚の交換」が重視されるのであれば，対話・協働の敷居がぐっと下がり，発達障害を有していても参加できる可能性が広がる。一人ひとりの実感を重ね合わせて，各自の「わかる」を少しずつ広げていくというルートで学び合いを構成するのである[14]。

　また，発達障害のある子どもの参加を保障しようとする協同学習においては，

⒀　吉利宗久『アメリカ合衆国におけるインクルージョンの支援システムと教育的対応』溪水社，2007年。

⒁　新井英靖「発達障害児などの学習困難児に対する教科指導の方法論」日本教育方法学会編『教師の専門的力量と教育実践の課題』図書文化，2013年。

教師や特別支援教育支援員が「通訳」の役割を担うことも大切である。発達障害のある子どもの場合,「感覚的情報（相手の表情や声の調子,またそもそも誰が発言しているかなどの情報）」を収集することが難しかったりする。たとえば,特別支援教育支援員は一斉教授型の授業の場合には学習補助などの個別援助的な役割を担うことが多いのであるが,協同学習の場合では,対話・協働の「架け橋」的な立場で,子どもと子どもの間に入り,発達障害のある子どもに「感覚的情報」を提供するのである。これによって,発達障害のある子どもも,対話・協働に参加しやすくなる。ただし,教師や特別支援教育支援員は,あくまでも「通訳」者であり,「代弁」者とはならないように,つまりは,介入しすぎて子ども自身が意思を表出する機会や子ども同士が直にやりとりする機会を大人が奪ってしまわないように,注意しなければならない。

4　過度に無理のない取り組みを地道に続ける

　本章では,小・中・高校の通常学級におけるインクルーシブな授業づくりのあり方・やり方について述べてきた。均質化を進める傾向が強いとされる日本の通常学級においては,差異・異質性を尊重する学級づくりの一環としてインクルーシブな授業づくりを考えていく必要性があることが確認された。その具体的な方法としては,「『授業のユニバーサルデザイン』の充実」「『主体的・対話的で深い学び』の実質化」という2つの相補的な取り組みが考えられた。授業の視覚化・構造化・動作化を通して子どもたちの授業への「飛び込み」を保障した上で,一人ひとりの生活世界と教科の教育内容の世界を切り結んだ「主体的・対話的で深い学び」（たとえば,協同学習）を実質的なものとして展開し,差異・異質性を尊重する色調を学級につくっていくのである。

　「国際的な流れはインクルーシブ教育だから」「社会的排除は解消されるべきだから」と言って,「新奇なこと」「特別なこと」をやらなければならないとなると,ただでさえ多忙な中で,目の前の子どもに真摯でありたいとするまじめな教師であればあるほど追いつめられてしまう。また,一層教師のなり手が減ってしまう事態を招きかねない。したがって,今や現場で大分「新奇なこと」

⒂　すぎむらなおみ「同化と異化の共存という課題」すぎむらなおみ＋「しーとん」『発達障害チェックシートできました──がっこうのまいにちをゆらす・ずらす・つくる』生活書院,2010年。

「特別なこと」ではなくなってきた「授業のユニバーサルデザイン」と「主体的・対話的で深い学び」とを充実・活用して，両輪として連動させようという試みが，日本の学校現場でのインクルーシブ教育を現実的に前進させることにつながるのではないだろうか。

　ただ，本章ではインクルーシブな学級・授業づくりに取り組むにあたって学級づくりの方向性と授業づくりの方向性とに一貫性を持たせることの重要性を述べてきたのだが，そうなってくると，明らかに，1人の教師が1つの教室でほとんどの授業を担当する学級担任制の学校（たとえば，小学校）よりも，多数の教師が入れ替わりながら各授業を担当する教科担任制の学校（たとえば，中学校や高校）の方が，インクルーシブ教育は難しいといえる。

　とはいえ，インクルーシブ教育が学校改革の運動である以上，小学校であろうと中学・高校であろうと，1人の教師の孤軍奮闘では自ずと限界があるのであり，学校全体や学年全体での方向性の共有がベースにあって，教師間で学級・授業づくりの連携が取れている方が，教師個人としても断然アクションを起こしやすい。そうであるがゆえに，インクルーシブ教育の実践に取り組むにあたっては，学級づくりの方向性と授業づくりの方向性との一貫性のみならず，それらの実践と学校づくりの方向性（教育委員会や管理職の方向性）とが一貫性を持てていることもきわめて重要な要素となってくるのである。

文献ガイド

インクルーシブ授業研究会編『インクルーシブ授業をつくる──すべての子どもが豊かに学ぶ授業の方法』ミネルヴァ書房，2015年。

　　インクルーシブな授業づくりに関わって，カリキュラム開発・教材づくり・授業展開・学級づくりの枠組みと方法について解説した本である。教育方法学・特別支援教育・教科教育・生活指導などの研究者が執筆したもので非常に読み応えがある。ちなみには，インクルーシブな授業づくりと銘打ちつつも，本章の一部で取り上げた「授業のユニバーサルデザイン」のみを取り上げる本が多い中で，この本では「主体的・対話的で深い学び」の実質化を含めた包括的な議論が展開されている。

湯浅恭正・新井英靖編『インクルーシブ授業の国際比較研究』福村出版，2018

年。

　日本・イギリス・ドイツの比較を通して，インクルーシブな授業づくりのあり方について検討した本である。上記の『インクルーシブ授業をつくる』の執筆者の多くが参加した共同研究の成果であり，やはり読み応えがある。インクルーシブ教育に関する比較研究は制度に関するものが圧倒的に多いのであるが，この本は現地調査を通して学校現場のあり様にも目を向けたものになっている。海外のインクルーシブ教育の実践にも目配りしたいという方におススメである。

古屋和久『「学び合う教室文化」をすべての教室に——子どもたちと共に創る教室文化』世織書房，2018年。

　インクルーシブな授業づくりの中でも「主体的・対話的で深い学び」の実質化に関わる部分に示唆的な本である。この本には「インクルーシブ」という言葉は登場しないが，教育学者である佐藤学の「学びの共同体」論に学びつつ独自に実践理論を発展させてきた小学校教師の著者が取り組む「アクティブな聴き方」や「教科日記」などの実践を通しての「学び合う教室文化」づくりは，学級の包摂性を高めるインクルーシブな方向を向いている。著者の実践は，NHK ETV特集「輝け二十八の瞳〜学び合い支えあう教室〜」（2012年2月5日放送）で取り上げられた。インクルーシブな学級・授業づくりの一つの具体像に触れてみたいという方におススメである。

第14章

インクルーシブな学校づくり

原田琢也

1 学校における「排除」の現実を直視する

排除的な学校文化

　読者の皆さんは「学校」という語の字義をご存じだろうか。「学」の旧字体は「學」と書いたが，それは先生と生徒が交わり学ぶことを意味している。それでは「校」はどうか。「校」は，罪人の手足を拘束する「かせ」を意味するそうだ。今でいうところの「手錠」の意味である。学校は，子どもを縛り「型」にはめる面があるということを表している。「型」にはめようとすれば，そこに収まらない子どもが生みだされることは必然的だ。そして，そのような子どもは，排除されることになってしまう。

　学校が子どもを教育する場であることに疑義を唱える者はいないだろう。教育は子どもの成長を支えるとともに，次代の社会の担い手を育て，社会を維持させていくための重要な営みである。社会は単なる人の集まりではない。人の集まりが「社会」と呼べるのは，そこに文化が形成され，それぞれの人がその文化を共有することで相互につながっているからである。教育とは，文化の伝達と創造を目的とした人間という生き物独自の営みであり，そういう意味において，「社会化」(Socialization) であると言える。

　それでは「文化」とは何か。文化とは，社会の中で共有される言語，習慣，規範，価値基準など，ある社会集団が持つ固有の様式のことである。「何が正しく」「何が美しく」「何がおいしい」かまでをも規定する，目に見えない規則の束で成り立っている。いわば，考え方，感じ方，行動の「型」なのである。人間は，この目には見えない規則を身につけることにより，無意識・半意識的に目の前の状況をみとり，その場にふさわしい行動を選び取り，行為することで，社会生活を円滑に送ることができているのである。つまり，学校は教育すること，すなわち文化を伝達することを主たる役割としており，それは人類が

生きていく上で不可欠な営みであるのだが，一方でそれは，子どもを「型」に
はめることでもあるということになるのである。

　現在の私たちが一般的に「学校」という言葉でイメージする学校は，近代に
入ってから誕生した近代学校システムを指す。中世までは，職業は世襲されて
いた。従って，文化を伝達する教育の営みも，基本的には，子どもが共同体の
中で親や近くの大人たちを模倣することで成り立っていた。いわば，自然に
「型」に入っていくことができていたのである。

　しかし，近代に入り，人々が出自や属性から解放され，平等な社会が目指さ
れるようになった。つまり，誰もが努力すれば自分の望む職業に就くことがで
きる社会が目指されるようになったのである。その結果，すべての子どもに対
して，子ども自身の関心を問わず，あるいは，家業や自分の親の仕事を問わず，
ある程度の基本的な知識や能力を習得させる必要が出てきたのである。いわば，
意図的に「型」にはめ込むことが必要になってきたということである。

　しかし，職業により収入や社会的威信には違いがあるし，誰もが希望した職
に就けるわけではない。理念と現実の間には，矛盾があるように思われる。と
ころが，この点については，次のように考えることで合理性が担保されている
ことになっている。それは，学校教育を受ける機会が保障され，そこでの競争
がフェアなものであるならば，能力や努力の違いによって結果に違いが生じて
も，それは平等であると見なす。このような考え方のことを，「メリトクラ
シー」（meritocracy：能力主義，業績主義）と言う。近代以降の社会も学校も，
このメリトクラシーの原理によって支えられていると言える。

　以上のことから，学校は以下のようになりがちである。それは第一に，学校
で身につけることが求められる知識・能力・態度などを規格化する。すなわち，
「型」を明示することである。第二に，子どもがその規格（型）にうまく適合
するように，日常的に指導・支援することである。第三に，試験を行い，規格
（型）への適合度を評価し，序列化することである。そして，最も下位に位置
づけられた一部のものを排除することにより，他の多くの者には「そうはなり
たくない」と思わせ，「型」にはまるように促し，取り込んでいくのである。
これは教師がそう望んでいるからそうなるということではなく，教師の依って
立つ地盤の中に，このような構造があらかじめ埋め込まれており，その地盤を
問うことなしに実践していると，知らぬ間にこのようになってしまっていると

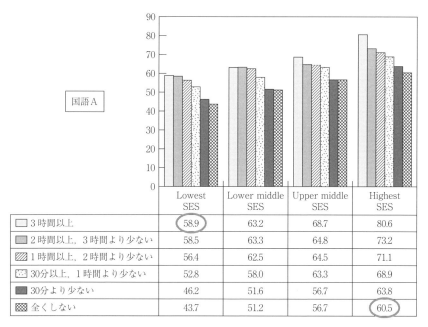

	Lowest SES	Lower middle SES	Upper middle SES	Highest SES
□ 3時間以上	58.9	63.2	68.7	80.6
■ 2時間以上，3時間より少ない	58.5	63.3	64.8	73.2
▨ 1時間以上，2時間より少ない	56.4	62.5	64.5	71.1
▨ 30分以上，1時間より少ない	52.8	58.0	63.3	68.9
■ 30分より少ない	46.2	51.6	56.7	63.8
▨ 全くしない	43.7	51.2	56.7	60.5

図14-1　家庭の社会・経済的背景と国語 A の正当率

出所：国立大学法人お茶の水女子大学（2014）88頁。

いうことなのである。

学力と社会経済的背景

　図14-1は全国学力学習状況調査（全国学テ）のデータをもとに家庭の社会・経済状況，学校外学習時間，そして学力の関係を表したグラフである。[1] SESというのは，"Sosio Economic Status" の略で，「社会経済的状況」という意味である。左側にSESが低い家庭，右側に高い家庭が表されている。全体的には右側に行くほどテストの点数が高くなっていることがわかる。たしかに，それぞれのSESカテゴリーごとでは，学校外学習時間が多い方がテストの点数は高く，「努力すれば報われる」ということは間違いとは言えない。しかし，それ以前に家庭の社会経済的背景が，子どもの学力に大きな影響を与えていることは一目瞭然である。最もわかりやすいのが，グラフの両極の比較である。

（1）　国立大学法人お茶の水女子大学「平成25年度全国学力・学習状況調査（きめ細かい調査）の結果を活用した学力に影響を与える要因分析に関する調査研究」，2014年。

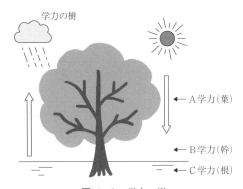

学力の樹

← A学力（葉）

← B学力（幹）

← C学力（根）

図14-2　学力の樹

出所：志水宏吉（2005）45頁。

最も左側の Lowest SES におい
て毎日3時間以上学校外で学習
をしている子ども（58.9）は，
最も右側の Higher SES におい
て全く学校外で学習をしていな
い子ども（60.5）よりも，テス
トの点数が低くなる現実がある。

なぜこのようなことが起こる
のだろうか。図14-2は「学力
の樹」と名づけられた学力の構
造を表したものである。[2] この図
においては，テストで計られる学力は葉に相当する。教師は子どもに対して，
時には太陽のように暖かく支援し，時には雨のように厳しく指導する。しかし，
葉を多く茂らせるためには，幹を太くし，根も深く張り巡らせ，樹全体を大き
くしていく必要がある。根が張るためには良質で柔らかい土が必要である。こ
の場合の土が家庭環境ということになる。子どもは生まれたときからそれぞれ
の家庭で育ってきている。家庭の経済力によって，幼少期からの子どもの経験
には違いが出る。わかりやすいのは，塾や習い事の有無であるが，それだけで
はない。親の教育期待や働きかけの内容も異なる。また，周囲の大人たちの中
に学校で成功したモデルがどれほどいるかも異なる。そして，日常的に空気を
吸うかのように身につけてきた家庭の文化も異なる。

　学校文化が，多様な家庭で子どもが身につけてきた文化の最大公約数として
あり，どの家庭の子どもにとっても同じぐらいの距離にあるのであれば問題は
ない。しかし，現実はそうではない。学校文化は，多くの人びとが学校におけ
る成功を介して辿り着きたいと願う社会階層の人びとの文化，つまり支配的文
化（dominant culture）を反映する傾向が強い。そうなると，SES の低い家庭や
マイノリティの子どもたちは，学校の中で不利な状況に立たされ，排除される
リスクが高くなることになる。

(2)　志水宏吉『学力を育てる』岩波書店，2005年。

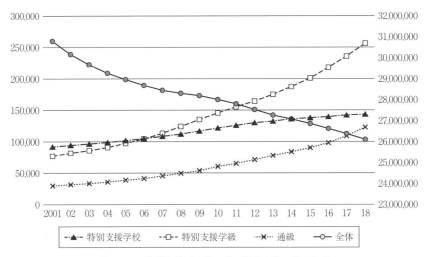

図14-3　特別な学びの場で学ぶ児童生徒の数の推移

出所：文部科学省「特別支援教育資料」（令和元年度）と「学校基本調査」（令和2年度）を元に筆者作成。

通常教育から排除される子どもたち

　図14-3は，特別支援学校・学級に在籍する子ども，通級に通う子どもの数の推移を表したグラフである。1本だけ右肩下がりの曲線があるが，それは子ども全体の人数を表している。少子化に伴い子どもの数が減少しているにもかかわらず，特別な学びの場で学ぶ子どもの数は急増している。特に，顕著なのは特別支援学級である。

　文部科学省は，この傾向について，親の障害受容や特別支援教育への理解が浸透したからだと説明している。そう考えれば，この傾向はインクルージョンが進んでいることの表れであり，望ましいこととなる。

　しかし，見方を変えれば，これは，既成の学校文化の「型」に収まらない子どもが，通常学級で対応仕切れず，押し出されるようにして特別な学びの場に排除されていることの表れとして捉えることもできる。

排除の構造に抗うために

　本節では，学校が決して公正な場とはなっておらず，SESの低い家庭の子どもやマイノリティの子どもたちが，学校から排除されるリスクが高くなること，そして，「型」に収まらない子どもは，特別支援教育の名の下に，通常教

育の場から排除されつつある現実を指摘した。それでは，このような排除のメカニズムに抗う学校をつくっていくにはどのような方法があるのだろうか。

　第一に，学校文化をつくりかえていく必要がある。次節では，学校に関係する人びとが協働して学校文化をインクルーシブなものへと変革していくための方法として，「効果のある学校」をつくる取り組みを紹介する。

　第二に，特別支援教育の名の下に「型」に収まらない子どもを「分離」しようとする力に抵抗する必要がある。その一例として，大阪の「原学級保障」と呼ばれるシステムのもとでの学校づくりについて紹介する。

2　協働して学校文化を変革する──「効果のある学校」の創造

「効果のある」学校とは何か

　1966年，アメリカの社会学者ジェームズ・コールマン（James Samule Coleman）は，アメリカ連邦政府からの依頼を受けて実施された学校の機会均等に関する調査の結果を報告した[3]。報告では，子どもは学校で受ける教育効果以上に，家庭や仲間集団などの環境から強い影響を受けており，学校がいくら努力しても社会経済的な格差からもたらされる学力格差を是正することはできないこと。そして，学校は社会の平等化を進めるどころか，むしろ，不平等を再生産していることが指摘された。

　しかし，本当に学校・教師がいくら努力しても，学力の格差を是正すること

表14-1　「力のある学校」の8つの特徴

1：気持ちのそろった教職員集団
2：戦略的で柔軟な学校運営
3：豊かなつながりを生み出す生徒指導
4：すべての子どもの学びを支える学習指導
5：ともに育つ地域・校種間連携
6：双方向的な家庭とのかかわり
7：安心して学べる学校環境
8：前向きで活動的な学校文化

出所：志水（2009）72頁。

はできないのだろうか。ロナルド・エドモンズ（Ronald Edmonds）は，次のような調査を行った。①あるテストにおいて70点を学校が目標とする水準と仮定し，70点通過率を学校ごとに集計する。②全体の70点通過率よりも低い学校は除外する。③残った学校で社会経済的背景の異なる

(3)　Coleman, James, S., et al., *Equality of Educational Opportunity*, Washington, U. S. Govemment Printing Office, 1966.

⑦インテリア (内装)
安心して学べる学校環境
• 安全で規律のある雰囲気
• 学ぶ意欲を引き出す学習環境

②ハンドル (アクセル)
戦略的で柔軟な学校経営
• ビジョンと目標の共有
• 柔軟で機動性に富んだ組織力

①エンジン
気持ちのそろった
教職員集団
• チーム力を引き出すリーダーシップ
• 信頼感に基づくチームワーク
• 学び合い育ち合う同僚性

⑧ボディ (外観)
前向きで活動的な
学校文化
• 誇りと責任感にねざす
学校風土
• 可能性をのばす幅広い
教育活動

③前輪 (左)
豊かなつながりを
生み出す生徒指導
• 一致した方針のもとで
のきめ細かな指導
• 子どもをエンパワーす
る集団づくり

⑥後輪 (右)
双方向的な家庭
とのかかわり
• 家庭とのパートナー
シップの推進
• 学習習慣の形成を促
す働きかけ

⑤後輪 (左)
ともに育つ地域・校種間連携
• 多様な資源を生かした地域連携
• 明確な目的を持った校種間連携

④前輪 (右)
すべての子どもの学びを
支える学習指導
• 多様な学びを促進する授業づくり
• 基礎学力定着のためのシステム

図14-4　スクールバスモデル

出所：志水 (2009) 72頁。

複数の集団ごとの通過率を集計する。④いずれの集団間比較においても，不利
な側の集団の通過率が高い，もしくは同じという学校のみを「効果のある学
校」(effective schools) とする。このような調査を800校で実施してみたところ，
55校の「効果のある学校」が見出されたというのである。これらの学校は，基
礎学力をつけるという点において，学校外のマイナス要因からもたらされる学
力格差の是正に成功しているということになる。そして，エドモンズらは，こ
れらの55校に調査員を派遣し，「効果のある学校」の特徴を明らかにしたので
ある。[4]

　「効果のある学校」を探求する研究は，志水らによって，日本でも試みられ
た。その結果，小学校では186校中55校 (29.8％)，中学校では118校中33校
(27.9％) の「効果のある学校」が見出された。志水らの研究チームでも，その
後それらの学校に調査員を派遣し，学校の特徴が明らかにされた。その特徴は
表14-1の8点にまとめられ，図14-4のように，「スクールバスモデル」とし
て表された。このモデルのキーワードは「つながり」である。①は教職員集団

(4)　鍋島祥郎『効果のある学校──学力不平等を乗り越える教育』解放出版社，2003年。

のつながり，③はつながりを生みだす生徒指導，④は地域や異校種間のつながり，⑤は家庭とのつながりとなっている。社会的に厳しい状況にある子どもの学力を支えていくためには，学校を取り巻くすべての人々がつながり，協働して学校づくりを進めていくことが重要であることを，この図は表している[5]。

「効果のある学校」の創造

　近年，スクールバスモデルに基づいて，意図的に「効果のある学校」を創造しようとする試みが行われるようになってきている。それらの試みは，教育行政・学校・研究者が協力して行うアクションリサーチとして進められている。その嚆矢となったのは，大阪府茨木市の例であろう[6]。茨木市では，市の教育委員会が主導して，市内すべての小中学校で学校改善，学力向上の取り組みを実施した。取り組み内容は多岐にわたり学校によって異なるが，「一人も見捨てへん」という基本理念でベクトルを揃えた。また，全国学力・学習状況調査（全国学テ）の質問紙調査項目を，「ゆめ力」「自分力」「つながり力」「学び力」の4つのカテゴリーに分類し，その動向をモニターしたことにも特徴がある。これは先述した「学力の樹」のモデルでは「根」にあたる非認知能力を可視化したということである。その結果，4つの非認知能力の向上と共に，学力面では上位層（正答率80％以上）の数が増加し，下位層（40％未満）の数が減少した。

「効果のある学校」創造の意義と課題

　「効果のある学校」が目指していることは，一般的に言われるところの「学力向上」ではない。「学力保障」である。確かに「効果のある学校」づくりでは，テストの点数で学校効果を検証している。しかし，それは，あくまでも表に現れているテストの点数という指標で，それぞれの学校の教育実践の効果が，排除されがちな子どもに対しても，くまなく行き届いているかどうかをモニターしているということを意味している。それは，すなわち，本来的に排除的な性格を持っている学校文化（＝学校の「型」）を，どれだけ包摂的なものへとつくりかえることができたかを，テストの点数でモニターしていると言い換え

---

(5)　志水宏吉『「力のある学校」の探求』大阪大学出版会，2009年。
(6)　詳しくは，志水宏吉編著，茨木市教育委員会著『「一人も見捨てへん」教育』東洋館出版社，2014年。

ることもできる。

　しかし，この方法での学校づくりには限界もあることにも注意が必要である。これはうがった見方かも知れないが，学力低位の子どもが「発達障害」と見なされ，特別支援学級に配置されることにより，学級や学校の平均点が上昇し，見かけ上学校の効果が発揮されたように見えてしまうことがあり得るのである。特別支援学級の児童生徒のうち一定の条件を満たす子どもは全国学テを受けなくてもよいことになっているからである。意図的にではないとしても，知らぬ間に，そのような状況に陥っているということが，全くないとは言えない。従って，「効果のある学校」を目指しつつ，同時に，学級から誰をも排除しないということを学校づくりの基礎に据えておく必要があるのである。

3　共に育ち共に学ぶ——大阪の「原学級保障」

「原学級保障」とは何か

　先述の茨木市も含め大阪のいくつかの地域や学校では，「原学級保障」と呼ばれる，特別支援学級に在籍している障害のある子どもが通常学級で共に学ぶ実践が続けられてきた。これは，通常学級を，特別支援学級に在籍している子どものホームルーム（＝原学級）として位置づけている点で，日常的には特別支援学級で過ごしながら時折通常学級の活動に参加する，「交流」や「共同学習」とは根本的に異なっている。

　1970年代に，養護学校（現在の特別支援学校）の義務化が進められる中，東京や大阪で共生共育運動が起こった時期があった。[7] 戦後長い間，現在の日本国憲法の下でも，「就学猶予」「就学免除」という言葉によって，多くの障害児の「教育を受ける権利」が保障されない状況が続いていた。そういう意味からは，養護学校の制度化は，「包摂」を目指した取り組みであると言える。しかし，養護学校が義務化されることは，他方において，障害のある子どもを健常児と分離することを意味することでもあった。当時，障害がある子どもの中には通常学校で学んでいる子どももいたのだが，そういう子どもたちは養護学校が義務化されれば，従来通り通常学校に通うことができなくなり，養護学校に通わ

---

(7)　詳しくは，小国喜編『障害児の共生教育運動——養護学校義務化反対をめぐる教育思想』東京大学出版会，2019年。

ねばならなくなったのである。

　大阪では，同和教育（＝解放教育）が盛んに取り組まれていたが，その反差別の思想からすれば，子どもを「障害児／健常児」というカテゴリーに二分して捉え，学びの場を分離することは，差別的であると捉えられた。そこで大阪の教職員組合の15の支部では，養護学校義務化に対して反対の姿勢を表明した。その運動の延長線上に「原学級保障」が根づいていったのであった。[8]

大空小学校の実践

　大阪市立大空小学校の実践は，2013年に関西テレビのドキュメンタリー「みんなの学校」として放映され，その後それをもとに制作された同名の映画によって全国的に注目を集めることになった。映像の中では，障害の有無に関わらず，多様な子どもたちが共に学び共に育っていく姿が映し出され，人びとの感動を呼んだ。大空小学校の学校づくりが，大阪の原学級保障の典型だというわけではないが，大阪の原学級保障という教育風土のもとで，その理念や考え方を結晶化させた一つの実践であるように思われる。大空小学校の学校目標は「すべての子どもの学習権を保障する」。そして，その理念は「パブリック」である。その理念の通り，すべての子どもに開かれたインクルーシブな学校である。

　筆者は，2013年から2016年までの間にフィールド調査を実施し，その成果を論文として発表している。[9]ここでは紙幅の都合から，そのすべてを紹介することはできないが，特に重要だと思われる大空小学校でよく耳にしたキーワードを中心に据えて，その一端を描いてみたい。

　まず，筆者が，大空小学校を語る上で最も重要だと考えたのは，「子どもをくくりで見ない」という思想であった。「くくり」とは，「障害児」「問題児」「不登校児」「優等生」などといった，子どもを捉える類型（カテゴリー）のことである。木村泰子校長は筆者が行ったインタビューの中で，次のように話していた。「その日によって，支援の必要な子はいっぱい変わるんですよ。朝，お父ちゃんにどつかれてきた子にはそのとき支援が必要ですよ，特別支援学級

---

(8)　二見妙子『インクルーシブ教育の源流——1970年代の豊中市における原学級保障運動』現代書館，2017年。

(9)　原田琢也「日本のインクルーシブ教育の課題と大空小学校の挑戦——子どもを『くくり』で見ない思想とそれを支える協働的なシステム」『解放社会学研究』第31巻，2018年，56〜81頁。

に在籍していなくても」。つまり,「障害児」だから,あるいは「特別支援学級在籍児」だから支援が必要だということではなく,支援の必要性は状況によって変わるということである。

　また,木村校長は,先述のドキュメンタリーの中で,あるできごとをきっかけにして,子どもが大きく変容したことについて語っている。よく教室を飛び出す子どもが,いつものように教室を飛び出したところ,支援教員がその子どもを追いかけたが,雨で濡れた廊下で滑って転倒してしまった。すると,その子どもは,転倒した教員のもとに駆け寄り,「痛いね,痛いね」と教員の臀部をさすった。そして,その一部始終を同じ学年の子どもらが見ていた。その出来事をきっかけにして,その子どもはそれ以来一切教室から出なくなったというのである。木村校長は,その子どもの変容について,次のように説明している。「教師が専門的な支援の方法を身につけたわけではない。教師の数が増えたわけでもない。そして,あの子が変わったわけでもない。でも,あの子はその日から学校を出なくなった。変わったのは周りの子があの子を見る目や」。子どもは,学校においてさまざまな行動上の課題を現す。しかし,それはその子どもの特性から直接的に導かれる結果ではなく,その子どもと周囲の子どもとの相互作用を通して生みだされる現象としてある。「子どもをくくりで見ない」という言葉には,子どものありのままの姿を忠実にみとろうとする,大空小学校が大切にしている子ども観が集約されている。

　このような子ども観に立つならば,求められる教育観は,子どもを変えるという発想ではなく,子ども同士,子どもと大人の関係性を変えるという発想になる。大空小学校では,多様な人々が共に集い,互いに交流し,影響を及ぼしあい,成長していくことが目指されている。それが,「みんながつくるみんなの学校」である。「みんなでつくる」ではなく「みんながつくる」というところがポイントである。つまり,一人ひとりが主語であり,主人公であるということを意味している。「みんな」の中には,子どもや教員はもちろんのこと,保護者や地域の人々,ボランティアなど,学校に関わる人びと全員が含まれている。たとえば,年3回ある「コンサート」では,子どもが練習成果を発表するだけではなく,地域の人々も参加して共に音楽を楽しむことができるように工夫されていた。毎週月曜日の1時間目に行われる「全校道徳」では,設定されたトピックについて,1年生から6年生,そして教員やその日のゲストまで

が，自由に意見を交流できる場となっていた。それ以外にも，学校を取り巻くさまざまな人々が，共に参画することができるような仕掛けが学校の日常生活の随所に設けられていた。また，大空小学校では，大人全員で子ども全員を見ていくことが重視されていた。「学年シャッフル」「チームシャッフル」といった学級担当の交換システムも，それを具現化した取り組みであった。

　もう一つ，「スーツケースではなく風呂敷で」も，大空小学校の教育理念を表す象徴的な言葉である。学校がスーツケースのように固い殻の中に子どもを閉じ込めようとすれば，当然のこととして，我慢を強いられる子どもや，挙げ句の果てに排除されてしまう子どもが出てくることになる。風呂敷ならば，多様な子どもたちを誰一人排除せずに包み込むことができる。この言葉は，子どもが学校に合わせるのではなく，学校が子どもに合わせることを求めている点において，非常にラディカルな意味合いを含んでいると言える。木村校長は，インタビューにおいて学校の特徴を聞き出そうとする筆者に対して，「大空に特別なことなんかありません。大空のやり方なんかないんです」と話した。「大空のやり方」をあらかじめつくり，そこに子どもを合わせるというのではなく，子どもに合わせて学校づくりをしていると，このような学校になったということである。この発想の転換こそが，学校づくりを推進する上での駆動力になっていたといえる。

　最後に，「たった1つの約束」と「4つの力」である。「たった1つの約束」は，「自分がされていやなことは人にしない，言わない」である。単純ではあるが，学校における唯一の校則とされ，学校生活の最も重要な指針とされていた。また，それを破ったことに気づいたときは，校長室，または職員室で，「やり直し」と呼ばれる反省の機会を持つことで，リセットできる仕組みも用意されていた。「4つの力」は，学校で身につけることが目指される力を表しており，「人を大切にする力」「自分の考えを持つ力」「自分を表現する力」「チャレンジする力」からなり，授業，行事，日常生活の中のあらゆることが，この4つの力のどれかと関連づけて説明されていた。学校におけるさまざまなできごとが，このような数少ないシンプルな表現で整理され説明されることは，多様な子どもや大人が差異を越えて共に学校づくりに参画していく上で，重要な役割を果たしていると思われた。

「原学級保障」の意義と課題

　一口に「原学級保障」と言っても，学校のあり様は実に多様である。筆者らの研究チームでは，大阪で原学級保障を実施している5つの学校で同時にフィールド調査を実施したことがある。5校の中には，特別支援学級在籍児童が通常学級ですべての授業を受けている学校もあるが，近年は，一部の科目や単元において，通常学級外の場で個別または少人数で授業を受けるケースが増えてきている。

　原学級保障が行われている学校では，特別支援学級の担任は「支援担」と呼ばれ，通常学級の中で特別支援学級に在籍している子どもの支援に当たることが通例である。このスタイルは「入り込み」と呼ばれる。それに対して，在籍児童生徒を通常学級の外に抽出して支援する方法は「取り出し」と呼ばれる。つまり，近年，「取り出し」を行う学校が増えてきているということである。

　筆者が調査で関わったE小中一貫校では，2014年当時の校長は，原学級保障の意義を強調しつつも，一方で，学力保障という観点から，さらに個の学習ニーズに応える必要があるのではないかという問題意識を抱いていた。そして，特別支援教育を強力に推進する方向に舵を切った。特別支援教育の専門家を研修の講師として招いたり，特別支援教育に習熟した教師を招聘したりした。その結果，瞬く間に「取り出し」が急増することになった。その教師が小学校籍であったこともあり，その影響は小学校の間に深く浸透した。その結果，従来の「入り込み」を重視する中学校教員と特別支援教育に基づく「取り出し」を重視する小学校教員との間に葛藤が生じることになった。

　しかし，その葛藤は学校改善の契機ともなった。2018年にその葛藤を乗り越えるために「インクルーシブ委員会」が立ち上げられ，月に1度，小学校と中学校の教員が共に話し合う場がつくられた。そこでは，そもそもインクルーシブ教育とはどういうことなのか，通常学級で障害やさまざまなニーズのある子どもが共に学んでいくことにはどのような意義があるのか，あるいは，どのような方法があり得るのかなどが議論されてきた。具体的には，学校独自のユニバーサルデザインを考えたり，少人数グループ活動と「入り込み」教員をどの

---

(10)　原田琢也・濱元伸彦・堀家由妃代・竹内慶至・新谷龍太朗「日本型インクルーシブ教育への挑戦——大阪の「原学級保障」と特別支援教育の間で生じる葛藤とその超克」『金城学院大学論集』社会科学編第16巻第2号，2020年，1～25頁。

ように関わらせるかを考え，研究授業を通して試行してみたりしてきた。葛藤が生じたことにより，その超克のために教員らは原学級保障の意義や自分たちの実践を問い直さざるを得なくなったのである。E 校でこのような葛藤が生じたのは，ベースに「原学級保障」というシステムがあったからだと考えられる。そのベースがない中で，個別の学習ニーズにマッチさせることだけを追求したとしたら，分離が進むことは必然的であると言わねばならない。

　原学級保障の特徴は，すべての子どもが通常学級で共に学ぶことを原則とするところにある。しかし，それはいかなる場合でも特別な学びの場での学習を認めないということではない。大切なことは，全ての子どもが通常学級で共に学ぶことを追求しようとする「磁場」が，学校の中に形成されているかどうかであると考えている。第 1 節で述べたように，学校は本質的に排除的な性質を持っている。「共に学ぶこと」と「個のニーズにマッチさせること」はしばしば葛藤を生みだすが，その葛藤こそがインクルーシブ教育へ向かう駆動力になるのであり，その葛藤が生じないところにインクルーシブ教育が存在する余地はないように思われる。そのように考えれば，日本のインクルーシブ教育制度が真にインクルーシブであり得るためには，まずもって，「すべての子どもが通常学級で共に学ぶことを基本とする」というベースラインを制度の中にしっかりと根づかせる必要があると言わねばならない。

　ところで，文部科学省は，2022年 4 月27日に「特別支援学級及び通級による指導の適切な運用について」という通知を発出し，「特別支援学級に在籍している児童生徒については，原則として週の授業時数の半分以上を目安として特別支援学級において授業を行うこと」とした。そうなると，原学級保障を継続することは難しくなる。しかし，ここに紹介した大空小学校や E 校の事例が示すように，原学級保障のもとで蓄積されてきた実践には，日本が今後インクルーシブ教育を推進する上で有益な示唆が多く含まれている。その成果から学ぶことを抜きにして，1 枚の通知で子どもたちの置かれている状況を一変させようとする文部科学省の姿勢は，あまりにも乱暴であると言わねばならない。

⑾　City for All Women Initiative (CAWI), Ottawa, 2015, "Advancing Equity and Inclusion: A Guide for Municipalities", p. 17.

4　これからのインクルーシブな学校づくりに向けて

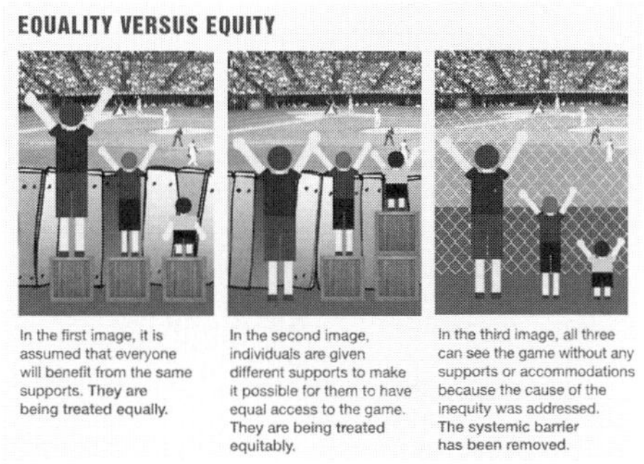

図14-5は，インクルージョ
ンのイメージを表している。第
2章にもよく似た図が掲載され
ているが，ここではさらに右側
の絵が追加されていることに注
意していただきたい。左側の絵
では，全員が平等に扱われてい
るが，最も背の低い子どもには
野球の試合が見えない。中央の
絵では，配慮がなされることで
全員が試合を見ることができて

EQUALITY VERSUS EQUITY

In the first image, it is assumed that everyone will benefit from the same supports. They are being treated equally.

In the second image, individuals are given different supports to make it possible for them to have equal access to the game. They are being treated equitably.

In the third image, all three can see the game without any supports or accommodations because the cause of the inequity was addressed. The systemic barrier has been removed.

図14-5　平等対公正
出所：City for All Women Initiative (CAWI), Ottawa, 2015.

おり，公正であると言える。右側の絵では，障壁そのものが取り払われ，個に
応じた配慮をせずとも全員が野球観戦できるようになっている。インクルーシ
ブな学校づくりにおいて目指されるべきは，右側の絵の状況だということにな
る。本章では，その指向性を持つ実践として，「効果のある学校」をつくる取
り組みと「原学級保障」システムのもとでの学校づくりの取り組みについて紹
介した。

　ピーター・ミットラー（Peter Mittler）は，「インクルージョンへの王道はな
いが，それは過程であり，目的地というより旅である」と述べている[12]。そう考
えれば，インクルーシブ教育とは，飽くなき学校改善の過程を意味することに
なる。人類が誕生してから600～700万年が経つと言われる。その間，人間は教
育実践を続けてきたことになる。しかし，近代学校が誕生してまだせいぜい
150年ぐらいである。仮に人類の教育の歴史を700万年として10mの年表にま
とめたとすれば，近代学校制度の歴史はほんの0.2mmに過ぎないのである。
私たち人類の学校づくりの歴史は，まだ始まったばかりである。それをよりイ
ンクルーシブなものへと作り替えていくために，人類には飽くなき挑戦が求め

[12]　Mittler, Peter, 2000, *Working Towards Inclusive Education*, David Fulton Publishers Ltd.（山口薫訳『インクルージョン教育への道』東京大学出版会，2002年，235頁）

られている。そして，その挑戦の過程こそがインクルーシブ教育だと言えるのではないだろうか。

文献ガイド

志水宏吉『学力を育てる』岩波新書，2005年。

　　なぜ裕福な家庭の子どもの学力は高く，逆に，貧しい家庭の子どもの学力は低くなるのか。本文中でも若干の説明は試みたが，紙幅の都合もあり十分に説明しきれていない。この問題は，「教育社会学」という学問領域において，長年にわたり中核的なテーマであり続けてきた。そして，多くの研究の蓄積がある。中には難解な理論もあるが，新書である本書は，それをわかりやすい言葉で説明してくれている。本文でもとりあげた「学力の樹」や「効果のある学校」についても，本書を読めばさらに理解が深まることは間違いない。ぜひ初学者に薦めたい一冊である。

映画「みんなの学校」2014年。

　　関西テレビ放送制作のドキュメンタリー「みんなの学校」を映画化したものである。本文でとりあげた大空小学校の実践が，リアルに描かれている。1年間にわたり取材班が学校に入り込み，教員，児童，「スクールサポーター」と呼ばれる保護者や地域の人々が共に学校をつくっていく姿を生き生きと描き出している。そして，その営みを通して，一般的には障害があるとされる子ども，他校で暴力的だという理由で排除されてきた子どもなど多様な子どもたちが，互いに認め合い，つながり，この場を自分の居場所として感じるようになっていく過程を目の当たりにすることができる。今日の学校状況の中でこのようなドキュメンタリー映画が生みだされることそのものが，この学校が「みんなの学校」である証しであると思う。

映画「学校」1993年。

　　山田洋次監督の学校シリーズの第1作目である。幅広い年代の生徒が集まる夜間中学校を舞台に，挫折や苦境から立ちあがる人々を描いている。西田敏行演じる黒井先生のクラスには働きながら夜間中学に通うカズ，中学1年生で不登校になったえり子，かつて「不良」であったみどり，日本の社会になかなか馴染めない中国人の張，焼肉屋を経営する在日韓国人のオモニ，言葉の不自由な修，そして長年の肉体労働で身体を酷使した競馬好きのイノさんがいた。彼らの共通点は，学校，そして社会から排除

されてきたことだった。しかし、夜間中学校に入学したかれらは、その場を自分の居場所として感じている。かれらを排除したのも学校であるならば、かれらを包摂するのも学校である。この映画は、学校がどうあるべきかを鋭く問うている。少々古い映画ではあるが、皮肉なことに、社会や学校の変化は、ますますこの映画を必要としているように感じられる。これから教師を目指す人にはぜひ見ていただきたい。

第15章

インクルーシブなコミュニティと社会　　　本間桃里

1　リスク社会を生きる

　ドイツの社会学者であるウルリッヒ・ベック（Ulrich Bech）は，近代化によって一定の経済成長と富の分配が達成すると，次の段階では近代化がもたらす負の側面を人々が認識し，リスクの分配が課題となる「リスク社会」が出現すると指摘した。近代化の結果，リスクが生まれ，そのリスクに対応しようとした結果，また新たなリスクが誕生する。第一の近代では，解体はされつつも地縁・血縁や階級に基づいた共同体が残っており，そのような共同体がリスクを請け負っていたのに対し，第二の近代ではより多くのリスクを個人が引き受けなければならなくなったと言及されている。さらに，リスクの分配は平等ではない。たとえば新型コロナ禍では，正規雇用の労働者よりも非正規雇用の労働者が解雇されるリスクにさらされていた。また，ステイホームによる家事やケアの負担が増えたのは女性だった。いっけん，個人には自由な選択があるようにみえるが，その選択はさまざまな状況に規定されている。同時に，選択の結果被る不利益は自己責任であるとされてしまうのである。戦争，軍事化，原発，パンデミック，気候変動，貧困，ジェンダー不平等，排外主義，民主主義の機能不全など，社会は不条理や不確実性で満ちている。先が不透明なリスク社会のなかで，あらゆる結果が自己責任にされてしまうことで生きづらさを感じてしまう人も少なくない。国家間，人種間，世代間，性別間などあらゆるところで分断も起こっている。日本では新型コロナ禍の給付をめぐって高齢者か若者か，非課税世帯か全世帯かといった論争があった。コロナ禍では中国に対するヘイトや，ロシアのウクライナ侵攻をめぐってはロシア系住民に対するヘイト

---

(1)　ベック，U. 著，東廉・伊藤美登里訳『危険社会──新しい近代への道』法政大学出版局，1998年。

(2)　落合恵美子『親密圏と公共圏の社会学──ケアの20世紀体制を超えて』有斐閣，2023年。

もみられた。

　しかし同時に，インクルーシブな地域／コミュニティ／社会を志向する動きもある。たとえば，多様な人々と共に生きることを謳う「多文化共生」や，多様な人々がつながり合う「居場所づくり」の取り組みの広がり，そして生きづらい社会を変えるために構造的に働きかける社会運動の展開などである。本章の目的は，こうしたインクルーシブなコミュニティや社会を目指す取り組みの実態や研究について紹介することで，リスク社会を生きる今後のヒントを提示することである。

2　「多文化共生」と地域

多文化共生とは

　近年，「多文化共生」という文言がさまざまなところで掲げられるようになっている。加藤千香子によると，「多文化共生」という言葉が使われるようになったのは，行政差別と闘う在日朝鮮人による地域運動が関係している。[3] 1970年の日立就職差別裁判事件（以下，日立闘争）は，在日朝鮮人であることを知らせた後に採用を一方的に取り消された朴鐘碩氏が原告となって日立に対して起こした裁判である。日立闘争は多くの支援を集め1974年に勝訴した。これが，在日朝鮮人が差別に対して日本社会で声をあげる一つの契機となった。そして在日朝鮮人が多く暮らす神奈川県川崎市では，1970年代に児童手当や奨学金受給資格の国籍条項撤廃を要望する運動などさまざまな地域運動が起こり，全国に先駆けて川崎市行政がそれらを受け入れてきた。1988年には「ふれあい館」事業を通じて人権尊重学級や識字学級が展開され，障害がある人々や外国人（ニューカマー）の支援にも射程を広げていった。こうした歴史を経て1993年に川崎市が「多文化共生の街づくりの推進」を理念として掲げたのである。ただし，「多文化共生」という言葉が全国に広がる契機となったのは，1995年1月17日の阪神・淡路大震災後に被災外国人支援活動がボランティアの一つの柱として位置づけられたことにある。他の自治体でも外国人住民の急増を受けて多文化共生の活動が広がってきた。

(3)　加藤千香子「『多文化共生』への道程と新自由主義の時代」崔勝久・加藤千香子編『日本における多文化共生とはなにか――在日の経験から』新曜社，2008年。

　2006年には総務省が「多文化共生の推進に関する研究会報告書」を刊行した。報告書には，1980年代後半からおこなってきた国際交流と国際協力に加えて，「『多文化共生』を第3の柱として，地域の国際化を引き続き推し進めていく」（2頁）と書かれている。ここでの多文化共生とは，「国籍や民族などの異なる人々が，互いの文化的ちがいを認め合い，対等な関係を築こうとしながら，地域社会の構成員として共に生きていくこと」（5頁）だと定義されている。こうして国および自治体レベルで「多文化共生」が謳われ，外国人住民と関わりを持つ市民団体も「多文化共生」を掲げて活動を繰り広げてきた。

地域住民トラブルを生む構造

　では，「多文化共生」は実現しているのだろうか。地域生活のなかで外国人とのトラブルで頻繁に挙げられるのはゴミの分別や騒音である。公立小学校教員への筆者の聞き取りによると，トラブルのときに「どうにかしてほしい」と住民から地域の学校へ苦情の電話がかかってくることが度々あるそうだ。これはいっけん，地域のルールを守らない外国人に問題があると思われるかもしれない。しかし，このトラブルの背景はもう少し複雑である。ルールを守らない以前に，そもそもルールを知る機会が与えられていただろうか。地域で生じる問題は，日本社会が市場の需要によって外国人を「フレキシブルな労働力」として使い地域住民との接点を奪っていることや，国レベルの統合政策が不在であることが生み出しているという指摘がある。[4]梶田らは，「外国人労働者がそこに存在しつつも，社会生活を欠いているがゆえに地域社会から認知されない存在となることを『顔の見えない定住化』」（72頁）と呼んだ。1989年に改正入管法が成立したことに伴い新たに設けられた在留資格「定住者」によって，これまで日本は主に南米から多くの日系人を労働力として受け入れてきた。日系人が従事してきたのはいわゆる3K（きつい，汚い，危険）と呼ばれる業種が多い。長時間労働で請負型（勤務する工場が変わると寮も変わる）の働き方は地域住民との接点を失わせていたのである。また，「多文化共生」は地域主体で行われてきたため，支援の充実度は自治体によっても大きな差があった。ようやく2018年末に，日本政府は「外国人材の受入れ・共生のための総合的対応策」を

　(4)　梶田孝道・丹野清人・樋口直人『顔の見えない定住化──日系ブラジル人と国家・市場・移民ネットワーク』名古屋大学出版会，2005年。

決定した。医療や福祉サービスの多言語化や日本語教育の充実，ハローワークの多言語対応などの幅広い支援が示されたのは画期的であった一方，政府は「外国人材」という言葉を使うにとどまった。安倍晋三元首相が「国民の人口に比して，一定程度の規模の外国人及びその家族を，期限を設けることなく受け入れることによって国家を維持していこうとするといった政策，いわゆる移民政策をとる考えはありません」（衆議院本会議 2018年11月13日）と発言したように，日本政府としては受け入れているのはあくまで「外国人材」であり，一時的な滞在者であるとの見方をとっている。しかし実際は，中長期的に日本で生活する人々や，親は外国出身だが自らは日本で生まれ育ったという人々が多くいる。たとえば日本国籍で母語が日本語以外の場合や，外国籍や無国籍で母語が日本語である場合など，多様な背景の人々がいる。

『顔の見えない定住化』といわれてから15年以上経った。当時に比べて，顔の見える存在になってきただろうか。後にみるように，全国各地で多様な文化的背景の住民は「居場所づくり」を通じた市民同士の関わりが活発になっており，地域交流の機会は増えつつあるといえるかもしれない。平穏な「多文化共生」だけでは決してなく，互いに衝突しトラブルが起こることもある。そのときに，そこで起こった問題を個人の責任や地域の責任に帰さず，構造的な問題として捉える視点は今後も重要だろう。同時に，次節でみるように，「共生」という言葉は全ての人々が対等な関係性にあるかのように錯覚させてしまうこともあるが，制度上，「対等な市民」になれない人々がいることも紹介したい。

恣意的な境界線と排除

多文化共生の文言が謳われていても，実際には，国籍や在留資格の有無や種類によって権利や社会保障へのアクセスには違いがあるものである。例を挙げると，どれだけ日本に長く暮らしていても，ホームが日本であっても，外国籍の人々には国政への参政権がない。また，公務員としての採用の制限もある。特に管理職など「公権力の行使または公の意思の形成への参画に携わる公務員」にはなれない。さらに，外国籍の子どもには就学義務がないとされ，「恩恵」として希望をすれば公教育を受けることができるにすぎない。就学義務がないことは選択の自由の増大を意味するのではなく，就学環境を整備・保障する政府の義務を免除していることを意味する。2023年度から高等学校でも日本

語指導を単位認定することが決まったように，日本語が母語でない生徒に対する支援策は整備されつつあるが，義務教育段階からの不就学問題や高校中退，大学進学率の低さなどは依然として課題となっている。このように，外国籍であるがゆえにさまざまな権利が制限されている。

　さらに，外国籍の中でも在留資格の有無や種類によって置かれる状況は変わる。コロナ禍で明らかになったのは，コロナの影響は人々に平等ではないことである。安里和晃によると，経済的な影響をより深刻に受けたのは，非正規雇用で働いていた女性や，アルバイトで働く留学生，非正規滞在で公的な福祉にアクセスできない人々などであった。「高度人材」に分類される人々の月収は平均7％減だったのに対し，日本人の配偶者や日系人など身分による在留資格を持つ人々の月収（多くはパートや派遣などの非正規雇用）は平均49％減，留学生は68％減だった。つまり，「脆弱なるものはより脆弱になる傾向」がはっきりと現れたのである。支援を必要とする人々が多くいた中，政府はさまざまな支援策を打ち出した。住民票がある人々全員に対する10万円の給付金は有名だが，それ以外にも休業支援金，無利子で借りられる緊急小口資金や，家賃補助などがあった。ただし，これらの支援への申請にはそれぞれ条件があり，たとえば緊急小口資金は中長期滞在者に限られていた。在留資格の期限が短い留学生や帰国困難者（技能実習期間を終えた人など），非正規滞在者などは，同じように税金を納めていたとしても，いくら困窮していても対象にはならなかった。

非正規滞在者の排除

　性差別や人種差別はいけないという前提は共有できたとしても，国籍や在留資格による差別については正当化されやすい。特に近年，非正規滞在者，つまりは在留資格を持たない人々を退去強制に追い込むような排除的な政策が推進されている。しかし，非正規滞在の状態になる理由はさまざまである。手続きの間違いもあれば，日本人配偶者と離婚して在留資格が切れてしまった人，悪徳なブローカーに騙されて観光ビザのまま働かされている人，劣悪な労働環境から逃げざるを得なかった人，難民認定率1％未満のなかで難民認定がされない人など，必ずしも個人の責任に由来しないそれぞれの事情がある。また，正

---

(5)　安里和晃「コロナ禍における質的調査と権利擁護──外国人住民を対象とした生活実態調査を事例に」『社会学年報』28，2020年。

規と非正規の線引き（誰に滞在を許可するのか）や，誰にどのような権利を付与するのかは国や時代，さらには行政職員の裁量権などによって変動するため，非正規滞在の違法性は本質的なものではない。

　しかし，日本では非正規滞在者を「不法残留者」と呼び，一般的に犯罪を想起させるような表現が使われている。日本における「不法残留者」は，1993年5月でピークの29.8万人を迎え，2022年7月時点では5.8万人まで減少している。1993年の外国人登録者数は132.1万人だったことから，非正規滞在は決して珍しくなかったといえる。減少の背景には，バブル崩壊で非正規滞在者の労働力に対する依存感が薄れたこと，非正規滞在者に代わる外国人労働者が盛んに受け入れられたこと，2004年から2008年の「不法滞在者5年半減計画」を含む非正規滞在者を厳しく取り締まる政策が次々に打ち出されたことなどが関係している。2023年6月に成立した改定入管法も，退去を拒む外国人に対して一定の要件の下で刑事罰を科すことや，難民申請回数が3回目以降の人々の送還を可能にするなど，非正規滞在者をさらに追い詰めるものになった。従来の「全件収容主義」を見直し，新たに「監理措置」制度が設けられたが，これは，条件を満たして施設外で暮らす非正規滞在者の生活状況を「監理人」となる市民が監視する制度となった。さらに，健康上または人道上の理由等により収容を一時的に解除される「仮放免者」の自由も制限されたままである。指定地域外への外出や就労は原則許されない。多くの公的福祉の対象にならず，保険証もないことから，命の選別といえるような事態が発生している。

　このように，皮肉にも，多文化共生政策が推進される裏で，非正規滞在者の場合は，人間が生まれながらにして持っている基本的人権が保障されてこなかった。非正規滞在をつくりだしているのは既存の制度的欠陥であるが，個人を罰する傾向にある。非正規滞在者を社会のメンバーとして承認することを求める運動がある一方，当事者や支援者などからは，非正規滞在者に対する社会的まなざしが厳しさを増しているという指摘がある。実際に，非正規滞在者支援の活動をしている方への筆者の聞き取りによると，1990年代は非正規滞在であってもコミュニティの仲間として自治会に参加していた人が多くいた。その地域で豪雨があり多くの住民が被害を受けたときには，警察の目を恐れずに表へ出て，「地域への恩返し」として数日間にわたってボランティア活動を行った非正規滞在の人々がいたという。しかし，2000年に入ってからは入管と警察が

24時間パトロールをし，犯罪者であるかのようなスティグマがはられるようになったことから自治会へさえ参加できなくなってしまった。地域で生活してきたことには変わりないが，人目を避けることが強いられ，社会から不可視化されている。

3　居場所づくり

広がる「居場所」

　「高齢者の居場所づくり」や「子どもの居場所づくり」といったように「居場所」という言葉を耳にすることが増えてきている。居場所とは，単に物理的空間を意味するのではなく，居心地のよいところや他者からの承認を得られるところなど，多義的に用いられている。「居場所」の先駆けの一つとして，1985年に不登校児の親たちが中心となって開設した「東京シューレ」をあげることができる。朝倉景樹によると，1950年中頃に児童精神科医たちが学校に行けないことを生徒個人の病理としてみなした[6]。1970年には，そんな「登校拒否」の子どもたちを厳しい教育で治療しようとする動きがあったが，1980年代に「登校拒否は病気じゃない」と異議申し立てを行ったのが，東京シューレの始まりであった。不登校を個人の問題から管理主義的な学校教育の問題として再定義し，子どもたちに主流の学校以外のオルタナティブな選択肢を提示したのが「居場所」であったといえる。その後，居場所という言葉が幅広く使われるようになった。興味深いことに，1992年に出された文部科学省主導の学校不適応対策調査研究協力者会議の報告書では，学校も生徒の「心の居場所」となることが求められた。

　現在，「居場所づくり」の活動が全国各地で多様な担い手によって展開されている。次に紹介する取り組みはその一例である。

多様な人々を包摂する東九条の「ほっこりカフェ」

　東九条は京都駅の南側に位置する地域である。1920年代，東九条地域では，日本の植民地支配下にあった朝鮮半島出身の人々が国鉄東海道線の工事や染色

---

(6)　朝倉景樹『登校拒否のエスノグラフィー』彩流社，1995年。

業などに従事しながら生活していた。また，隣接する被差別部落から移り住んでくる人々もいた。太平洋戦争後も東九条地域に暮らす多くの人々は差別によって居住地や就職の選択の自由がなく，さまざまな公的福祉の対象外となってきた。そのようななかで地域住民や教会関係者，市民団体などが運動を通じて貧困や差別と闘ってきた歴史的背景がある。たとえば行政に住環境改善を求める運動や，読み書きを学ぶ機会を奪われてきた在日１世を対象にした識字教室の開催，民衆文化を創造する「東九条マダン」の実施など，運動は多岐にわたる。近年は東南アジアや南アジア出身者も増加傾向にあり，東九条はより多文化な地域となっている。

　そんな東九条にあるのがNPO法人「ほっこりカフェ」である。「ほっこりカフェ」は「誰でも気軽に立ち寄りほっこりできる場所。年齢・民族・価値観・心身の状態のちがいを普通に出せる場所。街の人も街に関わる人もふらっと通った人もこの店は何だろうと覗いてみたくなる場所。集まり語り楽しめる場所」というコンセプトで2018年に市営住宅の１階のスペースに開店した（2018年開店時リーフレットより）。

　筆者もこの「ほっこりカフェ」で，ときにはボランティアスタッフとして，ときにはお客さんとしてコンセプト通りの充実した時間を過ごしている。カフェでは地域住民の需要からさまざまな活動が生まれている。多様な市民団体がカフェを拠点に連携しながら活動しており，ここで全てを紹介しきれないが，筆者が知る一部の活動を取り上げる。まず，カフェではフィリピンの調味料やバナナなど他では手に入りにくいものが売っている。興味深いのは，その場で支払うのが難しい人が，「ツケ」で払っていたことである。これは普通のスーパーではできない，コミュニティならではのやりとりである。これらの売り上げは外国ルーツの子どもの支援に充てられている。また，高齢者や障がい者支援団体による作品やお惣菜などの食品販売も定期的に行われており，買い物が困難な層などさまざまなニーズに対応している。

　カフェの活動の２つ目として，こどもクラブがある。こどもクラブは，コロナ禍による家庭の収入減と学童の利用料値上げにより学童に行くのが困難になった子どもたちや，放課後の居場所がない子どもたちが過ごせる場所として，急遽2022年６月に立ち上げられた。多数の大学生ボランティアのみならず，たまたま居合わせたお客さんが子どもに算数を教えている様子をみることもでき

る。ある子どもが家庭で虐待を受けている可能性があったときには，カフェの
スタッフたちが家庭と学校を仲介し，子どもがいつでも SOS を発信できるよ
う環境を整え，親が孤立しないための支援もおこなっていた。

　子どものみならず，大人も多くやって来る。コンサートや美術作品の展示会，
高齢者のスマホ相談会などもある。他にも，雇い主から不当な扱いを受けて避
難してきた労働者の住居をカフェの繋がりを活かして探したり，社会的なつな
がりが必要な人や就労に困難を抱える人をスタッフとして雇ったり，一人ひと
りの必要に応じて臨機応変な取り組みがおこなわれていた。スタッフとお客さ
ん，支援者と被支援者の関係性を超えて，お互いにケアしケアされるような関
係性がみられた。代表の小林栄一さんは，「カフェのふりをすることで，本当
にやりたい事業・活動を無理なく続けられる」と言う。カフェの目的は飲食の
提供そのものではない。カフェという場を通じて多様な背景の人々が出会い，
繋がり，共に活動をしていた。

人がゆるやかにつながる「こども食堂」

　居場所づくりの取り組みで連想されることが多いのがこども食堂である。こ
ども食堂には固定的な定義はない。「こども食堂」の名付け親とされているの
は東京都大田区にある八百屋の「だんだん」店主の近藤博子さんである。近藤
さんのこども食堂の定義は「子どもが一人でも安心して来られる無料または低
額の食堂」である。近藤さんが食事をとれていない子どもを目の当たりにして
2012年に食堂を開いたことが注目されてから，こども食堂なるものが全国的に
広がっていった。NPO 法人全国こども食堂支援センターが把握しているだけ
でも2022年12月時点で7,363のこども食堂が誕生している。こども食堂は自治
体から助成金を受けて運営しているところもあれば，届け出を出さずに民間で
活動しているところもあることから，実際にこども食堂のような活動をしてい
るところはもっと多くあるだろう。

　「こども食堂」にはどのようなイメージがあるだろうか。こども食堂の取り
組みはメディアで取り上げられることも多くなっているが，それに対する反応
として「こども食堂は生活に困っている人が行くところである」，「こども食堂
に行くこどもはかわいそう」といったものが一定数みられる。子どもの貧困が
社会問題として認知されるようになったこともあり，こども食堂と聞くと貧困

が想起されやすい。

　この先行するイメージに対して，実際にこども食堂を運営している人々の認識はかなり違っている。2021年に認定NPO法人全国こども食堂支援センター・むすびえが全国のこども食堂の運営者を対象に行った調査（回答数1,367件）によると，「生活困窮家庭（生活保護・非課税世帯）に限っている」のは4.9%，「ひとり親世帯（児童手当受給世帯など）に限っている」のは5.9%である。最も多いのは「参加条件はない（子ども以外でも，誰でも無料で参加できる）」で34.6%を占める。また，こども食堂の目的（複数選択可）については「子どもの食事提供」が最多で88.4%，次いで「子どもの居場所づくり」が83.7%である。「ひとり親家庭の支援」は59.6%，「生活困窮家庭の支援（予防を除く）」は54.6%となっている。その他にも，「多世代交流」（57.5%），「地域づくり・まちづくり」（56.4%），「高齢者や障害者等の支援」（35.6%），「子どもの見守り支援（虐待防止）」（35.3%）など人々が子ども食堂に多岐にわたる目的を見出していることがわかる。

　このように，人々のイメージと実態にギャップがあることがわかる。こども食堂運営側への調査によると，参加者を「子どものみ」に限定しているところは21.6%に過ぎず，多くは大人も参加できる。また，こども食堂＝貧困対策のイメージが根強いが，実際には貧困対策に限らず，居場所づくりを含む複数の目的を含んでいる場合が多い。尾添侑太は，居場所は必ずしも密な関係を築く場である必要はないと指摘した。たとえば月に数時間限りのこども食堂には，他者と自由でゆるやかな関係性が築ける良さがある。その場その場でゆるやかな関係性を結ぶことは，リスク社会において重要性を増しているという。

福祉としてのコミュニティ

　これまで，居場所づくりの活動について紹介してきた。こうした活動に対して度々みられる批判は，「地域のボランティア精神が社会保障の欠陥を補うために利用されている」というものである。たしかに，政府がその責任を怠っている結果として民間がやらざるを得なくなっている側面もあるだろう。この場合，政府の役割について再確認し，責任を果たすよう働きかける必要が出てく

---

(7)　尾添侑太「居場所概念の再検討──子ども食堂における参与観察をとおして」『ソシオロジ』64(2)，2019年。

ることになる。同時に近年，福祉国家の議論の中で，国家，市場，家族に加え
てコミュニティの役割が見直されていることも確かである。従来の福祉国家論
は福祉を提供するアクターとして主に国家を念頭に置き，各国の福祉への支出
や制度を比較して「福祉先進国」か「福祉後進国」か，二分法的に考えられて
きた。しかし，エスピン・アンデルセン（Gøsta Esping-Andersen）が1990年に
『福祉資本主義の3つの世界──比較福祉国家の理論と動態』で提示した福祉
レジーム論は，国家のみならず市場や家族の役割も検討し，各国家における福
祉の提供が質的に異なることを示した。そして近年，そこにコミュニティが加
わったのである。コミュニティとは多義的であるが，市場経済の論理と異なる，
互酬性を軸においた人間関係のなかでおこなわれる福祉だという定義もできる。
本章でみてきた「ほっこりカフェ」やこども食堂における福祉は，人間同士の
関わりのなかで生まれるものであり，それは国家から提供される一律のサービ
スや，価格で取引される市場によるサービスとも性質が異なる。近代家族のジェ
ンダー規範の下，家庭のなかで「嫁」や「母」が担ってきた介護や育児など
のケアを，血縁とは異なるコミュニティの中で行うという意味もある。コミュ
ニティのかたちや，その取り組みは多様であるからこそ，国家や市場，家族に
よる福祉とは違う福祉を生み出せる可能性がある。

全体主義をつくらないためのコミュニティ

　コミュニティは人とのつながり（社会関係資本）を形成できる場であるとい
ってもよい。それは強固な場合もあれば，ゆるやかな場合もある。社会関係資
本がどのような意味を持つのかについては社会学でも多くの研究蓄積があるが，
特に民主主義が脅かされている現代においてどのような意義を持つのかについ
て重要な示唆を与えてくれるのがハンナ・アレント（Hannah Arendt）である。[8]
　アレントは，ドイツに住んでいたユダヤ系の女性思想家で，ナチスの迫害を
逃れて1933年にはフランスへ，1942年にはアメリカへ亡命した経験を持つ。そ
んなアレントは，暴政は被支配者を孤立させ「共に活動し語るという人間に不
可欠な多数性の条件」（326頁）を失わせるものであると論じた。多数性とは，
一人ひとりがユニークな存在で，過去にも現在にも未来にも，同一の人間は存

---

(8)　アレント，H. 著，志水速雄訳『人間の条件』筑摩書房，1994年。

在しないということを指す。つまり暴政は，異なる他者が互いに語ることや活動ができず，他者を同じ人間，異なる個人として承認できず「すべての人がもはや自分以外の人と同意できないほど根本的に孤立している場合に起こる」（86頁）と述べる。

　では，どのように暴政が現れないようにするのか，アレントは「公的領域」の重要性を唱えた。公的領域は「人びとがともかく姿を現すのに必要な世界の中の空間」（333頁）であり，「私たちがみるものを，やはり同じように見，私たちが聞くものを，やはり同じように聞く他人が存在するおかげで，私たちは世界と私たち自身のリアリティを確信することができる」（75～76頁）とした。このアレントの思想を踏まえると，本章で述べてきたようなコミュニティは，アレントがいう「公的領域」のような役割も担っているともいえる。異なる人間が出会い集うコミュニティは，福祉的な機能にとどまらず，全体主義に対抗し草の根から平和を築く基盤となるのである。

4　社会運動

構築される社会問題

　誰もの声が届けられるような民主的な社会や，誰もが生きやすい社会を築く方法の一つに，社会運動がある。さまざまな人がさまざまな「生きづらさ」を抱えている背景には，既存の社会制度や社会規範が関係している。たとえば，なんらかの事情で働けない人が「自分は社会に必要とされていないのかもしれない」と感じるとき，それは人を能力で序列化しようとする「能力主義」や，就労が生きる条件であるかのように錯覚させられる「ワークフェア」政策と関係している。周囲の恋愛話にモヤモヤするとき，それは「人は恋愛するもの」，「異性を好きになるもの」といった社会規範のせいかもしれない。同じ人が，あるときは「日本人」として，別のときには「外国人」として扱われ排除されるとき，それは「日本人」像が恣意的につくられているせいかもしれない。

　こうした生きづらさの原因が社会側にあることに気がつき，現状に対して訴えかける「クレイム申し立て活動」が個人や団体によって起こされることで，

社会問題として顕在化することになる⁽⁹⁾。換言すると，社会問題は客観的事実として そこにあるのではなく，活動によって立ち現れ，問題として構築されるのである。公民権運動やフェミニズム運動など，差別の構造を認識し，権利のために闘ってきた人々がいるからこそ，社会が変わってきた。

声を聴かれない人々

　では，社会は生きづらさを抱える人々の声を聴けているのだろうか。1942年にイギリス植民地下のインドで生まれ，現在はアメリカで教鞭をとっているガヤトリ・チャクラヴォルティ・スピヴァク（Gayatri Chakravorty Spivak）は抵抗が抵抗として認識されない社会構造に置かれている人々のことを「サバルタン」と呼んだ⁽¹⁰⁾。インドの従属階級に置かれた女性たちは，声をあげてもその声は聴かれてこなかった。たとえばスピヴァクは「サバルタンは語ることができるか」という論文のなかで，インドにおけるサティの慣行の表象について言及する。サティとは，夫が亡くなり火葬されるときに寡婦が夫とともに焼かれる慣行である。インドの土着主義者たちは，良き妻として「女性たちは実際に死ぬことを望んでいた」と話す。他方，イギリス人植民者や知識人は家父長制の犠牲者としてインドの女性を語り，インドの女性を救済しているとして英国の帝国主義を正当化した。スピヴァクは，家父長制規範と西洋による犠牲者としての表象の両方がインド人女性の主体性を無視し，声をかき消したことを指摘する。インド人女性がサティをどのように捉えていたのか，誰も知ろうとしなかったのである。

　スピヴァクの指摘は，既存の社会においても重要さを失っていない。「マイノリティの声を聴く」と言うとき，それは権力を持つ側が自らに都合よく解釈した声ではないだろうか。声が届かない構造に置かれたとき，その人々は沈黙するしかなくなってしまう。

---

(9)　スペクター，M.・キツセ，J. 著，村上直之・中河伸俊・鮎川潤・森俊太訳『社会問題の構築』マルジュ社，1990年。

(10)　スピヴァク・ガヤトリ著，大池真知子訳『スピヴァク みずからを語る——家・サバルタン・知識人』岩波書店，2008年。

沖縄での平和運動

　声を聴かれないとはどういうことだろうか。ここでは，沖縄における平和運動について取り上げる。2023年3月，石垣島の自衛隊駐屯地にミサイル配備がなされた。これは，「平成23（2010）年度以降に係る防衛計画の大綱」で示された「南西シフト」とも呼ばれる計画の一環である。南西シフトとは，中国の軍事的脅威に対抗するために防衛の「空白地域」となっている南西諸島に自衛隊を配備し，防衛力を強化しようとするものである。こうして2016年には与那国島に沿岸監視隊，2019年には奄美大島と宮古島に地対艦・空ミサイル部隊が配備されてきた。2022年12月には安保関連3文書が改定および閣議決定された。改定により，反撃能力の保有が決定され，今後5年間で防衛費をGDP比2％（現行の2倍）にあたる総額43兆円にするという発表もなされた。このように南西諸島の軍事化が急速に進められている。軍事化に反対する住民の声はこれまでもずっとあった。しかし，その声は無視され続け，現在に至っている。

　たとえば，1970年代後半から2000年にかけて石垣島では新しい空港建設に反対する住民運動が展開された。行政は「島の経済発展のため」として，白保という地域の海上への空港建設を推進したが，住民はさまざまな懸念を持っていた。反対運動は，住民が白保の海の恵みとともに生活する権利を守ることや，海があるからこそ行える祭りや唄といった芸能や精神文化を守ること，世界的に希少な価値があるサンゴ礁を保全することなどに加えて，島の軍事化に抵抗する意味もあった。米軍地質調査団が1950年代に石垣島を調査してまとめた報告書で空港の最適地として白保が挙げられていたことから，白保海岸の埋め立ては軍事利用の危険性があることが学者たちから指摘されたのである（1985年5月30日沖縄タイムス）。石垣島には太平洋戦争を経験した住民も多く，有事のさいには空港が軍事に使われることを知っており，島が再び戦場にされることに反対していたのである。反対運動によって建設地は白保案から二転三転し，2013年に現在の場所（カラ岳陸上）に空港は完成した。白保の海上は避けることができたものの，軍事空港としての利用の危険は消えたわけではない。2012年には防衛省が「機動展開構想概案」を作成し，石垣島での戦闘を想定したシミュレーションをしている。2022年3月には米軍普天間飛行場所属のオスプレイが新石垣空港に緊急着陸した。新石垣空港以外にも，軍民共用空港として指定されていない空港に無断で軍用機が着陸した事例が数多く報告されている。

2022年10月には,「安全保障の観点から」港湾空港整備計画が省庁横断型で進められる方針が出された。

　このように,「経済発展」の裏で次の戦争の準備がなされ,近年は「防衛力強化」の論理で軍事化が正当化され,住民の反対の声がかき消されている。また,自衛隊や米軍基地をめぐる意見の対立で,住民たちはこれまで何度も分断されてきた。家族や親戚など身近な関係で分断が起こることがあり,それは声をあげることを困難にする。

　運動が冷笑されたり,無視されたり,声があげづらくなっていくなかでも抵抗し続ける人々がいる。しかし,そんな住民たちについて報道されることは少ない。平和の問題はグローバルな,誰もが関係する問題であるにもかかわらず,「沖縄の問題」として大衆は無関心でいつづけられる状態が継続している。島の住民たちはサバルタンにさせられている。

5　社会の問題としての個人の問題

　これまでインクルーシブなコミュニティや社会を築くヒントとして,多文化共生,居場所づくり,そして社会運動について論じてきた。第2節では,日本に住む外国人が増加し多文化共生が標榜されるようになったと同時に,「顔の見えない定住化」と言われたように,住民同士が分断されている様子や,対等な関係を築けるような制度の基盤が欠如していることを指摘した。外国籍であること,そして外国籍のなかでも正規滞在か非正規滞在かによってさまざまな権利がはく奪されていることについて論じた。第3節では,近年広がりをみせる居場所づくりについて紹介した。ゆるやかに繋がることができる場,従来の国家や市場と異なる福祉を提供する場,全体主義に対抗できるような対話の場など,居場所づくりはさまざまな可能性を秘めていた。第4節では,問題を問題として認識し,声をあげて社会を変革する可能性としての社会運動,そして沈黙させられている人々について言及した。

　本章で強調したいことは,日々の中で言語化できなくとも違和感があるとき,生きづらさを感じるとき,それは個人の問題ではなく社会の問題であるということである。そして,個人が置かれた社会的状況によって見えている世界は全く違う。社会の周縁に置かれた人々の声を,どのように聴くことができるだろ

うか。さまざまな「生きづらさ」に社会はどのように向き合っていけるだろう
か。インクルーシブな社会を構想するにあたって，常に考えていかねばならな
い。

文献ガイド

キム・ジヘ著，尹怡景訳『差別はたいてい悪意のない人がする』大月書店，
2021年。

　　日常に潜む差別に気づかせてくれる一冊。移住者に対する「もうすっかり日本人で
　　すね」という「誉め言葉」や，人種をネタにした笑いはどのように問題なのか。障害
　　者のバス利用をめぐる論争，オールジェンダートイレ論争，男女の割り勘論争など豊
　　富な切り口から，差別が正当化されたり不可視化されたりする構造について考えさせ
　　てくれる。スティグマなどの重要な社会学的概念もカバーしているが，エッセイ調で
　　書かれているため社会学専門でなくとも読みやすい。

杉本星子・三林真弓編『居心地のよい「まち」づくりへの挑戦──京都市南部
からの発信』特定非営利活動法人Knit-K，2023年。

　　「多文化多世代共生のまちづくり」を目指した，地域住民や大学生など多様なアク
　　ターによる具体的な実践が記録されている。高度経済成長期に大都市郊外に造成され
　　たニュータウンに着目しているのが本書の特徴の一つである。現在，ニュータウンで
　　は住民が貧困や孤独死を含む深刻な問題に直面している。そのなかで居場所をつくり
　　あげていくプロセスの描写は，インクルーシブな地域を考えるにあたって示唆に富む。

「核ミサイルを拒んだ女たちの証言──グリーナムコモンの19年」2022年。

　　人々が連帯して声をあげれば社会を変えることができると勇気づけられる，フラン
　　スが制作したドキュメンタリー。イギリス南部の米空軍基地に核兵器が配備されるこ
　　とに対して，女性たちが主導して反対運動を起こした。軍から暴力を受けたり，「家
　　庭を顧みない女性」と非難されたりしても闘い続けた結果，運動は世界に広がり，
　　2000年には基地そのものを撤去させた。社会運動論やフェミニズムに関心がある人に
　　特におすすめしたい。

おわりに

　本書は2022年末ごろに編著者の2人が企画し，およそ1年半をかけて編んできた教科書である。実を言うと，本書の企画に先だち筆者（伊藤）は35名の研究者と共に『インクルーシブ教育ハンドブック』という864ページにわたる「鈍器本」を刊行した。このハンドブックはインクルーシブ教育研究が包含するさまざまなトピックを網羅し，研究の必携書を目指し編まれたものである。他方でハンドブックはインクルーシブ教育に取り組む研究者向けの書籍であり，その内容は社会のごく一部の人にしか届かないことは容易に想像できた。この問題意識をもう一人の編著者の原田氏と共有し，本書刊行を目指していくこととなった。本書に「はじめて学ぶ人のための15章」という副題をつけたのもできるだけ多くの人に手に取っていただける書籍を目指すとともに，この教科書で完結するのではなく，むしろ本書を皮切りに読者の皆さんがさまざまなインクルージョンの問題への追究をはじめたいと思っていただけたらという思いからである。

　その点でいうと，本書は教育や社会を取り巻くインクルージョン，もしくはエクスクルージョンの問題を考えるための「入り口」である。本書に取り上げられていないが，インクルーシブな教育と社会を考える上で欠かせない問題を考え始めれば枚挙にいとまがない。この「あとがき」を書いている時も，イスラエルとパレスチナの情勢が急速に悪化し，多くの死者を出してしまう事態が発生した。率直に言って，インクルージョンの問題を追究すればするほど，その実現に向けた道のりが果てしないもののように思えてしまう。

　とはいえ，そうした状況に手をこまねいていても何も進展しない。少しでもインクルーシブな教育と社会の実現に向けて歩みを進めるためにも「仲間」を見つけていかなければならない。そうした思いで，本書の完成を目指してきた。本書を手に取ってくださった皆さんが仲間となり，社会のさまざまな問題の解決に向けて取り組みを進めていってくれることになれば，執筆者一同これに勝る喜びはない。

また，執筆者の皆さんにはコロナ禍が徐々に明けていく様相を見せ，多忙を極める中でも本書執筆をご快諾いただき，原稿をお寄せいただいた。また原稿をお寄せいただいた後も編著者からのさまざまなリクエストにお応えいただき，より良い教科書づくりに向けて共に取り組むことができたと感じている。

　最後に本書の完成を目指すにあたって，強力な伴走者となってくださったのが，ミネルヴァ書房の天野葉子様である。企画段階から編著者らの思いを汲み取り，またより良い教科書にしていくために編集者の立場からさまざまな意見をいただくことができた。本書刊行にあたってお力を貸していただいた皆さんに御礼申し上げる。

編著者を代表して

伊藤　駿

索 引

【執筆者紹介】（執筆順，＊は編著者）

吉井　涼（第1章）
福山市立大学教育学部准教授

濱元　伸彦（第2章／第12章2節）
関西学院大学教育学部准教授

＊伊藤　駿（第3章／第11章／おわりに）
編著者紹介参照

村上　詩織（第3章コラム1）
広島文化学園大学教育学研究科

中西　美裕（第3章コラム2）
大阪大学大学院人間科学研究科

堀家由妃代（第4章）
佛教大学教育学部准教授

金南　咲季（第5章）
椙山女学園大学人間関係学部専任講師

高橋　味央（第6章）
大阪教育大学総合教育系教育心理科学部門特任講師

土肥いつき（第7章）
京都府立高校教諭

伊藤　秀樹（第8章）
東京学芸大学教育学部准教授

新谷龍太朗（第9章）
同志社女子大学現代社会学部准教授

大内　紀彦（第10章）
神奈川県立鶴見支援学校教諭

＊原田　琢也（はじめに／第12章3節，4
　　　　　　　節，5節／第14章）
編著者紹介参照

竹内　慶至（第12章1節）
名古屋外国語大学現代国際学部准教授

堤　英俊（第13章）
都留文科大学教養学部准教授

本間　桃里（第15章）
京都大学大学院人間・環境学研究科

【編著者紹介】

原田　琢也 （はらだ・たくや）

　現　在　金城学院大学人間科学部教授
　主　著　『新自由主義的な教育改革と学校文化──大阪の改革に関する批判的教育研
　　　　　究』（共編著）明石書店，2018年。
　　　　　『障害理解のリフレクション──行為と言葉が描く〈他者〉と共にある世界』
　　　　　（共著）ちとせプレス，2023年，ほか。

伊藤　駿 （いとう・しゅん）

　現　在　京都教育大学教育創生リージョナルセンター機構総合教育臨床センター講師，
　　　　　NPO 法人 ROJE 理事
　主　著　『未来をひらく子ども学──子どもを取り巻く研究・環境・社会』（共著），福
　　　　　村出版，2023年。
　　　　　『インクルーシブ教育ハンドブック』（共著），北大路書房，2023年，ほか。

インクルーシブな教育と社会
──はじめて学ぶ人のための15章──

2024年 3 月30日　　初版第 1 刷発行　　　　　　〈検印省略〉

定価はカバーに
表示しています

編 著 者　　原　田　琢　也
　　　　　　伊　藤　　　駿
発 行 者　　杉　田　啓　三
印 刷 者　　中　村　勝　弘

発 行 所　株式会社　ミネルヴァ書房
　　　　　607-8494　京都市山科区日ノ岡堤谷町 1
　　　　　電話代表　075-581-5191
　　　　　振替口座　01020-0-8076

© 原田琢也・伊藤駿ほか，2024　　　中村印刷・吉田三誠堂製本

ISBN978-4-623-09655-8

Printed in Japan

石田祥代，是永かな子，眞城知己編著
インクルーシブな学校をつくる

A 5 判・240頁
本　体 2500円

湯浅恭正，新井英靖，吉田茂孝編著
よくわかるインクルーシブ教育

B 5 判・232頁
本　体 2500円

インクルーシブ授業研究会編
インクルーシブ授業をつくる

B 5 判・156頁
本　体 2400円

篠原清昭，平澤紀子編著
特別支援教育のマネジメント

A 5 判・216頁
本　体 2800円

向後礼子，山本智子編著
学校現場にいかす特別支援教育ワークブック

B 5 判・168頁
本　体 2200円

村上香奈，中村晋編著
すべての子どもに寄り添う特別支援教育

A 5 判・256頁
本　体 2400円

内田宏明編著
入門 スクールソーシャルワーク論

A 5 判・224頁
本　体 2800円

古橋エツ子，和田幸司編著
人権論の教科書

A 5 判・312頁
本　体 3000円

高井由起子編著
身近に考える人権

A 5 判・240頁
本　体 2500円

鯨岡峻，大倉得史編著
接面を生きる人間学

A 5 判・376頁
本　体 3800円

多喜弘文著
学校教育と不平等の比較社会学

A 5 判・280頁
本　体 5000円

佐藤嘉倫，木村敏明編著
不平等生成メカニズムの解明

A 5 判・360頁
本　体 6000円

町田奈緒士著
トランスジェンダーを生きる

A 5 判・344頁
本　体 3500円

松田美枝編著
多様な私たちがともに暮らす地域

A 5 判・248頁
本　体 2400円

―― ミネルヴァ書房 ――

https://www.minervashobo.co.jp/